全国普通高等教育"十三五"规划教材

军事理论与技能训练

赵俊锋　张正明　主　编

兵器工业出版社

内容简介

本书根据教育部有关大学生军事理论课程教学的要求，以国防教育为主线，紧扣 2019 年最新《普通高等学校军事课教学大纲》，紧密结合普通高等学校国防教育的实际情况和培养目标，严格按照课程目标和课程体系的规定安排教学内容，力求使教材更具有系统性、针对性和指导性。本书分为军事理论篇和军事技能篇，共九章。军事理论篇包括中国国防、国家安全与国际战略环境、军事思想、现代战争、信息化装备；军事技能篇包括条令条例教育与训练、轻武器射击与战术训练、防卫技能与占时防护训练、战备基础与应用训练。通过军事理论课教学，使学生掌握基本军事理论和军事技能，增强国防意识，提高国防行为能力，加强集体主义观念和组织纪律性，实现全面提高学生综合素质的课程目标。

本书具有很强的通用性和实用性，可作为各类高等学校军事课程的基础教材。

图书在版编目（CIP）数据

军事理论与技能训练 / 赵俊锋，张正明主编. -- 北京：兵器工业出版社，2014.7

ISBN 978-7-5181-0031-6

Ⅰ. ①军… Ⅱ. ①赵… ②张… Ⅲ. ①军事理论－高等学校－教材②军事技术－高等学校－教材 Ⅳ. ①E0 ②E9

中国版本图书馆 CIP 数据核字（2014）第 141151 号

出版发行：兵器工业出版社	责任编辑：陈红梅	
发行电话：010-68962596，68962591	封面设计：赵俊红	
邮　　编：100089	责任校对：郭　芳	
社　　址：北京市海淀区车道沟 10 号	责任印制：王京华	
经　　销：各地新华书店	开　　本：787×1092　1/16	
印　　刷：北京市通县华龙印刷厂	印　　张：16	
版　　次：2022 年 8 月第 1 版第 2 次印刷	字　　数：300 千字	
印　　数：3001 - 6000	定　　价：38.00 元	

前　言

在普通高等学校开设军事课程，开展国防教育，既是国家的法律规定，也是教育基本规律的客观要求。习近平在党的十九大报告中指出："我们要加强全民国防教育，巩固军政军民团结，为实现中国梦强军梦凝聚强大力量！"国防教育是建设和巩固国防的基础，是增强民族凝聚力、提高全民素质的重要途径。普通高等学校的军事课教学工作不仅是全民国防教育的基础，也是实施素质教育的重要内容；不仅是加强大学生思想政治教育的有力手段，也是为国防和军队建设培养和造就一批具有高素质的后备力量的重要举措。

依据《中华人民共和国国防法》《中华人民共和国兵役法》《中华人民共和国教育法》及国务院、中央军委有关文件精神，结合我国高等教育发展、国防和军队建设发展的实际情况，2019年1月，教育部、中央军委国防动员部联合制订了《普通高等学校军事课教学大纲》（以下简称《大纲》）。以《大纲》为基础，针对新时代大学生国防教育的需要，结合近几年来开展军事理论教学和军事技能训练的实际情况，我们组织相关专家编写了《军事理论与技能训练》一书。

本书分为军事理论篇和军事技能篇，共九章。军事理论篇包括中国国防、国家安全与国际战略环境、军事思想、现代战争、信息化装备；军事技能篇包括条令条例教育与训练、轻武器射击与战术训练、防卫技能与占时防护训练、战备基础与应用训练。本书以国防教育为主线，通过军事理论课教学，使学生掌握基本军事理论和军事技能，增强国防意识，提高国防行为能力，加强集体主义观念和组织纪律性，实现全面提高学生综合素质的课程目标。

本书由赵俊峰、张正明担任主编。在编写时，力求做到军事理论科学体系完整，军事技术知识内容新颖，符合大学生知识和能力水平，有较强的可读性、知识性、前沿性和实用性。本书在编写过程中，吸取了多位国内外专家、学者的成果，在此一并致谢！

本书可作为各类高等学校的军事课程的基础教材。由于时间紧迫，编写仓促，书中定有错漏之处，敬请各位专家、读者批评指正。

编　者

前 言

目　录

军事理论篇

写真整理篇

第一章　中国国防

【本章概览】

"国无防不立，民无兵不安。"国防是人类社会发展与安全需要的产物。历史和现实告诉我们，一个国家、一个民族要想捍卫自己的合法权益，维护自己独立自主的尊严和生存发展的权利，就不能不重视作为国家主权、权益和安全后盾的国防建设。

中国奉行防御性的国防政策。中国的国防，是维护国家安全统一、确保实现全面建设小康社会目标的重要保障。建立强大巩固的国防是中国现代化建设的战略任务。

【本章目标】

（1）了解国防的基本概念、中国国防的历史，以及现代国防的基本特征。

（2）了解国防体制，掌握国防建设成就、国防现代化建设，以及国防政策。

（3）掌握国防动员的意义、内容、要求和实施。

（4）熟悉国防法规的基本内容，掌握公民、组织的国防权利和义务，了解我国主要的国防法规。

第一节　国防概述

从国防的本义上看，国防是国家和全民族的防务。它与国家的各个部门、各种组织以及全体公民都息息相关。加强国防建设，进行国防斗争，必须依靠国家的综合力量。

一、国防的基本概念

国防是指国家为防备和抵抗侵略，制止武装颠覆，保卫国家主权统一、领土完整和安全而进行的军事以及与军事有关的政治、经济、外交、科技、教育等方面的活动；是国家生存与发展的安全保障，也是国家固有的职能。

国防是随着国家的产生而产生，随着国家的发展而发展，最终也将随着国家的消亡而消亡。在国防的概念中，主要包括以下几个基本要素：

（一）国防的主体

国防的主体是国防活动的实行者，通常为国家。国防是国家的事业，是国家的固有职能。任何国家，从诞生之日起，都要防备和抵御各种外来侵略，以保障国家安全，维系国家生存。从国防的本质来看，国家是阶级专政的工具，是统治阶级利益与意志的体现。要实现这种利益与意志，就必须通过国家权力。国防要维护国家的这种权力；同时，也只有依靠国家的这种权力才能使国防得以运转。

（二）国防的目的

国防的目的主要是捍卫国家的主权、统一、领土完整和安全。

1. 捍卫国家的主权

捍卫国家主权，是国防的首要目的和任务。国家主权是一个国家存在的根本标志，是一国不受外来控制的自由。它是完整无缺、不可分割而独立行使的，是最高的权力和尊严。如果一个国家的主权被剥夺，其他的一切，包括国家的独立、领土完整、传统的生活方式、基本的政治制度、社会准则和国家荣誉等都无从谈起了。

2. 保卫国家的统一

国家统一是指国家由一个中央政府对领土内一切居民和事务行使完整的管辖权，不允许另立政府或分割国家的管辖权。保卫国家统一、反对分裂，历来是一个国家的内部事务，决不允许外国干涉，这是一个原则性的问题，不能有丝毫的含糊。因此，保卫国家的统一历来是国防的重要任务。当外国敌对势力插手我国的民族事务，破坏我国的民族团结，危及国家的统一和领土完整时，国防力量必须予以坚决打击，以发挥其维护国家统一和稳定的职能作用。

3. 保卫国家的领土完整

领土是指位于国家主权支配下的地球表面的特定部分，以及其上空和底土。领土是一个国家和民族存在和发展的自然物质前提，是构成国家的基本要素之一。国家主权与国家领土有着密切的联系，领土既是国家行使其主权的空间，也是国家主权行使的对象。没有领土，主权就失去了存在的空间和行使的对象。

领土完整的含义是：凡属本国的领土，决不能丢失，决不允许被分裂、肢解和侵占。国家的领土被侵占，主权就必然要遭到侵犯。国防捍卫国家主权的独立，就必然要保卫国家领土的完整。

4. 维护国家的安全与稳定

维护国家的安全与稳定，是国防的主要目的之一。国家要正常地生存与发展，必须有一个和平安全的外部环境和稳定的内部环境。否则，就难以建设和发展，甚至连生存也会受到威胁。一旦国家遭到外来侵略和颠覆，安全受到威胁，国防就必须履行自己的职能，抵御和挫败外来侵略和颠覆，确保国家的和平与稳定；当国内敌对分子勾结外国敌对势力进行武装暴乱，危及国家安全与稳定时，国防力量就要采取一切措施，坚决制止与平息这种内外勾结的暴乱，保卫国家的安全和稳定。

（三）国防的手段

国防的手段是指为达到国防目的而采取的方法与措施。根据《中华人民共和国国防法》（以下简称《国防法》）的规定，我国国防的手段包括军事活动以及与军事有关的政治、经济、外交、科技、教育等方面的活动。也就是说，与军事有关的活动中，只要有利于捍卫国家的主权、保卫国家的统一、领土完整和安全的国防目的，都是国防的重要手段。

现代国防的根本职能是捍卫国家利益，防备和抵御外来各种形式和不同程度的侵犯，防备与平息内部外部势力互相勾结所发动的武装暴乱。在对国家利益的各种形式的侵犯中，威胁和危害最大的是武装侵犯，包括军事威胁、军事干预、占领部分领土、武装掠夺经济资源、发动战争等。上述活动和内外敌对势力相互勾结发动的武装暴乱，不仅使国家主权和人民生命财产遭受损失，而且直接危及国家和民族的生存与发展。对付武装入侵和武装暴乱最根本、最有效的莫过于采取军事手段。因此，在实现国防目的的各种手段中，军事手段始终是国防的最主要手段。

随着社会的进步与世界和平的发展，新军事革命对国防领域带来了巨大的冲击，捍卫国防的目的，已不仅仅局限于军事的建设和斗争，还必须包括与军事有关的政治、经济、科技、文化、教育、外交等方面的建设和斗争。军事方面的建设和斗争，更多的是配合国家的政治、经济、外交和文化等方面的斗争，全面提高综合国力，力求达到"不战而屈人之兵"的战略效果。

（四）国防的对象

国防的对象是指国防所要防备、抵抗和制止的行为。根据《国防法》的界定，国防的对象包含侵略和武装颠覆两部分。

1. 国防要防备和抵抗的是"侵略"

《国防法》对国防对象的这一法律界定，既有国际法理依据，又符合国防的实际需要，与国家安全所面临的威胁相一致，不仅表述方法合理恰当，而且意义深远重大。其理由有以下三个方面。

（1）与国际约定接轨。联合国1974年专门通过了《关于侵略定义的决议》，对"侵略"作了非常详尽的定义。凡属于决议所指的侵略均属于运用国防力量防备和抵抗的对象。

（2）与国家的根本大法——《中华人民共和国宪法》（以下简称《宪法》）的提法相一致。《宪法》第29条规定武装力量的任务、第55条规定公民的国防义务，都采用了"抵抗侵略"的提法。

（3）与国防活动的客观实际相适应。如果以法律的形式规定国防只是防备和抵抗"武装侵略"，在今后的国防建设和斗争中，就会束缚自己的手脚。

当现实世界中，的确存在着武装侵略和非武装侵略。但是现实是主权国家对主权国际的非武装侵略及其反侵略大多以武力为后盾，而且有些所谓的非武装侵略是非国防手段不能抵御的。因此，国防所要防备和抵抗的，是"侵略"，而不仅仅是"武装侵略"。

2. 国防应制止"武装颠覆"

所谓颠覆是指推翻现政府的一种叛逆行为，包括武装、暴力颠覆与非武装、暴力颠覆两种形式。一般情况下，对于非武装、暴力颠覆的形式，由国家公安、安全部门调查和处理，不需要动用国防的力量。只有属于武装性质的颠覆活动，如武装叛乱、武装暴乱，才能动用国防力量。《国防法》规定"武装颠覆"是国防的对象，把"制止武装颠覆"作为国防的一项重要职能，具有特殊的重要意义。

首先，各种武装颠覆活动，包括分裂国家的"独立"、武装叛乱以及企图推翻社会主义制度的武装暴乱，已成为对我国安全的主要威胁之一。

其次，从我国当前面临的国际、国内环境看，武装颠覆并非纯粹来自内部，或主要不是来自内部，各种形式的"独立"、武装叛乱和暴乱，一般都有外国势力插手，具有内外勾结的特点。对付这一类"武装颠覆"，应该是国防的职能，也就是说，在特殊情况下，国防还具有对内的职能。

第三，从苏联解体及南斯拉夫分裂后民族间战争不断、人民生灵涂炭、国民经济严重倒退的情况看，它的灾难甚至大于国家间的战争，理应将防止和制止这种武装颠覆作为国防的职能。

二、中国的国防历史

中国的国防具有悠久的历史。中华民族五千年沧桑历史，给我们留下丰富的国防遗产，积累了极其宝贵的历史经验，也给了我们对历史的无限感慨、深思和启迪。

（一）中国古代国防

从第一个奴隶制国家——夏朝的建立，直至1840年鸦片战争爆发，中国古代的国防历经数千年，伴随着20多个朝代的盛衰更替和社会制度的演变而不断发展。这种完整一贯的历史延续，培育了民族的向心力和凝聚力，锤炼了民众维护国家和民族统一、勇于抵御外患的尚武精神，形成了习文善武、文治武功的优良传统。

1. 中国古代国防的军制建设

军制即军事制度，包括武装力量体制、军事领导体制和兵役制度等方面的内容。军制建设是中国古代国防的一个重要方面。

早在夏之初，夏的统治者已控制了军事大权，已有对参战人员编组和奖惩的规定。商和西周，王是军事的最高统帅，军事领导职务由贵族大臣和地方首领担任，士卒主要由奴隶主和平民充当，奴隶一般只随军服杂役；车兵为主要兵种，师为最高建制单位。春秋时期，随着奴隶制的解体，各诸侯国开始实行兵制变革，废除奴隶不能充当士卒的限制，开始有了武官任免制度；车兵地位逐渐下降，步兵地位逐渐上升；依户籍定军队的编制，军为最高建制单位；开始出现郡县征兵制。

战国时期，封建制度开始确立，社会处于大动荡、大变革、大发展中。争霸、兼并、战争激烈，用兵数量增多，加速了兵制的变革与发展。这一时期，步兵、骑兵、水师逐渐分离为独立兵种；兵役制度上，打破了世袭兵制，出现了募兵制和郡县征兵制；剥夺了私属武装，集中军权，统一军队，文武分职；凭玺印、虎节任将发兵；建立按军功晋爵升赏制度；战争指挥复杂、要求高，将帅专职化。另外，在这一时期，学术上的百家争鸣，有力地促进了中国古代兵学的发展。以《孙子兵法》为代表的一大批兵书的诞生，标志着中国古代军事思想的逐渐成熟和军事制度体系的形成。

自秦始皇统一中国到清朝末年，历代封建王朝，根据各自的需要和条件，在专制主义中央集权制度的基础上，加强了帝王的军权，从中央到地方建立了便于帝王控制的统帅指挥系统；常备军任务或武器编组，成为武装力量的主体，区分为中央军、地方军和边防军、地方私人武装；以步兵或骑兵为主要兵种。明朝开始出现专门装备火器的部队，建立了武库、粮储和运输制度，主要武器装备和军需物品由国家监制和供给；因势采用征兵制、募兵制、世兵制等，多数以农民为军队的主要成分。兵制的许多内容通过法律形式颁布执行，例如，唐朝的《卫禁律》《捕亡律》《擅兴律》《军防令》等，对军队的组织编制、番上宿卫、屯田戍边、兵役军赋、军队调发、军需补给、驿站通道、武器制造和配发、厩库管理等都作了具体的规定。这一时期不少帝王、政治家、军事家对兵制进行了一定的研究和改革，推动了兵制的不断发展。

2. 中国古代的边防建设

边防、海防建设是国防建设的重要内容。我国古代的边防建设主要是修筑防御工程和实行实边固边政策。著名的万里长城，是中国古代构筑的以长城城墙为主体，与其他工程设施相结合的连续线式防御工程体系，是城池筑城体系的发展和运用。长城据险筑墙，关堡相连，烽燧相望，敌台林立，层层布防，在中国战国时期各诸侯国之间、秦统一之后国内民族之间的战争中，曾发挥过重要的防御作用。

西汉文、景时期，为防御匈奴的一再侵犯，积极推行实边固边的政策。一是在边关要地配置边防军，包括边境上的郡国兵和屯田兵，依靠边郡太守和都尉率兵防堵匈奴的进攻。二是输粟实边。文帝时，晁错曾提出奖励百姓输粟实边，依输粟多少，赐给一定的爵位，或赦免罪过，并令入粟者将粟运至长城沿线，待边境一带粮食充足后，再运至内地郡、县收藏。这一政策的实行，有效地巩固了边防。三是徙民治边。晁错在《筹边策》中提出，在边境要害之处，组织徙民建立城邑。由有才能、习风俗、知民心者充任首领。首领平时组织徙民训练，战时则率徙民抗击敌人。每一个城邑都成为坚固的军事要塞，有效地加强了边境地区的防御。到了汉武帝驱逐匈奴之后，在西北边境地区大量增设新郡，并实行大规模的军事屯田，使数十万边境驻守士兵有警则战，无事则耕，戍卒无饥馑之忧，国家无转动之劳。屯戍军队与大量移民共同守边，且耕且守，较之"徙民实边"更为扎实有效。

3. 中国古代的海防建设

中国古代海防建设是从明代开始的。明代以前，如春秋战国时期、三国时期，一些依江傍海的诸侯国，虽建有水师，并进行水战和海上攻防作战，但还没有明确的海防设施和固定的编制。明朝初年，为了抵御倭寇，朱元璋开始加强海防建设，在沿海设置卫、所体制（规定"度地要害，系一郡者设所，连郡者设卫"），建立水军。明朝中期，戚继光建戚家军，在沿海地区构筑水域，编练军队，彻底平定了倭寇，海防得到了巩固。清朝前期，在明代卫、所体制的基础上，逐步将沿海建成炮台要塞式的海岸防御体系。如，海岸要塞：长山列岛、舟山群岛等；海口要塞：虎门、温州、吴淞口、大沽口等；海岸要塞：福州、厦门、烟台、威海、旅顺、大连等；江防要塞：江阴、江宁（南京）等，并编有江河水师和外海水师。在天津还建有满蒙八旗水师营。

4. 中国古代"富国强兵"的国防思想

富国强兵是我国古代各朝代都十分重视的国防思想。早在春秋战国时期，许多统治者和军事家就已经认识到国防与经济的关系，明确提出"国不富则无称雄之本，兵不强则无争霸之力"的政治主张，强调富国强兵，视富国为强兵之本、之先、之急，十分重视发展经济和充实武备。当时的军事家孙武在《孙子·作战篇》中就指出："带甲十万"，"日费千金"，强调军队进行战争必须要有物资保证。而齐国著名的政治家管仲也说："甲兵之本，必先于田宅"，进一步阐明了强大的国防必须依赖经济的发展；加强国防建设的根本，首先是发展生产。秦始皇之所以能吞并六国一统帝业，正是由于秦国推行富国强兵思想的结果。

此后，各朝各代的统治者都十分强调"富国强兵"，并围绕这一思想采取了一系列有效的政策，努力把发展生产与加强国防建设统一起来。例如，汉高祖得天下后，实行裁军赐爵、与民生息、重视农业的政策，尽快恢复和发展生产，使国家的军事实力得到了进一步加强。

（二）中国近代国防

19世纪上半期，西方资本主义国家为了开辟新的销售市场和原材料产地，加紧对外侵略扩张。它们抓住了中国的"国防不固，军队不精"这一致命弱点，开始了对中国赤裸裸的侵略。

从 1840 年鸦片战争开始到中华人民共和国成立前的一百多年间，由于当时统治阶级的腐败衰落，国力日趋空虚，国防每况愈下，在外国列强弱肉强食的政策下，中华民族屡遭外敌的侵略、欺侮。1840 年，英国首先挑起了第一次鸦片战争。1856 年，英法联军又发动了第二次鸦片战争。接着，帝国主义列强又相继挑起了 1883 年的中法战争、1894 年的中日甲午战争、1900 年的八国联军侵华战争。至抗日战争结束，先后有英国、美国、法国、俄罗斯、德国、瑞典、挪威、丹麦、荷兰、西班牙、比利时、意大利、奥地利、秘鲁、巴西、葡萄牙、日本、墨西哥、瑞士等近 20 个国家的侵略者践踏过中国国土，抢掠过中国人民的财物，屠杀过中国同胞，参与过损害中国主权的罪恶活动。在此期间，外国侵略者还强迫腐败的清政府签订了 500 多个不平等条约，每一个不平等条约都是对中国最野蛮的掠夺。列强的军事侵略，使中国在政治上、经济上、文化上蒙受了巨大损失——香港被迫割让给了英国；澳门被葡萄牙霸占；沙俄侵吞了我国东北 150 多万平方千米的土地；日本占领了台湾及澎湖列岛；旅顺、胶州湾、广州湾等地成了帝国主义列强的租借地。

此外，支付战争赔款本应该是对失败的侵略者的一种惩罚，然而，在中国近代史上，战争的赔款全部是由中国承担。据记载，帝国主义列强对华的 500 多个不平等条约，几乎每个条约都有要求中方赔款的条款，多则千万两白银，少则数十万两。

一个个强加在中国人头上的不平等条约，一次次的割地赔款，使中国在政治上、经济上、文化上蒙受了巨大的屈辱和损失。当时中国 1.8 万多千米的海岸线上，竟然找不到一个中国自己享有主权的港口，外国商船和军舰可以在中国内河、领海任意航行，自由停泊于各通商口岸；外国人在中国犯罪，中国人无权审理；外国人在租界地实行殖民统治，形成了"国中之国"，外国人甚至控制了中国的警察权、指挥中国的外交。外国列强的入侵，使中国人的人格尊严更是丧失殆尽。殖民统治时期的上海外滩公园门口，曾挂过这样一块牌子——"华人与狗不得入内！"整个中华民族美丽富饶的国土被帝国主义列强踩躏得支离破碎。

1921 年 7 月，中国共产党正式宣告成立，从此，中国无产阶级有了自己的战斗司令部，中国人民救亡图存的革命斗争有了自己的组织者和领导者。当日本军国主义对我国发动侵略战争国家危亡时刻，中国共产党高举民族抗战的旗帜，领导全国人民一致抗战，驱逐日寇，才使我国国防得以巩固和发展。

（三）中国当代国防

中华人民共和国成立以来，我国国防建设大体经历了以下四个阶段。

第一阶段是从 1949 年到 1953 年。国家处在外御帝国主义侵略，内治战争创伤和恢复经济时期。这一时期的国防建设主要完成了三个方面的任务。一是解放了全国大陆和除台、澎、金马之外的全部沿海岛屿，肃清了大陆上国民党的残余武装，平息了匪患，建立了边防和守备部队，加强了海边防的守卫。二是取得了抗美援朝战争的胜利。三是建立、健全了统一的军事领导机构和军事制度。建立了全军的领导机关和各级军事领导机构，加强了对全国武装力量的领导；建立了一支初具规模的海军、空军和各兵种部队，逐步开始从单一陆军向诸军兵种全面建设过渡；建立了100余所军事院校，为国防建设培养了大批现代化军事人才；统一了军队编制体制；建立了各项规章制度。

第二阶段是从1953年底到1965年。这一阶段是我国国防现代化建设突飞猛进的重大时期。1953年12月召开的全国军事系统党的高级干部会议是军队建设和国防建设的一个里程碑。这次会议确定了我国国防建设的主要任务是防御帝国主义侵略，保卫社会主义建设，保卫亚洲与世界和平。制定了"积极防御"的战略方针，提出了实现国防现代化的重大战略措施。其主要内容包括：精简军队，压缩国防开支，加速发展工业，为国防现代化打基础；加强国防工程建设，在沿海、边防和纵深要地建设防御工程体系；实行义务兵、军官薪金、军衔三大制度；大办军事院校，重新划分战区，完善战略、战役指挥体系；加强动员准备，建立各级动员机构和动员制度。这些重大措施有力地促进了我国国防现代化建设的全面发展，初步形成了具有中国特色的国防体系。经过10年艰苦努力，我国国防体系基本完成配套，某些领域已接近当时的世界先进水平，并成功地研制了第一颗原子弹。

第三阶段是从1965年5月到1976年10月。这一时期，尽管有林彪、"四人帮"的干扰和破坏，毛泽东、周恩来等国家主要领导人仍然警觉地注意维护我国的安全，保持了军队的稳定，顶住了霸权主义的压力。同时对发展国防尖端技术始终没有放松，因而保证了我国氢弹试验和人造卫星发射成功。

第四阶段是从党的十一届三中全会至今。在具有伟大历史意义的十一届三中全会上，邓小平提出了"和平与发展"是当今世界两大主题的观点，确定全党工作的着重点和国防建设指导思想实行战略性转变。军队从临战状态转向和平时期的正常建设，在服从和服务于国家建设大局的前提下，有计划有步骤地推进以现代化为中心的军队建设。按照精兵、合成、高效的原则进行重大调整改革，减少数量，提高质量，增强军队在现代战争条件下的自卫能力。

20世纪90年代，以江泽民为核心的党的第三代领导集体科学地回答和解决了国防和军队建设的一系列重大理论和实践问题。抓紧做好军事斗争准备，按照政治合格、军事过硬、作风优良、纪律严明、保障有力的总要求，全面加强军队的革命化、现代化、正规化建设，把推进中国特色军事变革作为军队现代化发展的必由之路，实施科技强军战略，逐步实现由数量规模型向质量效能型、由人力密集型向科技密集型转变。

以胡锦涛为核心的党中央，坚持把科学发展观作为国防和军队建设的重要指导方针，主动适应世界军事发展的新趋势，适应打赢信息化条件下局部战争的要求，在更高起点上推进国防和军队的现代化建设；加强新型作战力量建设，加强以信息化为主导的机械化信息化复合发展，提高基于信息系统的体系作战能力，实现火力、机动力、防护力、保障力和信息力整体提高。

当前，以习近平为总书记的党中央，强调要着眼实现强军目标，正确把握深化国防和军队改革的指导原则。要牢牢把握坚持改革正确方向这个根本。深化国防和军队改革是中国特色社会主义军事制度自我完善和发展，是为了更好发挥中国特色社会主义军事制度的优势。改革是要更好坚持党对军队的绝对领导，更好坚持人民军队的性质和宗旨，更好坚持我军的光荣传统和优良作风。

三、国防历史的启示

我国 4000 多年的国防历史，有过声威远播、天下归附的武功；有过引而不发、强虏驻足的宁静；有过遍体鳞伤、不堪回首的屈辱；也有过抗敌卫国的巨大胜利。重温这一漫长的国防历史，能够从中得到不少有益的启示。

（一）经济强盛是国防强大的基础

经济是国防的物质基础，国防强大依赖经济的发展，这是我国国防历史给予的一个深刻启示。早在春秋战国时期，统治者就认识到国富才能兵强，自强方可自立，无不把发展经济作为巩固国防、争夺霸权的重要措施。例如，春秋时期，晋国本是一个国贫兵弱的小国，晋文公执政后，通过整顿内政、发展经济、扩充军队等一系列的综合治理，使晋国实力急剧膨胀，有"晋国天下莫强"的声威，先后兼并了 20 余国，一跃而成为中原霸主。秦国重用商鞅进行变法，推行了"开阡陌""废井田"等一系列土地改革措施，极大地解放了生产力，促进了经济的发展，这对秦军南征北战、北逐匈奴，最终吞并六国，完成统一大业起到了重要的作用。而唐朝由"贞观之治"达到封建社会的鼎盛时期，更是当时统治者注重发展经济的结果。

同时，各个朝代的衰落、灭亡，一个王朝被另一个新生的王朝所取代，遭受外敌入侵而不能自保，几乎毫无例外地都是由于这个王朝后期政治腐败和经济落后，动摇了国防的根基，从而导致政权易手。因此，只有经济的强盛，才能有强大的国防，才能有政权的稳固和国家的安全。

（二）政治昌明是国防巩固的根本

纵观我国几千年的国防兴衰史，我们不难看出，当统治阶级处于上升阶段时，政治昌明，经济发展，民族团结，国家统一，国防就强盛；反之，当统治阶级处于没落阶段时，其政治腐败，经济凋敝，民族分裂，国内混乱，国防就衰弱。

春秋战国时期，各诸侯国就十分注意昌明政治、变法图强，把尊贤厚士、举贤任能，选拔优秀人才治理国家作为强国的根本大计。例如，齐国得管仲、孙膑、孟尝君、邹忌等而崛起争霸；越国得范蠡、文种而复国称雄。而汉高祖刘邦得天下后，实行"文武"政策，建立法制，此后，文帝、景帝至武帝，正是由于实行了比较开明的治国方略，才使得国家昌盛，国力强盛，为西汉在长达200多年的国家安定奠定了基础。

相反，秦朝实行暴政，激起农民起义，终至推翻秦始皇梦想千秋万年、子孙相继的基业；宋朝由于机构臃肿，官员奢侈腐化，国力衰竭不堪，无力抵抗外侵所败，最终为元兵所灭亡；明朝由于皇帝昏庸，宦官专政，结党营私，终被起义军所败，后又清兵入关，政权沦丧。特别是近代中国，由于清政府政治日益腐朽，国防日益虚弱，面对列强入侵屡战屡败，乞降求和，割地赔款，使我国遭受了前所未有的奇耻大辱，将中国人民带进了苦难的深渊。

总之，国防的兴衰、王朝的更替以及近代中国的百年国耻，都深刻地告诉我们：政治的昌明是国防巩固的基础，是国家得以长治久安的根本保证。

（三）国家的统一和民族的团结是国防强大的关键

我国国防史给予的另一个重要启示是，在面临外敌入侵、国家危亡的紧要关头，只有国家统一，民族团结，共同抵抗，才能筑起一道坚不可摧的国防长城，取得反侵略战争的胜利。

近代西方列强对我国发动的一系列侵略战争，使中国逐渐沦为半封建半殖民地的国家。一个重要的原因是，清朝统治者在侵略者面前，不仅不发动和依靠广大人民进行反侵略的正义战争，反而认为"患不在外而在内"，甚至在义和团奋起抗击八国联军的时候，清朝统治者竟企图借外国侵略者之手消灭义和团。由于统治者害怕人民，采取与人民对立的立场，尽管广大人民奋起反抗侵略者，但由于多数处于自发、分散的状态，缺乏统一指挥，没有形成一致对外的合力，最终都没能改变战争的局面。

在抗日战争时期，中国共产党主张全国军民团结起来，建立广泛的抗日民族统一战线，共同抵抗日寇的侵略。同时，坚持人民战争的战略指导方针，放手发动群众，团结一切可以团结的力量共同抗击敌人，开辟了广大的抗日敌后根据地，运用人民战争的战略战术，有效地打击了日本侵略者，最后取得了抗日战争的全面胜利。

历史证明，国家的统一、民族的团结、全国军民一致共同抵抗侵略的精神和意志，才是国防真正的"钢铁长城"。这是把一切侵略者淹没在人民战争的汪洋大海的基础，是让一切侵略者都望而生畏的真正的"铜墙铁壁"，这是民族自强的根本、国防力量的源泉。

（四）科技进步是国防强大的重要保证

回顾历史，自鸦片战争敲开清朝政府的大门后，中华民族就开始了用血泪写成的"百年屈辱史"。由于清朝政府的腐败无能、闭关自守、不注重发展科学技术，致使武器装备发展十分缓慢，西方资本主义国家在产业革命中后来居上，并在我们祖先创造发明的军事科技成果的基础上，进行加工和技术改造，用所谓的洋枪洋炮打败清军的大刀长矛和低劣的火炮等武器装备，造成了交战双方科技水平上的"代差"。"落后就要挨打！"——这就是当年殖民战争给予我们的最深刻的教训，我们应当永远牢记。以史为鉴，我们可以从中看出科技进步对国防强大的重要性。在新的世纪，科技进步和创新，对国防现代化的作用也越来越突出。

（五）保持忧患意识是国防巩固发展的前提

"安而不忘危，存而不忘亡，治而不忘乱。"居安思危方能有备无患。和平环境的客观存在容易使人忘却忧患，沉湎于和平景象之中，滋生和平麻痹思想，从而埋下沦亡的祸根。历史的教训告诫我们，只有时刻保持忧患意识，真正构筑起心中的长城，国防才能得到巩固和发展。

四、现代国防的基本特征

现代国防是对传统国防的继承和发展，是一种全新的国防观念和国防实践活动。它具有不同于传统国防的基本特征。

1. 现代国防是国家综合国力的体现

现代国防已成为综合国力的对抗。综合国力主要由人力、自然力、政治力、经济力、科技力、精神力和国防力等组成。其中经济实力、国防实力和民族凝聚力是综合国力的基本要素，经济实力是基础，国防实力是支柱，民族凝聚力是灵魂。现代国防与国家的综合国力有着密切的联系，国家的发展水平制约着武器装备发展水平和国防力量的总规模。没有强大的综合国力，国防建设只能是空中楼阁。

2. 现代国防既是一种国家行为又是一种国际行为

现代国际政治经济的发展，把世界各国和地区的安全与发展利益同国际社会的整体利益日趋紧密地联系在一起，世界的和平与稳定已成为整个人类的共同奋斗目标。国家的安全与发展不仅与其本国利益相关，而且与国际的安全、发展和稳定息息相联。国家的发展离不开安全有利的国际环境，国际政治、经济的有序发展也有赖于各国国防的巩固。现代国防已不再仅仅是国家行为，而且日益成为一种国际行为。

3. 战争潜力能否转化为战争实力是现代国防强弱的一个重要标志

现代国防虽然是以军事力量为主体，但它还要靠国家潜力转化为作战的实力。国家潜力包含：国土面积、地理位置、自然资源、人口的数量和质量、地形气候、生产能力、科技和文化水平、交通运输、通信状况、社会制度、国家政策、管理能力、国际关系和国际地位等诸多方面。如：南联盟战争的中后期，以美国为首的北约从打击军事目标到向民用基础设施开火，以主要力量轰炸南联盟的制造工厂、炼油厂、发电厂、道路和桥梁等，其目的就是摧毁南联盟的战争潜力，最后是剥夺南联盟人民的生存权与发展权。

4. 现代国防具有多层次的目标体系

政治、经济对现代国防影响程度的不断加深，使现代国防呈现出多层次的目标体系。从范围上，可分为自卫目标、区域目标和全球目标。从内涵上，也可分为不同的层次目标：在国家面临严重威胁时，国防目标要首先解决存亡问题；在和平与发展的情况下，要致力于保障国家的安全利益和发展利益，同时还应努力营造有利于本国发展的国际环境。

第二节　国防法规

国防法规是一个国家的国防是否具备现代化水平的重要标志之一。健全的国防法规是加强国防建设，实现国防现代化目标的客观要求，对于调节和发展国防机制，充分发挥国防威力和活力有着十分重要的意义。

一、国防法规概述

国防法规是指国家为了加强防务，尤其是加强武装力量建设，用法律形式确定并以国家强制手段保证其实施的行为规则的总称。

国防是国家的总防务。国防建设是国家总体建设的重要组成部分；武装力量建设是国防建设的核心。国防法规作为国防活动的基本法律规范，主要任务是：调整和规范国家在国防领域中的各种社会关系，维护国家的军事利益，保证国家关于国防和军队建设方针、政策的贯彻执行，保障和促进国防建设纳入法制化轨道，确保军队革命化、现代化、正规化建设总目标的实现。

（一）国防法规的内容

国防法规的内容十分广泛，主要包括：国防领导体制、武装力量的体制编制、战争准备和动员、全面防御、国防建设、军费开支、国防教育、国防科研、国防生产、公民兵役义务、武装力量建设、军队人事管理、军事犯罪惩治等方面的法律规定。

（二）我国现行国防法规的层次

国防法规是以《宪法》为基础，根据国防建设的实际需要而制定的，其内容十分广泛。目前，我国现行的国防法规有：规范国防建设基本任务、方针原则、领导体制及制度的《国防法》；规范兵役和兵役制度的《兵役法》；规范全民国防教育的《中华人民共和国国防教育法》（以下简称《国防教育法》）；规范武装力量作战、训练、管理等内容的行政法规；规范军官和士兵服役、军衔等内容的国防人事法规；规范发展武器装备、保护军事设施的《中华人民共和国国防科技法》（一些简称《国防科技法》）、《中华人民共和国军事设施保护法》（以下简称《军事设施保护法》）等。

根据《宪法》规定及立法的权力和立法的原则，我国现行的国防法规可以分为以下五个层次。

（1）全国人民代表大会及其常务委员会制定颁布的法规。例如，《国防法》《兵役法》等是由国家最高权力机关——全国人民代表大会制定颁布的，处于国家基本法的地位；中国人民解放军《军官服役条例》《军官军衔条例》等是全国人大常务委员会制定颁布的，属于基本法之外的其他法律。

（2）国务院、中央军委制定颁布的行政法规。例如，《军人优恤优抚条例》《退伍义务兵安置条例》等是由国务院制定颁布的；《征兵工作条例》《警官警衔制度的具体办法》等则是由国务院和中央军委联合制定颁布的。

（3）国务院各部委和中央军委各部委总部制定颁布的法规。例如，《应征公民体格条件》《交通战备科研管理暂行规定》等。

（4）各军兵种和大军区制定颁布的法规细则。例如，陆军颁布的《战斗条令》，海军颁布的《舰艇条令》，空军颁布的《飞行条令》等。

（5）各省、自治区、直辖市人大和政府制定的地方性法规和规章。例如，《关于加强人武部建设意见》《征兵工作若干规定》《国防教育条例》等。

二、公民的国防权利和义务

（一）公民的国防权利

我国国防相关法规规定了公民的国防权利主要有以下几个。

（1）《宪法》规定，国家和社会保障残废军人的生活，抚恤烈士家属，优待军人家属。

（2）《国防法》规定，公民有对国防建设提出建议的权利，有对危害国防的行为进行制止或者检举的权利。公民因国防建设和军事活动在经济上受到直接损失的，可以依照国家有关规定取得补偿。

（3）《预备役军官法》规定，国家依法保障预备役军官的合法权益。预备役军官享有法律规定的因服军官预备役而产生的权利，享受国家规定的有关待遇。民兵、预备役人员和其他人员依法参加军事训练，担负战备勤务、防卫作战时，国家和社会保障其享有相应的待遇，按照有关规定实行抚恤优待。

（二）公民的国防义务

根据有关法律法规，公民应承担的国防义务包括：兵役义务、国防科技动员、国防工业动员、专业技术支前等国防义务。其中，最主要的是兵役义务。《兵役法》对公民的兵役义务规定主要包括以下内容。

（1）公民平时被征集服现役的规定。《兵役法》规定："中华人民共和国公民，不分民族、种族、职业、家庭出身、宗教信仰和教育程度，都有义务依照法律规定服兵役。每年 12 月 31 日以前年满 18 周岁的男性公民，应当被征集服现役。当年未被征集的，在 22 周岁以前仍可以被征集服现役，普通高等学校毕业生的征集年龄可以放宽至 24 周岁。"

（2）参加民兵组织的规定。凡 18～35 岁符合服兵役条件的男性公民，除应征服现役的以外，编入民兵组织服预备役。

（3）参加军事训练的规定。民兵预备役人员和在校学生要依法接受军事训练。

（4）关于预备役军官的规定。预备役军官要依法履行登记手续，按规定参加军事训练和军事活动，接受政治教育，随时准备应召服现役。

（5）公民服预备役的规定。凡 18～35 岁符合服兵役条件的男性公民，除应征服现役的以外，编入民兵组织服预备役。不建立民兵组织的单位，按照规定对符合服兵役条件的男性公民，进行预备役登记。根据需要，吸收女性公民参加基干民兵。

此外，《国防法》还规定了公民的其他国防义务，主要有：接受国防教育的义务；保护国防设施的义务；保守国防秘密的义务；协助国防活动的义务，包括支持国防建设，为武装力量的军事训练、战备勤务、防卫作战等活动提供便利条件或者其他协助。

三、组织的国防权利和义务

（一）组织的国防权利

《国防法》规定，组织享有以下两项国防权利。

（1）维护国防利益的权利：组织有权对国防建设提出建议，有权对危害国防的行为进行制止或者检举。

（2）依法取得补偿的权利：组织因国防建设和军事活动在经济上受到直接损失的，有权依照国家有关规定取得补偿。

（二）组织的国防义务

《国防法》规定，国家机关、社会团体和企事业单位应当依法完成民兵和预备役工作，协助兵役机关完成征兵任务。各类组织应当支持国防建设，为武装力量的军事训练、战备勤务、防卫作战等活动提供便利条件或其他协助。

根据《国防法》的规定，国家机关、社会团体和企事业单位的国防义务主要包括：协助完成兵役工作；接受国防科研生产和军事订货；交通建设应符合国防要求；应当为现役军人和军用车辆、船舶的通行提供优先服务并给予优待；保护国防设施；协助国防活动等。

《民兵工作条例》和《关于企业民兵、预备役工作的规定》明确规定：企业事业单位应当按照当地人民政府和本地区军事领导指挥机关的要求，把民兵工作纳入管理计划，完成民兵工作任务。

企业必须根据国家法律法规的规定，完成民兵、预备役和兵役工作任务。其主要任务包括以下内容。

（1）建立和巩固民兵、预备役部队组织，进行年度组织整顿，适时开展活动。

（2）开展民兵、预备役部队政治思想工作。

（3）完成民兵、预备役部队军事训练任务。

（4）按规定管理和维修民兵、预备役部队的武器装备。

（5）组织民兵担负战备执勤，维护本单位正常秩序，配合公安部门维护社会治安。

（6）完成新兵征集任务，落实优抚政策，进行预备役军官、士兵和动员物资、车船登记，落实战时动员有关准备工作。

（7）按规定设立人民武装部，配备、管理专职人民武装干部和民兵干部。

（8）发动民兵、预备役人员带头参加社会主义物质文明和精神文明建设，带头发展生产，完成急难险重任务。

（9）战时，组织民兵、预备役人员参军参战，保卫生产，保护群众，支援前线，完成兵员动员和物资、车船等国防动员任务。

（10）企业必须坚持"党管武装"的原则，把民兵预备役工作作为企业工作的组成部分，纳入管理计划，实行"党政共管，分工负责"，并配备一名领导具体负责。

（11）企业的上级主管部门应当关心和支持民兵预备役工作。

（12）企业人民武装工作经费纳入企业财务管理计划，计入企业管理费用。

四、我国主要的国防法规

依法进行国防建设和依法治军是依法治国的重要内容。我国非常重视军事法制建设，始终把加强军事法制建设作为实现国防现代化和军队正规化的基本途径和重要保障。

（一）《国防法》

1.《国防法》的地位与原则

为了适应社会主义民主与法制建设迅速发展的新形势，加快国防建设的步伐，保障改革开放和经济建设的顺利进行，保证国家长治久安，第八届全国人民代表大会第五次全体会议于 1997 年 3 月 14 日审议通过了《国防法》。

《国防法》是中华人民共和国第一部国防方面的基本法，是指导、规范国防和军队建设的基本依据，是调整国家及企事业单位、社会团体和公民之间在国防建设方面的法律关系的规范，在国家法律体系中占有重要位置。《国防法》明确规定了我国国防的方针、政策、性质、任务、制度、建设目标等一系列国防原则，并分别对国家机构的国防职权，公民、组织的国防权利与义务，军人的义务和权益，以及对外军事关系等问题均作了原则性规定。《国防法》有关国防和国防建设的基本原则如下。

（1）独立自主原则

国家独立自主、自力更生地建设和巩固国防，是国家主权的必然要求。历史经验证明，建设一个强大的社会主义现代化国防，必须结合国情，独立自主地决定国防建设的目标、重点、步骤、措施，提升综合国力，为国家安全提供可靠保障。

（2）积极防御原则

《国防法》总则中规定：国家"实行积极防御战略"，这是我国国防的基本方针。军事战略方针，历来都是武装力量建设、战争准备和战争指导的基本依据。实行积极防御战略，在自卫的原则下坚持后发制人，把战略上的防御与战役、战斗上的进攻相统一，把威慑与制胜相统一，把遏制战争与赢得战争相统一，这是由我国社会主义性质所决定的。它既是中国革命历史经验的总结，也是对新中国成立后我国国防建设的科学概括。

（3）全民自卫原则

《国防法》总则中规定：国家"坚持全民自卫原则"，这是我国从战争与和平的实践中得出的经验总结。战争年代，我们靠人民支援取得了战争的胜利；和平时期，我们依赖全民的力量建设现代化国防；未来高技术局部战争中，不论武器装备如何发展，作战形态如何变化，坚持人民战争，永远是我们克敌制胜的法宝。

（4）协调发展原则

《国防法》第4条规定："国家在集中力量进行经济建设的同时，加强国防建设，促进国防建设与经济建设协调发展。"国防与经济是国家独立不可缺少的两个基本条件，经济力量是基础，国防实力是保证，二者互相联系、相辅相成。我国在坚持以经济建设为中心，加速发展和壮大经济力量的同时，必须根据国家可能面临的威胁，加强国防建设，使其协调一致地共同发展，走"富国强兵"之路。

（5）统一领导原则

《国防法》第5条规定："国家对国防活动实行统一的领导。"国家是国防的主体，是国防的组织者和实施者。在我们国家，党是国家的领导核心，国家的领导与党的领导是统一的，因此，《国防法》规定："中华人民共和国的武装力量受中国共产党的领导。"这种统一的领导体制具有中国特色，符合我国国情，它体现了党对武装力量的绝对领导与国家领导的统一性，有利于运用国家机器来加强国防建设，有利于武装力量的高度集中和统一指挥。

2.《国防法》的主要内容

《国防法》共12章70条，重点对以下几方面的问题作了规范：

（1）对一些重要的国防问题进行了规范

国防指国家为防备和抵抗侵略，制止武装颠覆，保卫国家的主权统一、领土完整和安全所进行的军事活动，以及与军事有关的政治、经济、外交、科技等方面的活动。国防的目的是保卫国家安全，维护国家权益，反对霸权主义，维护世界和平。国防的要素是国防政策、国防体制、国防力量、国防法规、兵役制度、国防教育、国防科技、国防工业、国防工程、人民防空、国防交通等。国防的特点是国防的社会公共福利性，国防是综合国力，特别是科技实力和经济实力的重要体现。

国防是国家生存与发展的安全保障。国家加强武装力量、边防、海防以及空防建设，发展国防科研生产，普及全民国防教育，完善动员体制，实现国防现代化。当代各国综合国力的竞争，同样包括国防力量的竞争。正在世界范围兴起的综合国力竞争，集中体现着当代条件下国家生存与发展的根本利益。

国强要以国富作基础，但国富并不等于国强。一个国家虽有雄厚的经济实力而无强大的国防力量，就不可能取得应有的国际地位，也难以巩固已有的经济建设成果，甚至在政治、经济、外交等方面受制于人。当今世界，尽管各国的社会性质、在国际战略格局中所处地位及国家利益目标不尽相同，但都在致力于增强包括国防力量在内的综合国力，以谋求新世纪的战略主动。

（2）对国家机关的国防职权进行了规范

全国人民代表大会依照《宪法》规定，决定战争及和平的问题。全国人民代表大会常务委员会依照《宪法》规定，决定战争状态的宣布，决定全国总动员或者局部动员。国家主席根据全国人民代表大会的决定和全国人民代表大会常务委员会的决定，宣布战争状态，发布动员令。同时，《国防法》还规定了国务院在国防方面的九项职权和中央军委的十项职权，从而规范了它们之间的关系。《国防法》还规范了地方各级人民代表大会和县级以上地方各级人民代表大会常务委员会以及地方各级人民政府的国防职权。

（3）对武装力量的组成、性质、任务，武装力量建设的要求和目标进行了规范

中华人民共和国的武装力量由中国人民解放军现役部队和预备役部队、中国人民武装警察部队、民兵组成。中华人民共和国的武装力量属于人民，受中国共产党的领导。它的任务是巩固国防，抵抗侵略，保卫祖国，保卫人民的和平劳动，参加国家建设事业，全心全意为人民服务。它的规模应当与保卫国家安全和利益的需要相适应。它应当适应现代战争的要求，加强军事训练，开展政治工作，提高保障水平，全面提高战斗力。国家加强武装力量的革命化、现代化、正规化建设，增强国防力量。国家禁止任何组织或者个人非法

建立武装组织，禁止非法武装活动，禁止冒充现役军人或者武装力量组织。

（4）规范了有关边防、海防和空防的重要问题

《国防法》主要规定了边防、海防和空防的任务，边防、海防和空防的领导管理体制，边防、海防和空防设施的建设与保护等。

（5）规范了有关国防科研生产和军事订货的重要问题

《国防法》主要规定了国防科研生产的目标、国防科技工业的方针、国防科研生产政策、国防科研生产管理、国防科学技术人才制度、军事订货制度等。

（6）规范了有关国防经费和国防资产的重要问题

《国防法》主要规定了国防经费的保障原则、国防经费拨款制度、国防资产的产权、国防资产的管理、国防资产的保护等。国防资产指国家直接用于国防的资金、资源、土地，以及由此形成的武器装备、设备设施、物资器材、技术资料等。

（7）规范了有关国防教育的重要问题

《国防法》主要规定了国防教育的地位和作用、国防教育的方针和原则、国防教育的组织实施、国防教育的保障等。

（8）规范了有关国防动员的重要问题

《国防法》主要规定了国防动员的条件和规模、国防动员的要求、国防动员的组织实施、国防征用、战争状态等。

（9）规范了有关战争状态的定义

交战双方或一方宣战或宣布战争状态，一方使用武力，另一方认为是战争行为，并继之以敌对行动，即为战争状态的开始。因此，战争状态是指战争正式开始至正式结束期间交战国之间关系的法律状态。

（10）规范了有关公民、组织的国防义务和权利

《国防法》主要规定了兵役义务、承担国防科研生产的义务、接受国家军事订货的义务、交通建设中的国防义务、接受国防教育的义务、保护国防设施的义务、保守国防秘密的义务、支持国防建设的义务、国防建设建议权、维护国防利益的权利、依法取得补偿等。

（11）规范了有关军人的义务和权益

《国防法》主要规定了军人履行职责、遵守法律、参加国家建设等基本义务，现役军人权利与利益的保护，退役军人的保障，伤残、死亡军人的优抚，军人家属的权益，预备役人员的义务和权益等。

（12）规范了有关对外军事关系

我国始终坚持"互相尊重主权及领土完整、互不侵犯、互不干涉内政、平等互利、和平共处"五项原则，独立自主地处理对外军事关系，开展军事交流与合作。支持国际社会采取的有利于维护世界及地区和平、安全、稳定的与军事有关的活动，支持国际社会为公

正合理地解决国际争端、军备控制和裁军所做的努力。遵守同外国缔结或者加入、接受的有关条约和协定。

（二）《兵役法》

为了加强国防和军队建设，依法开展兵役工作，依法保障军人的合法权益，1984 年 5 月 31 日第 6 届全国人民代表大会第 2 次会议审议通过了《兵役法》，并于 1984 年 5 月 31 日以中华人民共和国主席令第 14 号发布；根据 1998 年 12 月 29 日第 9 届全国人民代表大会常务委员会第 6 次会议《关于修改〈中华人民共和国兵役法〉的决定》第 1 次修正；根据 2009 年 8 月 27 日第 11 届全国人民代表大会常务委员会第 10 次会议《关于修改部分法律的决定》第 2 次修正；根据 2011 年 10 月 29 日第 11 届全国人民代表大会常务委员会第 23 次会议《关于修改〈中华人民共和国兵役法〉的决定》第 3 次修正。修正后的《兵役法》的主要内容包括：

1. 兵役制度

兵役制度是《兵役法》的核心。《兵役法》规定："中华人民共和国实行义务与志愿兵相结合、民兵与预备役相结合的兵役制度。"这是我国现行兵役制度最突出、最鲜明的一个特点。

2. 兵员的平时征集

《兵役法》具体规定了兵员征集的年龄："中华人民共和国公民，不分民族、种族、职业、家庭出身、宗教信仰和教育程度，都有义务依照法律规定服兵役。每年 12 月 31 日以前年满 18 周岁的男性公民，应当被征集服现役。当年未被征集的，在 22 周岁以前仍可以被征集服现役，普通高等学校毕业生的征集年龄可以放宽至 24 周岁。根据军队需要，可以按照前款规定征集女性公民服现役。根据军队需要和本人自愿，可以征集当年 12 月 31 日以前年满 17 周岁未满 18 周岁的公民服现役。"

《兵役法》规定，每年 12 月 31 日以前年满 18 周岁的男性公民，都应当在当年 6 月 30 日以前，按照县、自治县、市、市辖区的兵役机关的安排，进行兵役登记。经兵役登记并初步审查合格的，称应征公民。在征集期间，应征公民应当按照县、自治县、市、市辖区的兵役机关的通知，按时到指定的体格检查站进行体格检查。应征公民符合服现役条件，并经县、自治县、市、市辖区的兵役机关批准的，被征集服现役。在征集期间，应征公民被征集服现役，同时被机关、团体、企业事业单位招收录用或者聘用的，应当优先履行服兵役义务；有关机关、团体、企业事业单位应当服从国防和军队建设的需要，支持兵员征集工作。应征公民是维持家庭生活唯一劳动力的，可以缓征。应征公民正在被依法侦查、起诉、审判的或者被判处徒刑、拘役、管制正在服刑的，不征集。

3. 士兵的现役和预备役

《兵役法》规定，现役士兵包括义务兵役制士兵和志愿兵役制士兵，义务兵役制士兵称义务兵，志愿兵役制士兵称士官。义务兵服现役的期限为2年。义务兵服现役期满，根据军队需要和本人自愿，经团级以上单位批准，可以改为士官。根据军队需要，可以直接从非军事部门具有专业技能的公民中招收士官。士官实行分级服现役制度。士官服现役的期限一般不超过30年，年龄不超过55周岁。士官分级服现役的办法和直接从非军事部门招收士官的办法，由国务院、中央军事委员会规定。

士兵服现役期满，应当退出现役。因军队编制员额缩减需要退出现役的，经军队医院诊断证明本人健康状况不适合继续服现役的，或者因其他特殊原因需要退出现役的，经师级以上机关批准，可以提前退出现役。士兵退出现役的时间为部队宣布退出现役命令之日。

士兵退出现役时，符合预备役条件的，由部队确定服士兵预备役；经过考核，适合担任军官职务的，服军官预备役。退出现役的士兵，由部队确定服预备役的，自退出现役之日起40日内，到安置地的县、自治县、市、市辖区的兵役机关办理预备役登记。

经过兵役登记的应征公民，未被征集服现役的，办理士兵预备役登记。士兵预备役的年龄，为18周岁至35周岁，根据需要可以适当延长。具体办法由国务院、中央军事委员会规定。

此外，《兵役法》规定：普通高等学校的学生在就学期间，必须接受基本军事训练。根据国防建设的需要，对适合担任军官职务的学生，再进行短期集中训练，考核合格的，经军事机关批准，服军官预备役。

普通高等学校设军事训练机构，配备军事教员，组织实施学生的军事训练。普通高中和中等职业学校，配备军事教员，对学生实施军事训练。普通高等学校和普通高中学生的军事训练，由教育部、国防部负责。教育部门和军事部门设学生军事训练的工作机构或者配备专人，承办学生军事训练工作。

4. 公民履行兵役义务的形式

《兵役法》规定，现役军人入伍前已被普通高等学校录取或者是正在普通高等学校就学的学生，服役期间保留入学资格或者学籍，退出现役后两年内允许入学或者复学，并按照国家有关规定享受奖学金、助学金和减免学费等优待；入学或者复学后参加国防生选拔、参加国家组织的农村基层服务项目人选选拔，以及毕业后参加军官人选选拔的，优先录取。

义务兵和服现役不满12年的士官入伍前是机关、团体、企业事业单位工作人员或者职工的，服役期间保留人事关系或者劳动关系；退出现役后可以选择复职复工。义务兵和士官服现役期间，入伍前依法取得的农村土地承包经营权，应当保留。

现役军人，残疾军人，退出现役军人，烈士、因公牺牲、病故军人遗属，现役军人家属，应当受到社会的尊重，受到国家和社会的优待。军官、士官的家属随军、就业、工作调动以及子女教育，享受国家和社会的优待。

义务兵服现役期间，其家庭由当地人民政府给予优待，优待标准不低于当地平均生活水平，具体办法由省、自治区、直辖市人民政府规定。现役军人牺牲、病故，由国家发给其遗属一次性抚恤金；其遗属无固定收入，不能维持生活，或者符合国家规定的其他条件的，由国家另行发给定期抚恤金。

义务兵退出现役，按照国家规定发给退役金，由安置地的县级以上地方人民政府接收，根据当地的实际情况，可以发给经济补助。义务兵退出现役，可以免试进入中等职业学校学习；报考普通高等学校以及接受成人教育的，享受加分以及其他优惠政策；在国家规定的年限内考入普通高等学校或者进入中等职业学校学习的，享受国家发给的助学金。义务兵退出现役，报考公务员、应聘事业单位职位的，在军队服现役经历视为基层工作经历，同等条件下应当优先录用或者聘用。服现役期间平时荣获二等功以上奖励或者战时荣获三等功以上奖励以及属于烈士子女和因战致残被评定为五级至八级残疾等级的义务兵退出现役，由安置地的县级以上地方人民政府安排工作；待安排工作期间由当地人民政府按照国家有关规定发给生活补助费；本人自愿选择自主就业的，依照相关规定办理。国家根据经济社会发展水平，适时调整退役金的标准。退出现役士兵安置所需经费，由中央和地方各级人民政府共同负担。

军官退出现役，国家采取转业、复员、退休等办法予以妥善安置。作转业安置的，按照有关规定实行计划分配和自主择业相结合的方式安置；作复员安置的，按照有关规定由安置地人民政府接收安置，享受有关就业优惠政策；符合退休条件的，退出现役后按照有关规定作退休安置。军官在服现役期间因战、因公、因病致残丧失工作能力的，按照国家有关规定安置。

机关、团体、企业事业单位有接收安置退出现役军人的义务，在招收录用工作人员或者聘用职工时，同等条件下应当优先招收录用退出现役军人；军人服现役年限计算为工龄，退出现役后与所在单位工作年限累计计算。国家鼓励和支持机关、团体、企业事业单位接收安置退出现役军人。接收安置单位按照国家规定享受税收优惠等政策。

总之，《兵役法》是加强我国现代化国防建设的重要法规之一。这对进一步完善我国的社会主义法制，对加强国防建设，对我国公民自觉地履行兵役义务以及进一步加强民兵预备役建设和加强全民国防教育，增强全国各族人民的国防观念与国防意识，都有着十分重要的现实意义。

（三）《国防教育法》

《国防教育法》于2001年4月28日正式颁布实施，标志着中国国防教育事业走上了法制化轨道。它规定了国防教育的性质、方针、地位和作用，进行国防教育应当遵循的原则；明确了主管国防教育的机构及其任务、权限，实施国防教育的步骤、途径及方法；规定了社会组织和公民在国防教育中的权利、义务及法律责任等。

1. 国防教育的内容和要求

《国防教育法》具体规定了国防教育的内容、方针及原则。国防教育的内容包括：国防理论、国防精神、国防历史、国防常识、国防法制、国防科技、国防经济、国防外交与形势、国防体育等。国防教育的方针是：实行"全民参与、长期坚持、讲求实效"的方针。国防教育的原则是：经常教育与集中教育相结合的原则；普及教育与重点教育相结合的原则；理论教育与行为教育相结合的原则。

此外，《国防教育法》明确了国防教育的具体要求。

（1）要求对民兵、预备役进行国防教育。

（2）要求学校将国防教育的内容纳入小学和初级中学的有关课程，实行课堂教学与课外活动相结合。同时，提倡有条件的中小学校组织学生开展以国防教育为主题的少年军校活动。高级中学和相当于高级中学的学校在有关课程中安排专门的国防教育内容，高等学校设置适当的国防教育课程，实行课堂教学与军事训练相结合。负责培训国家工作人员的各类教育机构，将国防教育纳入培训计划，设置适当的国防教育课程。

（3）要求从事国防建设事业的国家机关工作人员，必须学习和掌握履行职责所必需的国防知识；承担国防科研生产、国防设施建设、国防交通保障等任务的企业事业组织，应当根据所担负的任务，制定相应的国防教育计划，有针对性地对职工进行国防教育；文化、新闻、出版、广播、电影、电视等部门和单位应当采取多种形式开展国防教育；烈士陵园、革命遗址和其他具有国防教育功能的博物馆、纪念馆、科技馆、文化馆、青少年宫等场所，应当为公民接受国防教育提供便利，对有组织的国防教育活动实行优惠或者免费。

（4）要求中央和各省、市的电台、电视台、报刊开设国防教育节目或者栏目，普及国防知识；广播电台、电视台、报刊等新闻单位，应当根据本单位、本地区的实际情况搞好国防教育的宣传工作。

2. 国防教育的保障

《国防教育法》详细规定了国防教育的保障条件。

（1）领导机构保障

国务院、中央军事委员会和省、自治区、直辖市的人民政府以及有关军事机关，应当采取措施，加强国防教育工作。

（2）经费保障

各级人民政府应当根据开展国防教育的需要，在财政预算中保障国防教育所需的经费；国家机关、事业单位、社会团体和企业开展国防教育所需的经费分别在本单位预算经费或者职工教育经费中列支。

（3）场所保障

《国防教育法》规定了国防教育基地的基本条件和命名制度，并要求各级人民政府为其发挥作用提供必要的保障。

（4）教材保障

《国防教育法》规定全民国防教育使用全国统一的国防教育大纲，各有关部门或者地方依据国防教育大纲组织编写适用于不同地区、不同类别教育对象的国防教育教材。

（5）师资保障

《国防教育法》规定了国防教育教员的选择范围及其培训、管理工作，切实地为开展国防教育活动提供合格的师资来源。

（6）科技保障

例如，要求建立国防教育网络体系等。

（四）《中华人民共和国国防设施保护法》

1990 年 2 月 23 日经第七届全国人大第十二次常委会议通过并颁布的《中华人民共和国国防设施保护法》，是调整国家在保护军事设施活动中所产生的各种社会关系的法律规范；是我国历史上第一部国防设施保护法。其内容共 8 章 37 条，主要规范了国防设施的保护范围，国防设施保护主管机关及其保护方针，国防设施保护区域的划定等级及其保护措施，军事禁区、军事管理区范围的划定或调整原则，对违反本法的处置，破坏、危害军事设施的各类违法犯罪行为的法律责任等。

（1）国防设施保护范围包括：指挥机关、地面和地下的指挥工程、作战工程；军用机场、港口、码头；营区、训练场、试验场；军用洞库、仓库；军用通信、侦察、导航、观察台站和测量、导航、助航标志；军用公路、铁路专用线、军用通信、输电线路、军用输油及输水管道和国务院、中央军事委员会规定的其他军事设施。

（2）军事设施保护主管机关是中国人民解放军总参谋部，它在国务院和中央军事委员会的领导下，主管全国的军事设施保护工作；军区司令部机关主管辖区内陆军、海军、空军的军事设施保护工作。

（3）军事设施保护方针是"国家对军事设施实行分类保护、确保重点"。军事设施改作民用的，军用机场、港口、码头实行军民合用的，需经国务院和中央军事委员会批准。

（4）军事设施保护措施是：国家根据军事设施的性质、作用、安全保密的需要和使用效能的要求，划定军事禁区、军事管理处；没有划入军事禁区、军事管理处的军事设施，也应当采取保护措施。军事禁区和军事管理处，由国务院和中央军事委员会确定，或者由军区根据国务院和中央军事委员会的规定确定。

（5）军事禁区、军事管理区的划定或调整原则是：在军事设施安全保密和使用效能的前提下，兼顾经济建设、自然环境保护和当地群众的生产、生活。县级以上地方人民政府编制经济和社会发展计划时，应考虑军事设施保护的需要，并征求有关军事机关的意见；安排建设项目或者开辟新旅游点，应避开军事设施。确实不能避开的，需要将军事设施拆除；或者改作民用的，由省、自治区、直辖市人民政府和军区级军事机关商定，并报国务院和中央军事委员会批准。

第三节　中国国防建设

旧中国有国无防，国门洞开，受尽了帝国主义列强的侵略欺凌，中国人民为此付出了惨重的代价，经历了 100 多年丧权辱国的屈辱历史。新中国的诞生结束了中国封建地主阶级和外国帝国主义统治的历史，标志着中国从此开始了由人民当家做主的新纪元，同时也使中国的国防性质发生了根本的变化。60 多年来，在中国共产党的领导下，新中国国防建设取得了举世瞩目的巨大成就。

一、国防体制

国防体制是国家的国防组织形式、机构设置、领导隶属关系和管理权限划分等方面制度的总称，是国家体制的重要组成部分。它通常受国家政治、经济、军事、外交等方面制度和政策的制约。

（一）国防领导体制

1. 中共中央的国防领导职权

《国防法》第 19 条规定："中华人民共和国的武装力量受中国共产党领导。"《中国人民解放军政治工作条例》规定："中国人民解放军必须置于中国共产党的绝对领导之下，其最高领导权和指挥权属于中国共产党中央委员会和中央军事委员会。"有关国防建设、武装力量建设和国防动员的重大问题，都由中共中央、中央军事委员会、中央政治局及其常务委员会作出决策，并通过法定程序，作为党和国家的统一决策贯彻执行。

2. 全国人民代表大会及其常务委员会的国防职权

中华人民共和国全国人民代表大会是国家最高的权力机关，其国防职权有：制定国防建设、武装力量建设和国防动员的基本法律；选举中华人民共和国中央军事委员会主席，根据军委主席的提名，决定中央军事委员会其他组成人员；决定战争与和平的问题；审查和批准包括国防建设计划在内的国民经济和社会发展计划及计划执行情况的报告；审查和批准包括国防经费预算在内的国家预算和预算执行情况的报告；改变或者撤销全国人民代表大会常务委员会在国防方面的不适当的决定；应当由全国人民代表大会行使的国防方面的其他职权。

全国人民代表大会常务委员会的国防职权有：制定国防建设、武装力量建设和国防动员的基本法律；在全国人民代表大会闭会期间，根据军委主席的提名，决定中央军事委员会其他组成人员，任免军事法院院长和军事检察院检察长；在全国人民代表大会闭会期间，审查和批准包括国防建设计划在内的国民经济和社会发展计划，包括国防经费预算在内的国家预算在执行过程中所必须作的部分调整方案；监督中央军事委员会的工作；决定同外国缔结的有关国防方面的条约和重要协定的批准和废除；规定和决定授予在国防方面国家的勋章和荣誉称号；决定战争状态的宣布，决定全国总动员或局部总动员；全国人民代表大会授予的国防方面的其他职权。

3. 国家主席的国防职权

国家主席的国防职权是：根据全国人民代表大会的决定和全国人民代表大会常务委员会的决定公布国防建设、武装力量建设和国防动员法律；根据全国人民代表大会的决定和全国人民代表大会常务委员会的决定宣布战争状态，发布动员令；《宪法》规定的国防方面的其他职权。

4. 国务院的国防职权

国务院的国防职权有：编制国防建设发展规划和计划；制定国防建设方面的方针、政策和行政法规；领导和管理国防科研生产；管理国防经费和国防资产；领导和管理国民经济动员工作和人民武装动员、人民防空、国防交通等方面的有关工作；领导和管理拥军优属工作和退出现役的军人的安置工作；领导国防教育工作；与中央军事委员会共同领导中国人民武装警察部队、民兵的建设和征兵、预备役工作；与中央军事委员会共同领导边防、海防和空防的管理工作；法律规定的国防建设事业方面的其他职权。国务院下设国防部，作为国务院的军事部门，管理国防建设事业。

5. 中央军事委员会的国防职权

中华人民共和国中央军事委员会是国家军事最高领导机关，负责领导全国武装力量。其国防职权主要有：统一指挥全国武装力量；决定军事战略和武装力量的作战方针；领导和管理中国人民解放军的建设，制定规划、计划并组织实施；向全国人民代表大会或者全国人民代表大会常务委员会提出议案；根据《宪法》和法律，制定军事法规，发布决定和命令；决定中国人民解放军的体制和编制，规定总部以及军区、军兵种和其他军区级单位的任务和职责；依照法律、军事法规的规定，任免、培训、考核和奖惩武装力量成员；批准武装力量的武器装备体制和武器装备发展规划、计划，协同国务院领导和管理国防科研生产；会同国务院管理国防经费和国防资产；法律规定的国防方面的其他职权。

中央军事委员会由军委主席一人、副主席若干人、委员若干人组成，实行主席负责制。

地方各级人民代表大会和县级以上地方各级人民代表大会常务委员会在本行政区域

内，保证有关国防事务的法律、法规的遵守和执行。地方各级人民政府的国防职权主要是：依照法律规定的权限，管理本行政区域内的征兵、民兵、预备役、国防教育、国民经济动员、人民防空、国防交通、国防设施保护、退出现役的军人的安置和拥军优属等工作。

（二）国防动员体制

建立和完善国防动员体制，对于加强民兵和预备役部队建设，发展高技术条件下人民战争的战略战术具有十分重大的意义。

1. 国务院和中央军委共同领导国防动员工作

由于国防动员涉及军地两个方面，因此，需要政府和军队共同协调、相互配合。国防动员体制应当体现"平战结合、军民结合、寓兵于民"的方针。国务院有关部门要在经济建设中考虑国防需求，增加国防功能；军队有关部门负责提出年度的和中长时期内的军事需求计划，提供落实军事需求的有关技术支持和军事标准。考虑到国防动员的这些内在要求，《国防法》规定，国务院和中央军委共同领导国防动员准备和国防动员实施工作，它们可以根据情况召开协调会议，解决国防事务的有关问题。国家在和平时期进行国防动员准备，将国防教育、人民武装动员、国民经济动员、人民防空、国防交通等方面的动员准备纳入国家总体发展规划和计划，逐步完善动员体制，建立战略物资储备制度。国家重视开展国防教育，并将国防教育纳入国民经济和社会发展计划。

2. 国防动员委员会

国防动员委员会是国务院和中央军委的议事协调机构，在党中央、国务院、中央军委领导下负责全国国防动员工作。军区和省（自治区、直辖市）、地区、县（市、区）人民政府，设立相应的国防动员委员会，负责主管本区域的动员工作。县级以上各级国防动员委员会，设有综合办公室、国防教育办公室、人民武装动员办公室、经济动员办公室、人民防空办公室、交通战备办公室，负责承办相关国防动员工作。

国家国防动员委员会的主要职责是：贯彻党中央、国务院、中央军事委员会有关国防动员工作的方针、政策和指示；组织拟订国防动员工作的法律、法规和措施；组织编制国防动员规划、计划；检查监督国防动员法律法规的实施和国防动员计划的执行；协调军事、经济、社会等方面的重大国防动员工作；组织领导全国的人民武装动员、国民经济动员、人民防空和国防交通工作；行使党中央、国务院、中央军事委员会赋予的国防方面的其他职权。

（三）国防科研生产体制

1. 国家对国防科研生产实行统一领导和计划调控

国务院负责领导和管理国防科研生产，管理国防经费和国防资产。中央军事委员会批

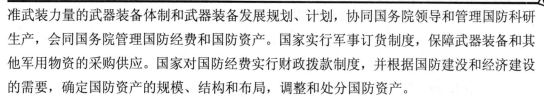

准武装力量的武器装备体制和武器装备发展规划、计划，协同国务院领导和管理国防科研生产，会同国务院管理国防经费和国防资产。国家实行军事订货制度，保障武器装备和其他军用物资的采购供应。国家对国防经费实行财政拨款制度，并根据国防建没和经济建设的需要，确定国防资产的规模、结构和布局，调整和处分国防资产。

2. 国防科学技术工业委员会

国防科学技术工业委员会是国务院管理国防工业的办事机构。其主要职责如下。

（1）研究拟定国防科技工业和军转民的发展方针、政策和法律、法规。

（2）制定国防科技工业及行业管理规章；组织研究和实施国防科技工业体制改革。

（3）组织军工企事业单位实施战略性重组。

（4）组织国防科技工业的结构、布局、能力调整、企业集团发展和企业改革工作。

（5）研究制定国防科技工业的发展规划、结构布局、总体目标。

（6）组织编制国防科技工业建设、军转民规划和行业发展规划。

（7）组织管理国防科技工业质量、安全、计量、标准、统计、档案、重大科研及其推广。

（8）拟定核、航天、航空、船舶、兵器工业的产业和技术政策、发展规划，实施行业管理。

（9）指导军工电子的行业管理；负责国家核电建设、同位素生产和民用爆破器材生产流通的行政管理。

（10）负责组织管理国防科技工业的对外交流与国际合作。

（11）代表中国政府参加有关国际组织及其有关活动。

（12）负责军工企事业单位的军品出口管理。

二、国防建设成就

国防建设是国家为提高国防能力而进行的各方面的建设。主要包括：武装力量建设，边防、海防、空防、人防及战场建设，国防科技与国防工业建设，国防法规与动员体制建设，国防教育，以及与国防相关的交通运输、邮电、能源、水利、气象、航天等方面的建设等。重视国防和军队建设，是我们党三代领导核心的一贯思想。从新中国成立以来，在党中央、中央军委的领导下，中国国防和军队建设取得了巨大成就。其具体体现在以下几个方面。

（一）建立了一支正规化的、诸军兵种合成的人民军队

军队是国防力量的主体，中国根据国防的实际需要和国家的基本承受能力，建设了一支诸军兵种相结合的具有现代化作战能力的革命化、现代化、正规化的军队。

中国在陆军的基础上，先后建立了空军、海军和战略导弹部队。陆军在步兵的基础上，相继建立了炮兵、装甲兵、工程兵、通信兵、防化兵等兵种。全军形成了诸军种、兵种统一的合成体系。现在，陆军在加强原有的特种兵的同时，又增加了陆军航空兵、电子对抗兵、气象兵和山地作战部队等兵种。近年来，陆军中特种兵的数量已经超过步兵，实现了建军史上的重大转变，大大加强了陆军的火力、突击力、机动力和快速反应能力，增强了现代化国防的威力。陆军既能独立作战，又能与海军、空军联合协同作战。1985年，陆军改编为合成集团军，使诸兵种合同作战能力和整体作战效能又有了新的增强。

中国海军以舰艇部队为主体，由水面舰艇部队、潜艇部队、海军航空兵部队和海军陆战队等兵种组成。舰艇部队日趋导弹化、电子化、自动化。目前，在海军部队服役的各类主要作战舰艇的数量，比1950年初创阶段增加了近10倍.舰艇普遍采用了卫星导航技术。过去的小炮舰和鱼雷艇已被国产的导弹驱逐舰、导弹护卫舰、导弹快艇和各类潜艇所代替。训练舰、大型补给船、科研实验船和核动力潜艇等新型舰艇开始服役。整个海军具有在水下、水面、空中和岸上实施作战的立体攻防能力，还可协同其他军种进行海上作战。

中国空军以航空兵为主体，由航空兵和地空导弹兵、高射炮兵、空降兵、雷达兵、通信兵等兵种组成，拥有的作战飞机数量居世界第三位。其中有高空高速重型歼击机，有具有先进水平的轻型歼击机，有具备一定突防攻击轰炸能力的轻型强击机和中程亚声速轰炸机，还有布雷飞机、电子干扰飞机。在全国范围内，构成以航空兵为主体和地面诸兵种合成的完整的防空体系。

中国战略导弹部队，于20世纪60年代中期创建，由周恩来总理亲自命名为第二炮兵，主要由导弹、中程导弹、远程导弹和洲际导弹部队组成。装备多种型号战略导弹，射程从数百千米至一万多千米，威力从几十万吨到数百万吨TNT当量。可实施固定发射，也可机动发射。建有与之相配套的作战、防护工程和各种设施，具有较强的生存能力。由于采用了先进可靠的制导技术，可随时按党中央和中央军委的命令给敌方以摧毁性的还击。

进入20世纪90年代以来，人民解放军继续向着更高级的阶段迈进。根据高技术战争的特点和影响，人民解放军开始把军事斗争准备的立足点放在打赢现代技术特别是高技术条件下的局部战争上面，军事技术正在逐步实现由数量规模型向质量效能型，由人力密集型向科技密集型的转变；在发展武器装备方面，人民解放军根据现代技术特别是高技术条件下局部战争的需要，努力发展高技术装备；在改革调整体制编制方面，人民解放军在进一步压缩军队规模的基础上，不断优化诸军兵种比例结构，完善合成体制，使军队体制编制更能适应现代合同作战和联合作战的需要；在改革教育训练方面，为培养掌握现代科技知识和战争知识，精通现代军事科学理论的高层次指挥人才，指挥院校增设了硕士、博士生教育，部队训练加大了实战力度。

21世纪的人民解放军继续优化体制编制，更新教育训练内容和手段，改善武器装备，加强军队的质量建设，提高诸军兵种的合成化水平，朝着"精兵、利器、合成、高效"的方向发展。

（二）形成了综合的国防工业和国防科研体系

国防科技是衡量一个国家综合国防实力的重要标志之一，也是国防现代化建设的一个重要方面。在党中央、国务院、中央军委的领导下，经过 60 多年的建设和发展，中国的国防科技工业从无到有，从小到大，从落后到先进，逐步建立起了包括电子、船舶、兵器、航空、航天和核能等门类齐全、综合配套的科研实验生产体系，取得了一大批具有国内或国际先进水平的科研成果，为加强我军的现代化建设，增强中国的综合国防实力作出了重要贡献。

（1）在军事电子方面，逐步发展具有相当规模、门类齐全的新兴工业部门，特别是在指挥自动化、情报侦察、预警探测、电子对抗和通信等方面，为我军提供了各种新式装备和产品，进一步增强了部队侦察、通信、指挥和作战能力。

（2）在船舶工业方面，先后自行研制建造了核动力舰艇、常规舰艇、导弹驱逐舰、导弹护卫舰、导弹快艇等作战舰艇，以及各种辅助船舶和新型鱼雷、水雷、反水雷等新装备。

（3）在兵器工业方面，研制生产了一大批具有先进性能的坦克、装甲车辆、火炮、弹药、轻武器、军用光电器材和综合火控、指挥系统等新型武器装备，为我军现代化作出了重要贡献。

（4）在航空工业方面，已能够生产歼击机、轰炸机、直升机、运输机、教练机等，基本满足了海、空军作战和飞行训练的需要。

（5）在航天科技工业方面，已拥有地地、地空、海空和空空导弹武器系统，运载火箭、各种应用卫星的研制和实验能力以及各种应用卫星的发射能力，在世界高技术领域占有一席之地。

（6）在核工业方面，中国不仅可以生产制造原子弹、氢弹，还掌握了核潜艇技术，形成了有效的核威慑力量。

（7）在和平利用核能方面，中国已取得了突破性进展。

（三）进一步完善了国防动员体制

完善国防动员体制，其主要目的就是要建立一支雄厚的国防后备力量。为使战时有效而迅速地展开动员，中国在完善国防动员体制方面作了大量工作。

1. 建立了国防动员机构

中央军委下设有人民武装委员会，负责指导协调全国的后备力量建设和动员工作。国务院各部委设有动员机构。平时本着"平战结合"的原则，积极做好人力、物力、财力、资源的开发和储备；战时按照"军民结合"的原则，采取有效措施，将各种资源的潜力迅速转变为实力。军队从总部机关到各军区、集团军、师（旅）均设有动员机构或动员军官。省军区、军分区、人武部，既是同级党委的军事部门，又是政府的兵役机关，是兼后备力量建设与动员工作于一体的机构。所有这些动员机构的建立，为战时动员的顺利开展奠定了良好的基础。

2. 建立了雄厚的国防后备力量

全国实行了民兵制度，明确规定了社会主义革命和建设时期民兵工作的方针和任务，自上而下建立了人民武装的领导机构，加强民兵工作的领导。党的十一届三中全会以来，国家颁布了《中华人民共和国兵役法》（以下简称《兵役法》），重新恢复预备役，实行民兵和预备役相结合的制度。2011 年 10 月 29 日第十一届全国人民代表大会常务委员会第23 次会议通过关于修改《中华人民共和国兵役法》的决定。这对建立雄厚的国防后备力量，进一步完善动员体制，具有重要的战略意义。现在全国的民兵组织，已由单一的步兵发展成为包括高炮、地炮、通信、工兵、防化、侦察以及海、空军等专业技术在内的强大的群众武装力量。

3. 依托地方高校培养国防优秀人才

为了进一步适应高新技术在军事领域广泛运用的新形势，拓宽选拔培养高素质军队建设人才的途径，培养和造就大批军政兼优、掌握现代科学文化知识的新型军事人才，国务院与中央军委颁布了《关于建立依托普通高等教育培养军队干部制度的决定》。其主要方式有以下几个。

（1）军队从普通高等学校低年级在校生中确定培养对象，毕业后选拔担任军队干部。

（2）军队从普通高等学校的应届毕业生（含研究生）中，择优挑选热爱国防事业、全面素质高的学生，直接接收入伍担任军队干部。

（3）普通高等学校按照国家和军队有关部门下达的招生计划，招收品学兼优的高中生，毕业后定向分配到军队工作。

（4）采取军地院校联合培养人才，选送现役干部到普通高等学校学习深造。军队在普通高等学校设立国防奖学金，享受国防奖学金的学生，毕业后应到军队工作。

三、国防政策

中国始终把维护国家的主权统一、领土完整和安全放在第一位。保卫祖国、抵抗侵略、维护统一、反对分裂，是中国国防政策的出发点和立足点。中国正处于社会主义初级阶段，国家的根本任务是集中力量进行社会主义现代化建设。中国面临着极为繁重的经济建设任务，国防建设必须服从和服务于国家经济建设的大局。

中国的发展需要有一个长期的国际和平环境，特别是良好的周边环境。中国始终不渝地奉行独立自主的和平外交政策,主张从中国人民和世界人民的根本利益出发来处理国际事务,不同任何大国或国家集团结盟;主张通过协商和平解决国家间的纠纷和争端,反对诉诸武力或以武力相威胁,反对霸权主义和强权政治;主张在和平共处五项原则的基础上,建立公正合理的国际政治经济新秩序,同所有国家发展友好合作关系。中国永远是维护世界和平以及地区稳定的重要力量。中国即使将来强大了,也决不走对外侵略扩张的道路。永远不称霸,是中国人民对世界的庄严承诺。归纳起来,中国的国防政策主要包括以下几个内容:

(一)巩固国防,抵抗侵略,制止武装颠覆,保卫国家的主权统一、领土完整和安全

中国的国防现代化建设完全是为了自卫,是保障国家现代化建设和安全的需要。这是中国国防政策的基本目标,也是《宪法》赋予中国武装力量的主要职责。中国始终奉行用和平的方式解决国际争端和历史遗留问题。然而,在霸权主义和强权政治依然存在的情况下,国家必须具有运用军事手段捍卫主权统一、领土完整和国家安全的能力。中国武装力量的规模是与保卫国家安全和利益的需要相适应的。中国独立自主、自力更生地建设和巩固国防。

(二)国防建设服从和服务于国家经济建设大局,与经济建设协调发展

国防现代化需要国家的经济力量和技术力量的支持,国防现代化水平只能随着国家经济实力的增强而逐步提高。国家坚持以经济建设为中心,国防建设必须服从和服务于这个大局,军队应当积极参加和支援国家的经济建设。国家在集中力量进行经济建设的同时,也应重视加强国防建设,以促进国防建设与经济建设协调发展。

(三)全面贯彻"积极防御"的军事战略方针

中国在战略上实行防御、自卫和后发制人的原则,坚持"人不犯我,我不犯人,人若犯我,我必犯人"。坚持全民自卫原则和人民战争的战略思想,增强全民国防观念,加强国防后备力量建设,完善国防动员体制;立足现有武器装备,继承和发扬优良传统;适应世界军事领域的深刻变革,做好现代技术特别是高技术条件下的防卫作战准备。

(四)走有中国特色的精兵之路

在新的历史时期,军队努力加强质量建设,走有中国特色的精兵之路,目标是建设一支有中国特色的革命化、现代化、正规化的人民军队。军队现代化建设的基本方针是减少数量,提高质量,依靠科技强军,实现军队由数量规模型向质量效能型、由人力密集型向科技密集型的转变;按照现代战争的特点,努力提高武器装备现代化建设的水平,改革和完善军队的体制编制,改进部队的训练和院校教育的内容与方法,培养高素质的优秀军事

人才，全面提高部队的战斗力。

（五）维护世界和平，反对侵略扩张行为

中国坚持和平共处五项原则，独立自主地处理对外军事关系，开展军事交流与合作，不搞霸权主义，不搞军事集团，不进行军事扩张，不在国外驻军或建立军事基地。中国反对军备竞赛，主张根据公正、合理、全面、均衡的原则，实行有效的军备控制和裁军。中国支持国际社会采取的有利于维护世界和地区和平、安全、稳定的活动，支持国际社会为公正合理地解决国际争端，军备控制和裁军问题所做的努力。

解决台湾问题，实现中国完全统一，是中华民族的根本利益之所在。中国政府坚决反对任何国家向中国台湾地区出售武器或与台湾地区进行任何形式的军事结盟，反对任何形式的外来干涉。中国政府将尽一切可能争取和平统一，主张通过在一个中国原则基础上的对话与谈判来解决分歧。

四、国防现代化建设

我国国防建设的目标是：到建国 100 周年时达到或接近世界先进水平，与国家的国际地位相适应。国防建设的重点是：抓好常备军建设，提高军队的战斗力；加强国防科技的研究，发展高技术和信息技术武器装备；完善国防潜力转化为国防实力的机制。国防现代化是我国国防建设的总目标。

（一）国防现代化的基本含义

国防现代化是指国防建设达到现代先进水平的目标。国防现代化是一个与世界各国相联系、相比较的相对概念。它与一定的社会历史条件相联系而存在，是对于特定的时间而言的历史发展过程，是一个发展的概念，具有鲜明的时代性。

国防现代化建设是国家以高技术和信息技术为基础的综合国力的体现，国家经济能力的强弱将直接影响着国防现代化的建设。因此，国防现代化建设必须以国家经济建设为基础，与国家经济建设协调发展。国防现代化建设依赖于经济建设，同时对经济建设具有促进与保证作用。建设现代化的国防，是中华人民共和国国家建设的宏伟目标之一。保卫国家安全、维护国家权益、反对霸权主义、维护世界和平是我国国防建设的根本目的。

建设巩固的现代化国防，是我国现代化建设的战略任务，是维护国家安全统一和全面建设和谐小康社会的重要保障。

（二）国防现代化建设的主要内容

国防现代化建设的主要内容有以下几个。

1．军事思想的现代化

先进的军事思想，对国防现代化建设具有强大的指导作用。学习和实践创新先进的军事思想，是实现国防现代化的重要保证。

2．军队的现代化

军队的现代化是国防现代化的核心，包括武器装备现代化、人才现代化和军队体制编制现代化。武器装备现代化是军队现代化的基础；人才现代化是实现军队现代化的核心；体制编制现代化是使先进的武器装备与高素质人才紧密结合，发挥最佳效能的重要保证。

3．国防科研和国防工业体系的现代化

这是保证实现国防现代化不可或缺的物质技术基础。它包括国防科研的基础研究和应用研究要达到世界先进水平；具有现代化的科研体制、研究手段和科学管理；国防工业要达到高效率集约型现代化生产体系。

4．国防法规体系和国防动员体系的现代化

建立完善的国防法规体系和国防动员体系，保证国防实力的建设、积累和发展，以确保在战时使国防潜力迅速转化为战斗力。

5．国防基础设施和战场建设的现代化

这是使具有先进的武器装备和高素质的军队紧密结合，充分发挥效能的必要条件。它包括国防基础工程、战场实施、预警系统、战场监视系统、自动化指挥系统、电子干扰和反电子干扰系统等。

第四节　武装力量建设

武装力量是指国家或政治集团所拥有的各种武装组织的统称。一般来说，是以军队为主体，由军队和其它正规的、非正规的武装组织结合构成。其最高统帅，通常由国家或政治集团的最高领导人担任。

中华人民共和国武装力量由中国人民解放军、中国人民武装警察部队、民兵组成，由中华人民共和国中央军事委员会领导并统一指挥。

武装力量（即军队）是一个组织（部落、民族、国家、同盟），出于自身防卫的需要而组建的用武器装备起来的人与动物和机器的总称。从存在的理由看，它的首要任务是防守，其次是进攻。国家的武装力量对内用以维护统治阶级的利益，对外有震慑他国、保卫领土、对外扩张的作用，由国家统治阶级建立、维持和控制。

现代文明国家的武装力量通常由现役的陆军、海军、空军和后备役部队组成，有些还包括战略导弹部队、航天部队、网络战部队、宪兵、武装警察部队或武警特警部队。

武装力量的产生和发展，与国家的形成和演变，与社会生产力和生产关系的变革，与战争实践和军事理论的发展等紧密相关。

一、武装力量的历史沿革

（一）中国武装力量的历史

在中国，原始社会末期，氏族成年人必要时都自动参加战斗，这实际上就是 F.恩格斯所说的"居民的自动的武装组织"（《马克思恩格斯选集》第 4 卷第 167 页）。随着奴隶制国家的建立，夏朝已有军队。商朝除王室有较强大的军队外，各宗族和各方国也都掌握了相当数量的军队。西周和春秋时期，武装力量分为国王的王室军队（西六师和成周八师）、诸侯的公室军队和卿大夫的世族军队。西周时，公室军队和世族军队一般要听从国王的调遣，协助王室军队作战。战国，特别是秦统一中国以后，历代王朝在封建专制主义中央集权制度的基础上建立武装力量。在一般情况下，皇帝拥有军事统帅权，朝廷设有掌管军事行政的官员和机构，战时临时命将领兵出征，常备军逐渐成为武装力量的主体，通常按宿卫京师、驻防要地、戍守边疆等任务编组部队。北宋以后，一些由地主阶级掌握的民众武装组织，如民兵、义兵、民壮、乡兵、士兵等，也纳入国家武装力量。

中国共产党在领导中国人民革命战争的过程中，坚持毛泽东关于人民军队、人民战争的思想，逐步建立和发展了具有中国特色的人民武装力量体制。土地革命战争时期，领导各革命根据地逐步建立了主力红军、地方红军和赤卫军、少年先锋队相结合的人民武装力量。抗日战争时期，领导各抗日根据地组成了主力军、地方军和民兵、自卫队相结合的人民武装力量。解放战争时期，领导各解放区大力发展地方军和民兵，积极扩编野战军，形成了野战军、地方军和民兵相结合的人民武装力量。

中华人民共和国成立后，为适应新的历史条件，在继承和发扬革命战争年代传统的基础上，不断改革，逐步形成了人民解放军、人民武装警察部队和民兵相结合的人民武装力量。中国人民解放军是武装力量的骨干，主要担负巩固国防、保卫祖国的任务。中国人民武装警察部队主要担负国内安全保卫任务。民兵是由不脱产的人民群众组成的武装组织，是预备役的基本组织形式，是人民解放军强大的辅助和后备力量。例如淮海战役中除有解放军 66 万参战外还有 40 万民兵参战。1982 年《中华人民共和国宪法》规定："中华人民共和国中央军事委员会领导全国武装力量"，"中华人民共和国的武装力量属于人民。它的任务是巩固国防，抵抗侵略，保卫祖国，保卫人民的和平劳动，参加国家建设事业，努力为人民服务。"

（二）世界武装力量历史

世界各国普遍重视武装力量的建设，不断改革和完善武装力量体制。在现代，正规的和非正规的武装组织，除军队外，还有宪兵、警察、国民警卫队、后备役部队、民防部队、民兵等。

由于各国条件不同，武装力量的构成也不同。有的由单一的军队或警察或民兵构成，有些由军队和另一种正规的或非正规的武装组织"两结合"构成，有些由军队和另一种正规的武装组织及一种非正规的武装组织"三结合"构成，还有些由军队和其他三种以上正规的、非正规的武装组织"多结合"构成。大多数国家的武装力量，实行以军队为主体，多种武装组织结合的体制。平时保持一支精干的常备军，并建立健全预备役制度，加强后备力量建设。军队和其他武装组织平时各成体系，战时实施高度集中统一的领导和指挥。许多国家还结成军事联盟，将武装力量纳入国际军事集团。

二、中国武装综述

中华人民共和国武装力量由中国人民解放军、中国人民武装警察部队、民兵组成，由中华人民共和国中央军事委员会领导并统一指挥。

中国人民解放军是中国武装力量的主体，经过 1985 年以来的三次大规模裁军，目前的总员额保持在 230 万以内。解放军由现役部队和预备役部队组成。其中，现役部队是国家的常备军，包括陆军、海军、空军和第二炮兵，主要担负防卫作战任务，必要时可以依照法律规定协助维护社会秩序，中央军委通过总参谋部、总政治部、总后勤部、总装备部对全军实施作战指挥和建设领导。预备役部队是以现役军人为骨干、预备役人员为基础，按规定体制编制组成的部队。预备役部队列入人民解放军序列，平时归省军区（卫戍区、警备区）建制领导，战时动员后归指定的现役部队指挥或单独遂行作战任务。

中国人民武装警察部队组建于 1982 年，由内卫部队和黄金、森林、水电、交通部队组成，列入武警序列的还有公安边防、消防、警卫部队。武警部队担负着维护国家安全和社会稳定、保卫国家重要目标、保卫人民生命财产安全的任务，战时协助人民解放军进行防卫作战。武警部队属于国务院编制序列，由国务院和中央军委双重领导。

民兵是不脱离生产的群众武装组织。民兵工作在国务院、中央军委领导下，由总参谋部主管，平时担负战备执勤、抢险救灾和维护社会秩序等任务，战时担负配合常备军作战、独立作战、为常备军作战提供战斗勤务保障以及补充兵员等任务。

三、中国军种

（一）陆军

陆军是陆地上作战的军种。它担负在陆地歼灭敌人的任务，既能独立作战，又能与海军、空军联合作战。

中国人民解放军陆军诞生于 1927 年。土地革命战争时期，中国工农红军绝大部分是步兵，有少量骑兵、炮兵、工程兵、通信兵等部队、分队。主要武器是步枪、机枪、手榴弹和少量小口径火炮，在某些部队中还使用部分大刀、长矛。抗日战争时期，陆军的成分基本没有变化。步枪、机枪、手榴弹和小口径火炮等武器装备，主要从侵华日军和伪军手中缴获而来。同时，也有少量自造的枪、弹、地雷和刀、矛等。解放战争时期，陆军规模不断扩大，武器装备明显改善，发展了炮兵、工程兵和通信兵部队，新建了坦克兵和防化兵部队、分队。

中华人民共和国建立后，陆军进入现代化、正规化的新的发展阶段，部队逐步装备国产的步兵武器、火炮、导弹、坦克、步兵战车和直升机，改善和发展了工程、通信、电子对抗等技术装备和器材。自 1950 年开始，先后建立炮兵、装甲兵、工程兵、通信兵、防化兵等兵种领导机关，成立各类院校和军事科学研究机构，组建陆军防空兵、电子对抗部队、陆军航空兵等新兵种和一些专业兵部队，炮兵、坦克兵的比例增大，步兵的比例逐步缩小。20 世纪 80 年代，陆军步兵军改编为集团军编制，部队的合成化程度和机械化程度大幅提高。

中国人民解放军的陆军，如今已经发展成为诸兵种合成军种，具有较强的火力、突击力和机动力。在抵御外敌入侵，巩固国防，保卫祖国领土安全，抢险救灾，支援国家的社会主义经济建设等方面，做出了重要的贡献。

（二）海军

海军是以舰艇部队为主体，在海洋上作战的军种。现代海军通常由水面舰艇部队、潜艇部队、海军航空兵、海军岸防兵和海军陆战队等兵种及专业兵组成。主要装备作战舰艇、辅助舰船和飞机，配备有战略导弹、战术导弹、火炮、水中武器、战斗车辆等。具有在水面、水下、空中及对岸上实施攻防作战的能力；有的还具有实施战略袭击的能力。可独立地或与其他军种协同遂行海洋机动作战。中国人民解放军于 1949 年 4 月 23 日在江苏泰州组建了中国人民解放军华东军区海军。1950 年 4 月 14 日，新中国的海军领导机关在北京成立。1953 年 2 月，毛泽东视察华东军区海军时，为海军题词："为了反对帝国主义的侵略，我们一定要建立强大的海军。"武装力量 1955 年，海军组建东海舰队、南海舰队；1960年，组建北海舰队。

20 世纪 80 年代，海军组建了海军陆战队。此后，人民解放军海军逐步发展成为一支拥有水面舰艇部队、潜艇部队、海军航空兵、海军岸防兵和海军陆战队等的诸兵种合成军种。中国人民解放军海军，是在中国共产党绝对领导下的新型的人民海军。自建立以后，在解放沿海岛屿、打破敌人海上封锁、反击外来侵略的战斗中，曾独立作战或与陆军、空军协同作战 1200 余次，击沉、击伤和俘获敌舰船 400 余艘，击毁、击伤敌机 500 余架，毙俘敌 7000 余名，保卫了海防，维护了国家的领土主权和海洋权益。人民海军还圆满地完成了首航南太平洋，保障远程运载火箭飞行试验，潜艇水下发射运载火箭试验，大面积海洋调查测量，参加通信卫星发射，首次赴南极考察等重大任务，为支援国家经济建设做出了重大贡献。

（三）空军

空军是主要进行空中作战的军种。空军的基本任务是：担负国土防空，支援陆军、海军作战，对敌后实施空袭，进行空运和航空侦察。少数国家采取空军、防空军分立制，空军不承担国土防空任务。空军具有快速反应、高速机动、远程作战和猛烈突击的能力，既能协同其他军种作战，又能独立遂行战役、战略任务。空军是现代立体作战的重要力量，能对战争的进程和结局产生重大影响，在现代国防和现代战争中具有重要的地位和作用。中国人民解放军空军是中华人民共和国建立后创建的。但早在 20 年代，中国共产党就选派干部去苏联学习航空技术。抗日战争初期，又选派 40 多名红军干部组成航空队，去新疆学习航空技术。

解放战争时期，于 1946 年在东北建立第一所航空学校，培训了一批飞行和航空工程机务干部。1949 年 3 月，中国人民革命军事委员会决定组建军委航空局，统一领导中国人民航空事业。7 月，中共中央和毛泽东主席决定建立中国人民解放军空军。8 月 15 日，在北平南苑机场正式组建第一个飞行中队。10 月，又增编了一个空运分队。11 月 11 日，空军正式建立。1950 年 4 月 15 日，毛泽东主席题词："创造强大的人民空军，歼灭残敌，巩固国防。"指明了人民空军的任务。

武装力量人民空军组建仅一年，就出国参加抗美援朝战争并取得击落敌机 330 架、击伤 95 架的辉煌战绩。20 世纪 50 年代中期，人民的航空兵师就达到 28 个，并开始装备国产飞机。1957 年，防空军与空军合并，空军编成中增加高射炮兵、雷达兵等兵种。1958 年，组建地空导弹部队。空军逐步发展成为具有现代武器装备的多兵种组成的合成军种。20 世纪 60 年代中期，人民空军的主要武器装备实现国产化。1955 年初，空军协同陆军、海军进行了解放一江山岛战役。1958 年，为配合炮兵行动，在福建、广东沿海与国民党空军进行了多次激烈的空战。1964～1970 年，空军高射炮兵和工程兵部队参加了援助越南人民的抗美战争。长期以来，空军坚持常备不懈，积极作战，警惕地保卫着祖国领空。

在国土防空作战中，截至 1987 年底，共击落美国和国民党空军入窜大陆进行侦察骚扰的各型飞机 112 架，其中无人驾驶飞机 17 架。空军还遂行了科研试验、航空探测、空运空投、抢险救灾、飞播造林等任务，为国防现代化和支援社会主义建设做出了贡献。经过 40 多年的建设和发展，中国人民解放军空军的体制编制在精干、合成、效能方面不断改进，武器装备现代化水平逐步提高，具备了执行国土防空、空中突击、空中支援、空中运输和航空侦察等任务的能力，成为一个有较强战斗力的现代化军种。

（四）火箭军

中国人民解放军火箭军包括战略导弹部队和战术导弹部队。战略导弹部队是以地地战略导弹为主要装备、担负核反击战略作战任务的兵种。导弹包括中程导弹（射程为1000～3000千米）、远程导弹（射程为3000～8000千米）和洲际导弹（射程为8000千米以上）。

人民解放军的地地导弹部队创建于1957年底，当时归军委炮兵领导。1966年6月，中央军委决定组建战略导弹部队，因国际形势需要，经周恩来总理提议，定名为第二炮兵；7月1日，人民解放军第二炮兵领导机关正式成立，直接隶属中央军委领导。此后，第二炮兵相继组建了一批中程、远程和洲际导弹部队。1984年，二炮部队开始担负战备值班任务。2015年12月31日，第二炮兵更名为火箭军，其独立兵种的地位提高为军种。

如今，中国人民解放军火箭军部队拥有先进的战略导弹装备，并掌握了相应指挥、控制、通信和情报手段，建立了较完善的作战、后勤和技术保障体系，已经具备了高科技条件下的防卫作战能力，在保卫祖国的战位上发挥着举足轻重的作用。

（五）战略支援部队

中国人民解放军战略支援部队是维护国家安全的新型作战力量，是我军新质作战能力的重要增长点，主要是将战略性、基础性、支撑性都很强的各类保障力量进行功能整合后组建而成的。在调整军委总部体制、实行军委多部门制、形成军委管总格局过程中，出于精简机构和人员、理顺指挥关系等方面的考虑，决定将总部直属的情报、技侦、电子对抗、网络攻防、心理战、通讯等方面力量分离出去，这就需要建立新的指挥和管理体制。将它们整合到一起时，称"战略支援部队"最为合适。

应该说，这一设计比美军、俄军或其它发达国家军队都要先进。随着技术发展，美军等原来先进的军队背负的包袱也越来越沉重，他们的战略支援力量分散在陆、海、空等主战军种中，很多时候就难免出现重复建设、相互争夺经费资源的情况。如美国空军、海军就各自发展了广域监视卫星系统，两军观点不一，前些年还在艰难整合中。

战略支援部队属于独立军种部队，按照军种主建的原则，仅负责相关部队的军政管理工作，不具备作战指挥功能。战略支援部队作为信息对抗工作的承担者，很可能主要由军委直接指挥，部分部队在配属战区作战时由战区指挥部负责指挥。

（六）武警

中国人民武装警察部队（简称武警部队），是中华人民共和国武装力量中担负国内安全保卫任务的武装组织。受国家公安系统指挥，归国务院、中央军事委员会双重领导、管理。其基本任务是：平时警卫党政机关和部分国家领导人、重要外宾及大型集会的安全；对监狱、劳改管教场所，实施武装警戒和武装看押；配合公安机关依法逮捕、追捕及押解罪犯；守卫电台、电视台和国家经济、国防工业、国防科研等要害部门，以及民用机场、重要桥梁、隧道等目标；进行边防守卫和火灾消防等。战时，协同人民解放军保卫边防和海防，抗击敌方的入侵；参加城市防卫和保卫重要目标的战斗，组织对空防护；组织重要民用机场、车站、桥梁和隧道的防护；守卫重要的电台、工厂、仓库和科研设施等目标，掩护工业设施和人口疏散；打击敌特和不法分子的破坏活动，保障作战地区的社会秩序和人民群众的安全等。中国人民武装警察部队在巩固和加强人民民主专政，维护社会治安，维护国家主权和尊严方面，具有十分重要的作用。

1983 年 4 月 5 日，中国人民武装警察部队正式成立。武警部队，在北京设有领导机关武警总部。各省、自治区、直辖市设武警总队，地区（地级市、州、盟）设支队，县（县级市、自治旗）设中队或大队、站、所。有的总队还编有直属支队，按支队、大队、中队、排、班的序列编制。武装警察部队装备轻便、精良，有自己的服装式样、识别标志和军衔等级，其内务制度、纪律要求、队列基础训练和政治思想工作等则执行中国人民解放军的有关条令、条例和规定。

（七）民兵

民兵，是不脱离生产的群众武装组织。通常是国家或政治集团的武装力量的组成部分，常备军的助手和后备力量。有的则同预备役相结合，既是武装力量的组成部分，又是预备役的一种组织形式。平时其成员各事其业，接受必要的军事训练，维持社会治安；战时就地配合军队作战或开展游击战，担负各项战争勤务，必要时随军远征或征调入伍补充常备军。中国民兵是毛泽东人民战争思想的产物，是一支新型的人民群众武装组织，是人民军队的得力助手和强大的后备力量，在中国革命的各个历史时期均发挥了巨大作用。

中华人民共和国建立后，民兵被确立为我们国家的一项军事制度。1984 年 5 月 31 日，新的《中华人民共和国兵役法》，进一步确立了民兵与预备役相结合的制度。

1990 年 12 月 24 日，国务院、中央军委颁布新修订的《民兵工作条例》，对民兵工作的任务、指导原则、组织建设、政治工作、军事训练、武器装备、战备执勤等各个方面，都作了明确的规定，推动了民兵工作的全面发展。我国的民兵分基干民兵和普通民兵。28 岁以下退出现役的士兵和经过基本训练的公民，编入基干民兵；其余 18～35 岁未编入基干民兵的男性公民编入普通民兵；女性公民根据需要参加基干民兵。民兵工作的任务是：①建立和巩固民兵组织，提高民兵军政素质，配备和管理民兵武器装备，储备战时所需的后备兵员。②发动民兵参加社会主义现代化建设，组织民兵担负战备勤务，维护社会治安。③组织民兵参军参战，支援前线，抵抗侵略，保卫祖国。

（八）预备役

预备役，是公民在军队外所服的兵役。预备役部队，是国家平时以预备役军人为基础、现役军人为骨干组建起来的战时能迅速转为现役部队的武装组织。通常分为军种和兵种预备役部队。预备役部队是加强军队后备力量建设，解决平时少养兵、战时多出兵，保障战时迅速扩编军队的重要组织形式。

中国的预备役部队是在 1983 年 3 月开始组建的，陆军预备役由各地省军区领导，分军种和兵种预备役师、团，列入中国人民解放军建制序列，授予军旗和番号，执行中国人民解放军条例、条令；预备役师、团实行统一编制，按地区编组，由预备役军官和士兵组成，配备一定数量的现役军人作骨干，建有精干的师、团机关，负责组织计划、训练和武器装备管理工作；除配有一定数量的训练武器装备外，作战所需的武器装备有计划地储存在就近的国防仓库；建有各项规章制度，每年进行一次组织整顿和人员调整，并建有训练基地。军事训练，由省军区、军种、兵种按照总参谋部制定的训练大纲组织实施。

预备役部队，在现代国防和战争中占有重要的地位，引起了世界上越来越多国家的重视；预备役部队的数量将逐渐增多，武器装备不断得到改进，军事训练进一步加强，与现役部队的差距逐步缩小，动员速度将越来越快。

第五节　国防动员

国防动员是国防活动的一个重要组成部分。国防动员准备的完善程度，是国防强弱的标志之一。因此，加强国防动员准备，已成为各国普遍重视的战略问题。

一、国防动员的意义

国防动员也称战争动员，简称动员，是指国家或政治集团由平时状态转入战时状态，统一调动人力、物力、财力为战争服务所采取的措施。它通常包括武装力量动员、国民经济动员、科学技术动员、人民防空动员和政治动员等。

（一）国防动员是增强国防实力的一项重要措施

国防实力是指国家防御外来侵略的力量，是国家军事、政治、经济、科学技术等力量的总和。在和平时期，国家把国防动员纳入经济建设和社会发展的总体规划，贯彻"军民结合、平战结合"的方针，以增强战争潜力。同时通过动员准备，激发全国人民的强烈的爱国热情和牢固的国防观念，从而确保国家政局稳定、经济发达、科技进步，综合国力迅速增强。

如果平时注重动员，牢固树立国防观念，一旦战争爆发，通过战时动员，就能迅速地把战争潜力转变为战争实力。例如，就武装力量建设而言，为了对付敌人的突然袭击和入侵，保持一定数量的常备军是必要的。然而，要在平时保持一支满足战争需要的庞大军队，任何国家，即使是经济发达国家也都无法做到，这是因为巨额的军费开支必然加重国家的经济负担，影响国民经济的发展，同时也影响部队武器装备的研制和更新。因此，要解决

"平时养兵少、战时用兵多"的矛盾。采用常备军和后备力量相结合的原则，平时保持精干的常备军作为战时动员扩建部队的骨干力量，同时积极训练、储备后备力量，以便战时根据需要组编参战。这样既可以加速国民经济的发展，又可以从根本上增强国防实力。

（二）国防动员是增强国防威慑力的一种有效手段

一个国家的国防威慑力，不仅取决于常备军的数量和质量，还取决于军队后备力量和其他动员潜力，取决于常备军与后备力量动员准备的有机结合，以及动员机制的完善程度和运行效率。平时充分做好战时动员的准备工作，建立强大的后备力量和健全的动员体制，可以使敌人望而生畏，不敢轻举妄动，贸然发动进攻，以达到"不战而屈人之兵"的战略目的。特别是处于防御地位、反对侵略的国家，应该采取积极的对策，以充分有效的动员，显示应付战争的能力和拼死抵抗的决心，迫使敌人延缓或放弃侵略战争。

（三）国防动员是夺取战争主动权的一个可靠保障

决定战争胜负的因素是多方面的，其中后备力量的强弱、兵员质量的优劣以及战时动员准备和实施的好坏，是一个重要的因素。

随着现代科学技术的飞速发展及其在军事领域的广泛应用，使现代战争的突发性和速决性更加突出明显，发动战争的一方往往先发制人，迫使对方在无戒备或准备不充分的情况下仓促应战，从而取得速战速决的效果。第二次世界大战以来，突然袭击、不宣而战，已成为首先发动战争一方的惯用手法。处于防御地位的国家，如果战时动员工作的准备和实施得不好，在战争初期往往处于被动地位，甚至来不及实施动员和完成战略展开，其武装力量和经济命脉就可能已陷于瘫痪。

历史表明，在现代战争中，谁能保持强大的后备力量，并能以最快的速度动员起来投入战争，谁就能取得战争的主动权。

二、国防动员的内容

（一）武装力量动员

武装力量动员是指国家将军队及其他武装组织由平时体制转为战时体制所采取的措施。它通常包括解放军现役部队、武装警察部队、预备役部队、民兵和预备役人员以及相应的武器装备和物资等动员。它是战争动员的核心，对战争的进程和结局，特别是对战争初期军队的迅速扩编和战略展开，掩护国家转入战时体制，争取战略主动，具有重要意义。武装力量动员的具体措施有以下几个。

（1）扩编现役部队。临战前使军队迅速转入战时状态，现役军人一律停止转业和退伍，外出人员立即归队；迅速组建、扩建新的作战部队和保障部队，实施战略展开。

（2）征召预备役人员。重点是征召预备役军官和专业技术兵，按战时编制补充现役部队，使之达到齐装满员，随时处于临战状态。

（3）预备役部队调服现役。预备役部队是指区别于现役部队的一种武装组织，主要由少数现役军人为骨干，以预备役军官和士兵为基础进行编组。预备役部队平时寓于民间，需要时一声令下，即可以整师、整团地转为现役部队。

（4）将地方部队升级为野战部队。地方部队是执行地区性军事任务的部队，包括武装警察、生产部队在内，平时主要担负内卫、守护、维护社会治安、生产建设等任务。在需要时，地方部队可迅速升级为野战部队，开赴战区，投入战斗。在我国，地方部队升级为野战部队，民兵升级为地方部队，源源不断，已成为一种独特的、完整的兵员动员体系。

（5）动员和组织民兵参军参战。

（6）征用急需物资。这主要是运输工具和工程机械、医疗器械、修理设备等，以满足军队扩编的需要。

（7）健全动员机构，加强组织领导。随着战争的发展，要进行持续动员，以保证军队不断补充和扩大，直至战争结束。

（二）国民经济动员

国民经济动员是指国家将经济部门、经济活动和相应的体制从平时状态转入战时状态所采取的措施。国民经济动员是战争动员的基础，目的是充分调动国家的经济能力，保障战争的需要，通常包括工业、农业、交通运输、财政金融、邮电通信、医疗卫生力量等方面的动员。国民经济动员的具体措施有以下几个。

（1）改组国民经济各部门，集中管理和使用战争潜力。

（2）调整国民经济比例，重新分配人力、物力、财力，统筹安排军需和民用。

（3）调整经济建设布局，搬迁、疏散重要工厂和战略物资。

（4）改组工业结构和产品结构，实施工业转产，扩大军工生产。

（5）调整科研和军工试验部门的任务，加速研制新式武器装备。

（6）调集交通运输、邮电通信、医疗卫生以及财贸、商业等各行各业的力量，为战争服务。

（7）加强能源生产和资源管理；改组农业，提高农业产量，加强粮食生产和储备，保障粮食供给；加强经济资源的开发利用，保障战争的需要。

（三）科学技术动员

科学技术动员是指战时由国家统一组织、调整科学研究部门，组织专家和工程技术人员从事战争所需要的科学技术的开发研究所采取的措施，是战争动员的重要组成部分。

科学技术动员的任务是：开发应用新兴科学技术，利用科研设施和成果，研制先进的武器设备，为军队培养、输送专业技术人才，使军队在战争中保持科学技术和武器装备方面的优势。

科学技术动员的具体措施如下。

（1）科学技术动员通常根据国家发布的动员令组织实施，按照科学技术动员计划，有组织、有步骤地将全国科技力量转入战时轨道，强化国家对科技领域人力、物力、财力的投入，将科学技术转化为军事实力和战斗力。

（2）充分运用先进的科技成果和各种先进的科技手段，迅速改进和更新现有武器装备，使军队的武器和技术装备在整个战争进程中保持领先地位。

（3）加速为军队输送各类专业技术人才，保证战时扩编需要，保持参战人员与武器装备的有机结合，使之发挥最大效能。

（4）及时总结战争的经验教训，分析敌我双方的战时态势，针对战争的发展趋向，研究提出新的对策，开拓新的研究领域，充分发挥科学技术在战争中的作用。

（四）人民防空动员

人民防空动员是指国家战时发动和组织人民群众防备敌人空袭所采取的措施，也可简称为"人防动员"，有的国家称为"民防动员"。其主要任务是：依据国家有关法律、法令，动员社会力量进行防空设施建设，组建防空专业队伍，普及防空知识教育，组织隐蔽疏散，配合防空作战，消除空袭后果，以保护居民、经济设施及其他重要目标的安全，减少国家及人民群众生命财产的损失，保存战争潜力。

随着现代科学技术的飞速发展，各种新式空袭兵器不断出现，空袭与反空袭已成为现代战争的主要作战形式，在现代战争中占有极为重要的地位。因此，搞好人民防空动员，对增强国家的总体防御能力具有重要的战略意义。

（五）国防交通动员

国防交通动员是指在全国或部分地区调集交通力量，全力保障战争需要的紧急行动。它通常是在国家动员领导机构的统一领导下，由国防交通主管机构组织，协同政府、军队有关部门共同实施。

国防交通动员准备包括：在平时制定完备的国防交通动员的法规和计划、健全国防交通机构和机制，建立国防交通保障队伍，储备必要的国防交通物资和器材等。

国防交通动员的主要任务是：根据战争规模和作战需要，有计划地将平时国防交通领导机构迅速按方案扩编为战时交通运输指挥机构，政府交通运输部门随即转入战时体制；根据作战保障需要，动员、征用社会运输力量，必要时对交通运输系统实行不同范围、不同形式的军事化管理；动员、组织各交通保障队伍和交通保障物资器材迅速到位，遂行运输、抢修、防护任务；根据统帅部的规定，做好对弃守地区的交通遮断准备，保障及时遮断。

（六）政治动员

政治动员是指国家从政治上、组织上、思想上发动人民和军队参加战争所采取的措施。它旨在激发全体军民的爱国热情，动员军队英勇作战，动员人民踊跃参军参战，努力增加生产、厉行节约，全力支援战争。政治动员可分为：国内政治动员和国际政治动员。

1. 国内政治动员

平时，由政府、军队与社会团体等对全国各族人民进行国防教育，增强国防观念。战时，运用各种宣传教育手段，鼓舞人民斗志，增强胜利信心；鼓励参军参战、拥军优属，参加战时勤务工作；动员人民增加生产、厉行节约，积蓄财力、物力支援前线，为夺取战争胜利贡献一切。

2. 国际政治动员

由国家通过各种外交活动和对外宣传，揭露敌人的阴谋和罪行，团结盟友、瓦解敌人，争取国际支援。

未来战争，无论战争形式、规模和武器装备怎样变化，都改变不了战争是政治的继续。决定战争胜负的是人，而不是物。因此，政治动员在整个国防动员体系当中仍占有重要的战略地位。世界许多国家都特别重视政治动员，在平时就对人民群众和军队加强国防教育和爱国主义教育，培育公民的爱国主义精神，增强公民的国防观念，为战时实施政治动员奠定一个良好的基础。

三、国防动员的要求

现代国防斗争复杂多样，尖锐激烈，对动员工作提出了更高的要求。因而，在现代条件下，要重点做好应付局部战争和突发事件的动员准备。从总体上看，现代局部战争和现代国防对国防动员提出了以下五个方面的要求。

（一）速度快

现代高技术局部战争越来越体现出其突发性、短促性、速决性的特点，从发现战争征兆到实施动员的时间十分短暂，可供动员利用的时间越来越短。

第一次世界大战中，各参战国军队完成动员的时间为 5～21 天；第二次世界大战中，各主要参战军队完成首批动员的时间为 2～9 天。1973 年第四次中东战争中，以色列在战争爆发后 15 分钟就通过电台向全国发布动员令，1 小时后征用了大批民用汽车投入军事运输，48 小时内动员了 30 万人开赴前线。

由此可见，只有快速完成动员任务，才能获得战争的先机，取得战争的主动权。高速度的战争动员可在一定时期内弥补兵员数量上的不足，改变作战力量的对比关系，夺取战场主动权。反之，基础再雄厚、力量再强大，也将受到压制、分割而难以发挥作用。

（二）数量多

所谓数量多，就是动员的兵员和物资要有足够的数量，首先要保障战争初期的需要，同时还要保持持续的动员能力，以保障战争中后期的需要。纵观近期世界所发生的局部战争，尽管规模有限，然而体现出的一个突出特点是——物力、财力消耗增加。海湾战争仅打了 43 天，美军及多国部队却消耗了 611 亿美元，平均每天消耗 11.2 亿美元。从海湾危机到海湾战争，美国动用了 3 132 艘大型舰船昼夜不停地往返于战区至美国本土和欧亚等地运送作战物资，出动 1.1 万架次军队和民航飞机向海湾运送武器装备、弹药给养，甚至动用了美国在世界各军事基地的战略储备。

由此可见，在现代高技术战争中，作战物资处于高强度、高速度的消耗状态，这就要求提高持续动员能力，并且在平时就必须打好动员的基础。

（三）质量高

现代战争，由于高技术武器装备的大量使用，而使一线直接参战的士兵和指挥人员减少，而后方技术保障、设备维修人员成倍增加，这必然导致军队中专业技术兵员比例不断上升。据有关资料记载，第一次世界大战时军队的技术种类仅有 20 多种，第二次世界大战时发展到 160 多种。现在世界一些发达国家军队中的专业技术种类已达到几千种。

由此可见，现代战争对专业技术兵的需求量越来越大。例如，在海湾战争中，美军征召的后备役人员，大都是专业技术兵。英军在海湾战争中动员的 1 500 名后备役人员，全部是专业技术兵。战争的现代化程度越高，参战的军兵种越多，专业技术兵比例就越大，对动员的整体质量要求就越高。质量重于数量，已成为高技术局部战争动员的基本要求。

（四）范围广

局部战争的实践证明，在高技术条件下，无论是进行小规模的局部战争，还是进行中等规模的局部战争，动员的范围非常广泛。例如，海湾战争中，美国在陆、海、空三军都征召了后备役人员，动员的范围几乎涉及全国各个方面。除兵员动员外，还动员征用了大批民船、车辆和大型民用运输机以及作战和生活物资达数万种。伊拉克为对付以美国为首的多国部队，同样也进行了全国性总动员，动员的范围涉及政治、经济、外交、民防等各个方面。

可见，现代局部战争规模虽有所不同，但动员中却要涉及整个国家的各个方面、各个领域、各种力量，其内容和范围十分广泛，组织工作也极其复杂。任何一个方面发生变化，都会对其他方面带来直接或间接的影响。因此，动员工作必须全面筹划，整体协调，从多方面做好准备，才能适应现代战争中对动员的需要。

（五）隐蔽安全

现代侦察情报手段先进，远程兵器打击精度高，破坏力大。战争初期，敌人必将依仗其先进的技术装备，采取各种手段，破坏和阻止对方的动员及战争准备。因此，在组织实施动员时，特别是兵力的集结与机动、军用物资的储备与运输，都应力求隐蔽安全。在平时，要根据战时可能出现的情况进行必要的演练，以适应战时复杂情况下实施的快速动员。

四、国防动员的实施

（一）国防动员实施的时机

准确、及时地把握国防动员的时机，就能掌握战争主动权；反之，则可能处于被动挨打的境地。过早动员会打乱自己的计划，影响国民经济正常发展，还可能成为敌人的借口；过迟动员，军事上被动，并将造成损失。因此，要依据国际战略环境、敌国战争准备的变化，以及兵员动员工作的特点来确定兵员动员的时机。如应急动员，在战争即将爆发之前，风云变幻莫测，要迅速判断，抓住时机实施动员；临战动员，交战双方已经打响，态势高度紧张，必须全力以赴搞好人力、物力的动员；战争中、后期动员，要纵观全局，掌握节奏，保持后劲。为尽可能地掌握战争的主动权，在准确把握国防动员时机时，应注意以下几点。

（1）加强预测。其内容包括：国际战略环境；敌国军事战略思想发展趋势、军事实力、经济能力、武器装备技术水平；本国的军事实力、后备兵员和快速动员状况以及可能得到的援助。

（2）加强战略侦察，做到知己知彼。除了动用现代化手段实行军事情报侦察外，还要通过政治、外交、经济、文化等多种渠道，广泛搜集资料，进行分析判断。

（3）综合分析、果断决策。必须审时度势，从猎取情报、分析情报到动员令的下达，都要快速决断、及时反应。

（二）国防动员实施的程序

国防动员实施的程序是指按时间先后和流程次序，对兵员动员的实施过程所安排的工作步骤。通常，国防动员包括以下四个程序。

1. 发布动员令

动员令是宣布全国或部分地区、某些部门转入战时状态的命令。动员令的发布关系着战争的胜负和国家的前途命运，各国大都由最高权力机关或国家元首、政府首脑发布。《宪法》规定，由全国人民代表大会及其人大常委会决定，以国家主席名义发布动员令。发布动员令分为公开发布和秘密发布两种。

公开发布一般是战争在即或战争已经爆发的情况下施行，可以运用一切宣传工具和通信手段，不受任何保密限制。这种方式传递速度快，能在短期内家喻户晓，迅速转入战时状态。秘密发布要有严格的保密限制，通常只下达给政府有关部门和军事机构、预备役部队、军工厂和需要转产的民用工厂。秘密发布动员令通常适用于在战争已不可避免但尚未爆发的情况。

动员令的主要内容包括：敌情，动员实施方式和任务，后备兵员集结、输送和补充，完成时限等。

2. 调整和加强动员机构

和平时期的动员机构，无论是人力还是权限都难以适应战时需要。因此，一旦战争爆发，必须及时调整和加强。

首先，要加强动员机构的力量。各行政区的动员机构要吸收与动员有关的工、商、贸、交通、燃料、公安、司法等部门的领导参加，形成一个科学合理、动员效率高效的机构。

其次，要赋予较高的指挥职权。动员事关国家安危，责任重大，如果权力有限、指挥无力、处处受制，就难以完成繁重的动员任务，最终影响战争的顺利进行。因此，各级战争动员机构都应由职务较高且精明强干的人来领导，并赋予较高的职权。各行政区的动员机构，必须由党政主要负责人担任领导；各部门、各行业的动员机构，必须由部门、行业的主要负责人担任领导。

最后，调整扩大动员机构。可在其中建立"指挥决策系统""组织计划系统""协调系统""政治工作系统""后勤保障系统"等。

3. 修订战时动员计划

战时情况千变万化，计划的修订是完全必要的。战时计划修订由国家各级动员机构负责实施，吸收有关部门参加。

修订的基本原则是：以平时制定的计划为基础，以国家发布的动员令和最高统帅部的战略战役计划为依据，以满足部队动员需要为目标。

对修订工作要求是：通盘谋划、抓住重点；内容全面，条文具体；注重效益、具有弹性。

4. 落实动员计划

动员令发布之后，负有动员任务的地区、部门和行业，应根据修订的动员计划，迅速转入战时体制。武装力量、国民经济、科教文化等部门和社会生活，都以保障战争胜利为轴心迅速进行调整。

武装力量要迅速转入战时状态。满编部队应迅速集结到指定地域，补充武器装备；有作战任务的部队，要迅速开赴前线。简编部队应迅速补充，满员齐装。预备役部队应根据情况，迅速集结、换装、发放武器装备，实施交接，转隶关系，明确任务，并抓紧时间进行整训。民兵应做好应征准备，同时启封民兵武器，成建制地组织起来并进行必要的训练。另外，视情况准备成立新的部（分）队。

地方政府各部门要根据上级下达的动员任务，积极实施动员计划。经济部门要迅速动员民用工厂转产，生产前线急需的武器弹药、服装和食品等；科研机关要抽出人力、物力，研制、开发新型武器装备；教育部门要组织地方有关的大专院校为军队培养和输送人才；宣传文化系统要搞好政治动员，加强爱国主义、革命英雄主义和参军参战的宣传教育；民政部门做好优抚工作；外事、外贸部门应积极争取外国的军事、经济援助，并通过各种途径广交朋友，打击敌人。

总之，各行各业都要动员起来，落实战争动员计划，有组织、有计划地转入战时体制，为战争服务。

思考题

1．国防的基本类型主要有哪些？
2．问过公民的国防义务主要包括哪些内容？
3．简述中国武装力量的历史沿革。
4．简述中国有哪些军种。
5．简述国防动员的意义及其内容。

第二章　国家安全与国际战略环境

【本章概览】

国家安全是指国家政权、主权、统一和领土完整、人民福祉、经济社会可持续发展和不受内外威胁的状态，以及保障持续安全状态的能力。当代国家安全包括 10 个方面的基本内容，即国民安全、领土安全、主权安全、政治安全、军事安全、经济安全、文化安全、科技安全、生态安全、信息安全。

在中国设有中华人民共和国国家安全部统一管理国家安全工作。2014 年 1 月 24 日，为了进一步完善国家安全体制和国家安全战略，确保国家安全，中共中央决定设立国家安全委员会。

2015 年 7 月 1 日，第十二届全国人民代表大会常务委员会第十五次会议通过了《中华人民共和国国家安全法》，该法自公布之日起施行。国家安全法第 14 条规定：每年 4 月 15 日为全民国家安全教育日。

战略环境是制定战略的客观基础和主要依据。对环境进行深入分析是战略谋划的思维起点。研究国防建设，确定国防发展战略，首先必须廓清环境和辨析所处的国际环境条件，并依据客观环境作出正确的决策。

【本章目标】

（1）掌握国家安全的基本知识。

（2）掌握国家安全形势。

（3）了解国际战略格局。

第一节　国家安全概述

一、国家安全的基本含义

《中华人民共和国国家安全法（2015）》第 2 条："国家安全是指国家政权、主权、统一和领土完整、人民福祉、经济社会可持续发展和国家其他重大利益相对处于没有危险和不受内外威胁的状态，以及保障持续安全状态的能力。"《国家安全学》对"国家安全"概念的解释如下：国家安全就是一个国家处于没有危险的客观状态，也就是国家既没有外部的威胁和侵害又没有内部的混乱和疾患的客观状态。这是国家安全的基本含义。

（一）国家安全是国家没有外部的威胁与侵害的客观状态。

所谓外部的威胁与侵害，大致可分为外部自然界的威胁和侵害与外部社会的威胁和侵害两大类，但由于国家安全是一种社会现象，国家的外部威胁和侵害也就主要是指处于一国之外的其他社会存在对本国造成的威胁和侵害。从威胁和侵害者看，这种外部威胁和侵害包括如下几个。

（1）其他国家的威胁。

（2）非国家的其他外部社会组织和个人的威胁，如某些国际组织或地区组织对某国的威胁和侵害。

（3）国内力量在外部所形成的威胁和侵害，如国内反叛组织在国外从事的威胁和侵害本国的活动。

（二）国家安全是国家没有内部的混乱与疾患的客观状态

危及国家生存的力量不仅来源于一个国家的外部，而且还时常来源于一个国家的内部。国内的混乱、动乱、骚乱、暴乱，以及其他各种形式的疾患，直接都会危害到国家生存，造成国家的不安全。因此国家安全必然包括没有内部混乱和疾患的要求。仅仅是没有外部的威胁和侵害，国家并不一定就会安全。

（三）只有在同时没有内外两方面的危害的条件下，国家才安全，因此，只有这两个方面的统一，才是国家安全的特有属性

无论是"没有外部威胁"，还是"没有内部混乱"，都不是国家安全的特有属性，由此并不能把国家安全与国家不安全完全区别开来，单独从这两方面的任何一方面来来定义国家安全，都是片面的、无效的。但是，如果把这两个方面结合起来，表述为"既没有外部威胁和侵害，又没有内部混乱与疾患"，那么这就把国家安全与国家不安全区别开了，因而也就抓住了国家安全的特有属性，从而就形成了一个真实有效的定义："国家安全是国家既没有外部威胁和侵害也没有内部混乱与疾患的客观状态"。

二、国家安全的基本原则

第一，确立国家与民族崛起的基本目标。

第二，采取综合一体化的手段。

第三，新安全观包括主权安全，综合安全和合作安全。国家享有主权，包括独立权，管辖权，平等权，自卫权。国家综合安全包括政治，经济，社会，信息安全等。经济安全

是国家综合安全的核心。军事安全是国家安全的支柱。

第四，解决经济发展与国家安全脱节的问题。

第五，树立独立发展理念，为"全球化"条件下的民族国家定位。

三、总体国家安全观

2014 年 4 月 15 日上午，中共中央总书记、国家主席、中央军委主席、中央国家安全委员会主席习近平在主持召开中央国家安全委员会第一次会议时提出，坚持总体国家安全观，走出一条中国特色国家安全道路。首次提出总体国家安全观，并首次系统提出"11 种安全"。

（一）总体国家安全观的核心内容

习近平指出，贯彻落实总体国家安全观，必须既重视外部安全，又重视内部安全，对内求发展、求变革、求稳定、建设平安中国，对外求和平、求合作、求共赢、建设和谐世界；既重视国土安全，又重视国民安全，坚持以民为本、以人为本，坚持国家安全一切为了人民、一切依靠人民，真正夯实国家安全的群众基础；既重视传统安全，又重视非传统安全，构建集政治安全、国土安全、军事安全、经济安全、文化安全、社会安全、科技安全、信息安全、生态安全、资源安全、核安全等于一体的国家安全体系；既重视发展问题，又重视安全问题，发展是安全的基础，安全是发展的条件，富国才能强兵，强兵才能卫国；既重视自身安全，又重视共同安全，打造命运共同体，推动各方朝着互利互惠、共同安全的目标相向而行。

（二）总体国家安全观内涵

2015 年 4 月 20 日提请十二届全国人大常委会第十四次会议进行二次审议的国家安全法草案，明确了总体国家安全观的内涵。

根据草案二审稿，国家安全工作应当坚持总体国家安全观，以人民安全为宗旨，以政治安全为根本，以经济安全为基础，以军事、文化、社会安全为保障，以促进国际安全为依托，维护各领域国家安全，构建国家安全体系，走中国特色国家安全道路。

十二届全国人大常委会第十二次会议对国家安全法草案进行了初次审议。草案一审稿第四章第二节规定了"国家安全战略"。有些常委会组成人员、部门和地方提出，国家安全战略是党和国家在一个时期维护国家安全的方针政策和目标任务，是维护国家安全的顶层设计，是管全局的，建议把制定国家安全战略的规定移至总则作出规定。

草案二审稿根据有关方面意见将相关规定移至总则，并进一步明确国家安全战略涉及的主要内容，规定：国家制定并不断完善国家安全战略，全面评估国际、国内安全形势，明确国家安全战略的指导方针、中长期目标、重点领域的国家安全政策、工作任务和措施。

对于公民和组织维护国家安全的义务，草案二审稿对相关条款的顺序作了调整。同时，在公民和组织维护国家安全的义务规定中，草案二审稿增加了"遵守国家法律法规关于国家安全的有关规定""任何个人和组织不得有危害国家安全的行为"的内容。

第二节　国家安全形势

一、我国周边环境

中国拥有 960 万平方千米的陆地疆土，有 22 000 千米长的陆地边界线，周边国家多达 29 个，其中直接接壤邻国就有 14 个，与 8 个国家隔海相望。中国还有 18 000 万千米长的大陆海岸线，与日本、韩国、菲律宾、印度尼西亚、文莱、马来西亚等国的领海相接或相重叠，它们是中国的海上邻国。此外，还有非接壤但有着密切关系的近邻国家，如柬埔寨、泰国、新加坡、孟加拉国等，因此，中国被称为"世界上邻国数目最多的国家"。中国不仅邻国的数量多，而且这些国家的情况十分复杂多样，这在整个世界上较为少见。

（一）中印关系问题

印度有着极为优越的战略区位优势，地处波斯湾与印度洋之间。中印之间的边界线长达 2 000 千米，争议领土 125 000 平方千米，相当于一个福建省，其中东段约 90 000 平方千米，中段约 2 000 平方千米，西段约 33 000 平方千米。

中印在机械制造、电影、高科技和能源领域早已有了许多合作，两国在经济发展中有着极大的互补性，而且发展前景看好。但是，中印之间也存在许多不和谐的因素。

中国政府为了维护领土完整，兼顾中印传统友谊，一直努力以和平手段解决两国间争端。进入新时期，中印两国的国际地位日益提高，两国经济文化交流不断扩大。妥善处理两国边界争端，对促进两国发展、维护地区稳定和世界和平有着重要的现实意义。

从总体上看，中印之间有许多的共同利益需要关注，例如：建立世界多极化、发展全球经济贸易、反对恐怖主义和知识产权保护等，中印之间的合作多过竞争，而且竞争也正在发展成为合作。对于中印双方来说，两国的经济发展前景都看好，应该搁置争议，共同发展经济与贸易往来。

（二）中亚局势问题

中亚位于欧亚大陆中心，地缘位置重要，能源资源丰富，发展潜力巨大。中国与中亚国家有着长达 3 300 多千米的共同边界。"冷战"结束，苏联解体，给中国西部周边安全环境带来的直接重大变化是：原中苏对抗时形成的强大军事存在被大大削弱，来自苏联的军事威胁消失。同时，由于中亚五国即哈萨克斯坦、吉尔吉斯斯坦、塔吉克斯坦、乌兹别克斯坦和土库曼斯坦自身地区性战略力量尚未形成足够的替代能力，该区出现了一个相对低压的地缘政治空间。原有的强大军事集团所具有的威慑和屏障作用的丧失，使得多种大国力量相继进入，构成中亚地区安全形势的基本因素呈现出多元化和复杂化趋势。

为了保障刚刚取得的政治独立和国家主权，中亚各国在经历了独立建国的初创时期后，不断完善着各自的国家安全观，并逐渐形成了具有一定共性的对外安全战略。近年随着世界和地区内形势的若干重大变化和多种社会因素的此消彼长，中亚各国对既定的总体方针进行了不同程度的调整，由此带来的对外安全战略的变化，将会在今后一个时期内对中国的西部安全形势产生明显的影响。

中亚国家还有丰富的石油和天然气等自然资源。作为中国的邻居，中国在中亚的经济利益是显而易见的。随着中国经济的发展，对自然资源的消耗将日趋增加，进入 21 世纪，中国同中亚国家加强了经济合作，扩大了在中亚国家影响力。

（三）俄罗斯与中国的安全

横跨欧亚大陆的俄罗斯，从沙俄时期至今，一直是中国北方最大的邻国和影响中国国家安全最重要的因素之一。从地缘政治上看，中俄之间有漫长的边疆线，从综合国力上看，俄罗斯仍是世界性大国，并有可能再度成为"世界超级大国"。俄罗斯拥有雄厚的军事技术实力和丰富的石油气资源，是中国实现国防现代化可以借助的力量。尽管俄罗斯处于经济持续恢复阶段，但对华能源战略已透露出俄罗斯未来的战略运筹信息。

强大的邻国就像一把双刃剑，假如它对你友好并能给你带来利益，就会由于它是你的邻居而使你的利益倍增。这个邻居越强大，你所获得的利益可能越大。反之，邻居越强大，其危害越大。因此，复兴后强大的俄罗斯对中国安全的影响是中国周边国家无法比拟的。

（四）朝鲜半岛与中国安全

进入 21 世纪后，美国政府对朝鲜采取强硬姿态，最终导致朝美第二次核危机的爆发，半岛局势再度趋紧。新时期初期的半岛局势仍将呈现出复杂多变的发展态势。

一方面，促进和解、推动谈判、制约战争的内外因素继续存在和发展。特别是"六方会谈"进程的继续为和平解决争端提供了重要机遇，半岛和平进程有可能在曲折中前进。

另一方面，朝鲜与美国、韩国之间的矛盾根深蒂固，各自的国家利益和政策目标大相径庭，半岛局势的发展仍存在较大的不稳定和不确定因素，不排除出现武力对抗和军事冲突的可能性。2013 年朝鲜半岛危机就是一个很重要的信号。朝鲜半岛是中国东北部安全的战略缓冲，半岛局势的紧张将破坏本地区的和平与稳定，也将影响中国现代化建设的进程。

（五）中日钓鱼岛问题

钓鱼岛位于东海海域，在福建省的正东，台湾省的东北，是中国最东端的岛屿。钓鱼岛距中国福建省东山岛约 190 海里，距台湾省基隆市东北约 90 海里，距琉球群岛的与那国岛约 78 海里。钓鱼岛诸岛属于台湾岛的天然附属岛屿，并不属于琉球群岛（美国称作"Ryukyu Islands"，日本称为"冲绳群岛"）。

（1）钓鱼岛列岛及其周围海域具有巨大的经济开发价值。东海大陆架可能是世界上最丰富的油田之一，钓鱼岛附近水域可能成为"第二个中东"。钓鱼岛周围海域的渔业资源也十分丰富，长期以来，中国台湾等地渔民经常到这里从事捕捞活动。

（2）钓鱼岛群岛在海洋划界中起着至关重要的作用。《联合国海洋法公约》的批准生效，将不可避免地使各国在划分管辖海域时出现一些重叠和矛盾。按《公约》规定，两国如按中间线划分，那么钓鱼岛主权归属哪一方将极大地影响大陆架的划分。

（3）钓鱼岛直接或潜在的军事价值，也是一个不容忽视的关键因素。

依据国际法领土"发现"即占有的"先占"原则，中国对钓鱼岛拥有合法主权。中国最迟在 15 世纪就最先发现和命名了钓鱼岛，这已是中日两国官方和学界公认的史实。此后数百年间，明清两朝将钓鱼岛列入疆域之内进行统治。在被日本强占之前，中国对钓鱼岛的主权一直有效存续，中国是其唯一合法的所有者。美国在"二战"后托管琉球群岛的过程中单方面炮制了所谓"琉球地理分界线"，将钓鱼岛纳入其管辖范围内。美国在归还冲绳时，实际默认了上述分界线。

（六）南中国海问题

南中国海简称南海，它是中国与东南亚各国交往的重要纽带。南海诸岛自古以来就是中国的领土。但自 20 世纪 70 年代以后，南海周边国家却开始陆续侵占瓜分南沙群岛各主要岛礁，分割海域，掠夺油气资源，严重侵犯了中国的领土主权和海洋权益。

从历史角度和国际法角度来看，中国对西沙群岛和南沙群岛都拥有无可置疑的领土主权。南沙群岛位于南中国海南部，是南海诸岛中距离中国大陆最远、分布最广、包括岛礁最多的一个群岛，总面积约 24.4 万平方海里（约 82 万平方千米），约占中国南海海域面积的 1/3，地理位置十分重要。南沙群岛共由 550 多个岛屿、沙洲、暗礁、暗沙、暗滩组成，其中高潮时露出水面的岛、礁、沙洲有 36 个，面积最大的岛是太平岛（面积约 0.43 平方千米）。南沙群岛及其周围海域的自然资源特别是油气蕴藏十分丰富，南海油气资源总储量估计可达 1 000 亿吨，其中在我海疆线内约 420 亿吨，是中国巨大的资源宝库之一，被称为第二个波斯湾。

二、我国周边安全形势

我国周边安全形势依然很复杂。美俄等大国继续关注亚太地区并加大对该地区的战略投入，战略竞争有增无减；地区热点问题持续升温，矛盾依旧难破解；领土和海洋权益争端更加激烈，难觅缓解迹象；民族矛盾继续凸显，恐怖活动依然猖獗；军事领域竞争激烈，军备竞赛不断升级。虽然形势很复杂，矛盾交织，但总体可控，对我国发展的战略机遇期影响有限。我国需高度警惕密切关注，做到见招拆招，主动营造于我有利的和平发展环境。

（一）美俄等大国不断加大亚太战略投入，地区战略竞争更加激烈

1. 美国继续加大"软实力"投入，提高对亚太地区的影响力和掌控能力

（1）进一步密切同盟关系，稳固战略支撑

美国称霸世界，除自身强大的综合实力外，主要依靠各地区的盟友支撑和友好国家协助。为此，美十分重视"软实力"投入，积极与盟国、友好国家密切关系。2017年年底以来，以总统特朗普为首的美国多名军政高层官员陆续赴日韩澳菲泰等亚太盟国和新加坡、印尼、马来西亚等地区友好国家访问，与这些国家深度密切关系，推动双边或多边关系全面向前发展，深化美政治、经济、军事及外交等全方位影响。同时，美还以政治支持、经济军事援助为诱饵，企图拉拢越老缅柬等东盟国家入伙，旨在通过"拉帮结伙"拓展势力范围，挤压我战略空间。

（2）加强对南亚、东南亚力量投入

为加强对我国的战略遏制，巩固美在亚太地区的主导地位，今年5月，美在太平洋司令部基础上组建印度-太平洋司令部，并圈定美日印澳四点连线的重点地区经营范围。表明美在以关岛和日韩为依托，稳固好东亚的基础上，开始强化在南亚、东南亚的力量投入。如通过联合军演、出售先进武器、赠送军事装备等，明显加大对越南、印度等国的军事拉拢力度；与日本一道采取"美国出钱日本给舰"的方式，联合拉拢斯里兰卡向美靠拢，显然是在强化"印太战略"。

实际上，美是在对我国进行战略合围，以干扰我"一带一路"倡议实施。可以预判，今后美军舰船编队在连接印度洋、太平洋的两洋通道上的巡逻游弋会越来越频繁，以强化从南海到印度洋海上通道的控制。

（3）强化亚太地区军事力量建设

在辖区内前沿继续保持十几万驻军规模，优先部署各型先进战机和舰艇，力推F-22、F-35、B-2A隐形作战飞机和战略核潜艇靠前部署，尝试对航母编队实施"神出鬼没"方式部署，以提高美打赢高端战争的能力；继续加强实战训练，全年组织陆海空军部队举行各类较大规模演习演练近60次，重视与盟国、友好国家举行大规模联合作战演习。全球最大的海军演习--"环太平洋·2018"大规模联合军演，有26个国家、2.5万人、200多架飞机、50余艘舰艇参演，创历史之最，特别是美将越南、以色列、巴西、斯里兰卡拉入今年的大军演，耐人寻味。

（4）积极开展军事外交活动

美日印澳成功举行印太四方会谈并达成多项共识，为美推销"印太战略"铺路；美国防部长、印太战区司令等高级官员频抵亚太盟国、友好国家及东盟、南亚部分国家访问，商讨提供军援、开展联合演训、强化军事合作等事宜。旨在通过军事交流将这些国家绑上美国战车，为美亚太战略服务。另，美国防部近称，将裁减约10%的非洲驻军，用于应对中俄等竞争对手，其动向值得密切关注。

2. 俄罗斯高度关注并积极向亚太地区发展

受美及西方国家围困打压制约，俄向西部发展非常困难，加之亚洲地区经济繁荣，形势相对稳定，发展前景看好，吸引俄重视向该地区加大战略投入。

（1）积极推动"东方"外交战略

为打破美及西方的封锁围堵，总统普京、总理梅德韦杰夫带头访问亚洲国家，积极扩大政治影响，巩固旧有关系，寻求新的政治经济伙伴；依靠丰富的油气资源和先进的军工科技，积极开辟并占领亚洲市场，寻觅新的经济发展路径和发展空间。

（2）主动参与地区热点问题解决

积极介入朝鲜半岛、阿富汗、中东等亚太地区重大热点问题的解决，彰显对地区的政治、外交影响力，进一步凸显大国地位。

（3）积极开拓亚洲军火市场

高调宣扬苏-30、苏-35先进战机、S-400防空导弹系统、T-90坦克和隐形战舰等武器装备的先进性能，向印度、东盟以及中东的埃及、沙特、土耳其、伊朗等国推销大量武器装备。

（4）不断加强对外军事合作与交流

俄军在加强自身综合作战能力建设的同时，明显加大对外交流合作力度，与外军频繁举行联合军演，进一步密切两军关系。

3. 日本积极介入地区事务，争夺亚太地区大国地位意图明显

（1）继续追随美国，依靠美国提升国际地位

日本首相安倍晋三多次会晤美总统特朗普等美多名高级军政官员，与美深度密切同盟关系，对美基本上做到"言听计从"。可以说，美国的政治外交军事活动发展到哪里，日本就跟进到哪里，始终充当美国的马前卒：美国搅局南海，日本就派出军舰赴南海游弋，并参加美澳在南海举行的军事演习，与美一道彰显实力，充当美破坏南海局势的帮凶；美对朝缓和关系，日本也改变对朝态度，寻求与朝高层会谈；美反对解除对朝制裁，日亦紧随其后，严格落实制裁措施；美要求停止进口伊朗石油，日迅速表态支持，并付诸行动。时时处处跟在美后面摇旗呐喊，借助美国的实力地位提升在亚太地区的影响力。

（2）积极协助美国，对我国实施战略围堵

主动参与美主导的"印太战略"，频繁与美举行以我为假想敌的联合军演，积极推动日美军事一体化，大力支持美在亚太地区的军事活动。通过"2+2"会谈密切与澳关系，积极拉澳势力北上；通过提供经济、军事援助，追随美国与老挝、缅甸、越南、菲律宾、马来西亚等东盟国家密切关系，彰显日本的存在，与美一道在我南部方向投棋布子，对我国进行战略围堵。

（3）利用军事外交做幌子，对外彰显军事实力

日军近年还注重与"准同盟"和友好国家强化军事外交关系，通过与外军密切合作，淡化日军对外军事干预的不利影响，或者说通过与外军合作，将日军带入国外用兵的合法化轨道。日陆军先后与美印英等国陆军进行演练；日海军与加法海军、英海空军在日本海进行演练；近日美英日海军又在日本近海首次举行三国联合演习。以此推动日军事活动外向化。

（4）修纲破障，为海外用兵开绿灯

推出新修订的防卫大纲，对现行的防卫战略进行颠覆式的重构，拟制所谓"全域联合作战构想，"将"专守防卫"作战理念架空，为军事干预外部事务、大力发展军力开绿灯。

4. 印度积极推动"东进"政策实施，不断扩大地区影响力

印度的"东进"政策原为"向东看"政策，2014年5月莫迪政府上台后，为扩大印度的政治外交以及军事影响力，改为"东进"政策，实际上是一次重要的对外政策调整，即由"关注"调整为"实施"。在该政策指引下，印明显加大与亚洲东部国家的政治、外交、经济、军事交流合作，提升国际地位。

积极参与美"印太战略"，以提供经济援助为诱饵，进一步密切与东盟国家全方位关系；印日商定将进一步强化两国在安全及经济方面的战略关系；印俄在军事领域交流有明显突破，除签订军购大单外，印军事触角已延伸到俄远东地区，旨在对我实施战略迂回。为与美"印太战略"对接，印加快"东进"战略实施步伐。今年，印军不断加大与美俄中大国和东盟、南亚许多近邻小国军事交流力度。与越南、印尼海军举行联合演习，12月份同时与美俄中三国开展双边联合军演；加大对斯里兰卡军援力度等。上述举动充分体现出印对亚太的重视。

（二）地区内热点继续升温，矛盾问题依旧难破解

目前，亚太地区热点最多、矛盾问题最突出，是世界上最热闹的地区。

（1）朝鲜半岛核心问题依然难解，局势很不稳定，存在发生重大逆转的可能

所谓半岛问题主要是指朝核问题、朝美关系、朝韩关系以及南北统一问题，这其中最复杂、最棘手、最迫切、最难解决的是朝核问题，所有问题都在向这一问题聚焦。半岛局

势今年以来虽然有所缓和，但只是表面现象，朝核等根本性问题还远未触碰，也很难解决，根源是涉及美国的重大战略利益，美绝对不会按朝韩的意愿解决朝核问题，美朝还会为此进行激烈较量，半岛局势依然存在重大变数。

（2）台海局势稳中有忧，不容乐观

特朗普政府上台后，积极支持与台湾发展实质性关系，给"台独"分子撑腰打气，使蔡英文之流搞"台独"活动更猖狂。今年 11 月台湾地区"九合一"选举后，台湾岛内发生地方政治变迁，由绿变蓝。而民进党任期还剩下两年，蔡英文等"台独"分子们很可能会利用现有执政资源，更加疯狂地搞"台独"活动，抓紧一切机会把"台独"往前推，我必须保持高度警惕，随时准备采取措施粉碎"台独"阴谋。

（3）南海局势暗流涌动

在我国的积极努力下，南海局势目前稳定，但存在严重隐患，主要是美国打着航行自由的旗号，频繁搅局南海：继续挑唆越菲马等南海周边国家"索岛要海"，向其提供军事援助，鼓动这些国家"以军护岛以军护海"，为其在南海行动撑腰打气；美还纠集日澳等国在南海搞联合军事演习，与南海周边国家举行双边或多边联合军演，集体彰显实力；美空海军频繁派机舰抵南海搞所谓"航行自由"行动，图谋将南海问题军事化、地区化甚至国际化，向我示威。

（4）中东地区局势最堪忧

在大国插手下，中东地区局势越来越复杂、越来越混乱，多国卷入几场冲突，战乱无法停止。叙利亚战争虽说已进入尾声，但很难彻底停火，后续零星战斗还会持续较长时间。美国宣称从叙撤军，但其影响力依然还在，而且土耳其军队很快会填补美国留下的空缺；沙特联军与胡塞武装的战斗也难以尽快结束；以色列与叙利亚、黎巴嫩以及巴勒斯坦的冲突将会持续下去；美国与伊朗的矛盾正在激化，伊朗若在中东地区再不收敛些，美国可能会采取多种手段搞伊朗，包括军事手段。

2019 年，中东地区局势不会安宁，伊核问题可能是一个新的爆发点，美国正在拉盟友向这一问题聚焦，伊核问题解决可能要浮出水面。

（三）领土和海洋权益争端依就激烈，难觅缓解迹象

目前，在东北亚区域内几组领土和海洋权益争端问题始终得不到解决，一直困扰着相关国家间的关系发展。

（1）日俄北方四岛争端

两国围绕北方四岛问题展开多轮谈判，始终无果，且俄在不断加强四岛的军事力量建设。媒体称，俄军已在北方四岛部署了多座雷达站、岸舰导弹和苏-35 战机以及 3500 余名官兵，修建了大量的营房、装甲车辆停放设施，计划还将扩大部队部署规模。俄绝不会将北方四岛归还给日本，普京总统说过，俄罗斯没有一寸多余的土地，日俄两国为四岛归属

问题还会继续博弈下去。

（2）韩日围绕独岛（日称竹岛）争端

韩日就独岛（日称竹岛）归属问题一直争执不下，斗争激烈。为宣誓主权，韩政府官员、朝野政党国会议员经常登岛活动；韩军自 1986 年起，每年在独岛（日称竹岛）周边海域举行 2 次守护岛屿演习。韩方每次在争议岛屿活动，日方均强烈抗议，为此两国关系也受到影响，今年情况依然如此。

（3）中日钓鱼岛争端

钓鱼岛原本就是我国的固有领土，是日本强行霸占，日机舰常年保持在钓鱼岛周边巡逻。虽然日方今年没有登岛举动，但日一直在不断加强其西南方向的军事力量建设，并与美军继续举行联合护岛演习。

上述问题难解的原因主要有二：其一是，日本是一个领土欲望极强的国家，在与俄韩中三国的领土和海洋权益纠纷问题上，没有丝毫让步，没有解决问题的诚意，只是一味地索取，且态度强硬蛮横，并有军事准备的动作，存在安全隐患；其二是，随着科学技术的发展，大量海洋资源被开发，海洋的经济价值越来越高，引起各国的高度关注，海洋权益越来越受到重视。未来，因岛屿和海洋权益争端发生冲突的可能性不能排除。

（四）民族矛盾继续凸显，恐怖活动依然猖獗

全球反恐形势仍然不容乐观，国际恐怖势力活动依然猖獗，尽管各国都高度重视反恐工作，投入大量人力物力财力进行安全防范，但恐怖分子行动隐秘，久打不绝，恐怖爆炸、恐怖袭击事件频繁发生，特别是在我国周边的阿富汗、巴基斯坦以及伊朗、叙利亚等中东地区，发生严重恐怖袭击事件数十起，造成大量人员伤亡，给这些国家造成重大损失。恐怖势力活动有一些突出特点。

（1）恐怖活动地区相对集中，主要集中在阿富汗、巴基斯坦、叙利亚、索马里等战乱或民族矛盾突出的国家。

（2）恐怖袭击地点多选择在人员密集区，包括教堂、菜市场、集会、宾馆等场所。

（3）恐怖袭击多与民族分裂、宗教矛盾、领土纠纷、政治矛盾、外部势力入侵有关。

（五）军事领域竞争激烈，军备竞赛继续升级

军事为经济发展保驾护航、为国家政治服务，各国都非常重视军事力量建设，今年也不例外。不论是世界军事大国还是中小国家，均重视在军事领域的全方位建设。

（1）不断加大军费投入

日本右翼势力逐渐抬头，日军费预算连年增长，不利于周边局势的稳定，释放出一些危险信号。

（2）争相采购或研发先进武器装备

美国诬称中国是其最大的战略竞争对手，因此在亚太地区不断加强战略武器投放，如坚持轮换部署 B-1B、B-2、B-52 战略轰炸机，定期前推部署 F-22、F-35 隐形战机，长期部署新一代战略核潜艇，长期保持 1-2 支航母编队在亚太海域巡航部署，有时增加到 2-3 支。此外，美正在增强核力量，如正在建造"哥伦比亚"级战略核潜艇、研发 B-21 战略轰炸机及配套的 B61-12 新型核弹。同时，美在今年还多次进行了"民兵-3"洲际弹道导弹试射，对该型弹进行了升级改造。

俄罗斯有 1500 余件装备列装，3 个军区武器装备的现代化率平均达到 50%。空军继续列装苏-35 战机，加紧试飞苏-57 隐形战机，米格-35 也即将试飞；海军将有 416 套现代化武器和军事装备列装，包括军舰、航空设备、雷达设备、防空系统等。同时俄还结合叙利亚战场经验，对现役的陆海空军装备进行改进，正在研发新一代战略轰炸机。特别是近日，普京总统亲自坐镇指挥了射程 6000 公里的高超音速核导弹试射，向美示威。

日本从美国接收 38 架 F-35 隐形战机，陆续替换 F-2 战机；计划将"出云"号舰艇改造成"准航母"；随着作战空间的延伸，日将重点研发激光武器、电磁炮等尖端军事技术装备。

韩国引进了法国产空中加油机，斥资 26 亿美元从美购买 6 架 P-8 反潜机、64 枚"爱国者 3"防空导弹，从以色列采购 2 套预警雷达系统；拟引进美制 F-35 隐形战机；计划自行建造 3 艘 7400 吨级宙斯盾驱逐舰，并配备美制"标准 2"舰空导弹系统。韩大量增加军备，旨在提高对朝导弹的探测和跟踪能力，对朝有很大刺激，不利于半岛局势稳定。

印度继续实施武器装备多元化，耗资约 65 亿美元从美采购 111 架多功能直升机和 24 架反潜直升机，为陆军采购 150 门 155 毫米口径的火炮；斥资 54.3 亿美元，从俄采购 5 个团共 30 套 S-400 防空导弹系统、6000 枚导弹和 4 艘隐形战舰；计划未来十年新建 56 艘军舰和 6 艘潜艇。

东盟国家也进一步加大了武器装备的采购力度，武器来源主要是美国和俄罗斯，其中菲律宾是首次从俄罗斯采购武器。各国竞相采购先进武器装备，严重恶化了我周边安全环境，我需提早作好应对准备。

总的看，我周边安全形势虽然越来越复杂，安全环境潜伏着危机，但并不会急剧恶化，未来一段时期也不太可能突然出现大起大落的情况，安全形势依然处于总体可控的状态。

第三节　国际战略格局

纵观世界近代以来的历史，国际战略格局总是在分化—组合—再分化的运动状态下发生和发展。从其演变的历史轨迹来看，国际战略格局的演变不仅是经济实力、文化渗透、军事霸权等多种因素引起的，而且其发生和发展是一个动态的、渐进的过程，呈现出周期性的运动规律。因此，探讨国际战略格局演变的过程和发生发展的特点及规律，对于研究当今世界军事战略具有重要的现实意义。

一、国际战略格局概述

国际战略格局，简单地说，是指国际大的战略、总的态势。具体地说，它是指国际社会中国际战略力量之间在一定历史时期内相互联系、相互作用而形成的具有全球性的、相对稳定的力量对比结构以及基本的态势。因此，人们又把它称为"世界格局"。

从 17 世纪初的"三十年战争"爆发至今，国际战略格局历经沧桑，发生了多次重大变化，最为显著的有：威斯特伐利亚格局、维也纳格局、凡尔赛格局、雅尔塔格局。其中，雅尔塔格局是世界格局的第四次重大变化。这是从"二战"结束以来，以美、苏两极为主导的世界格局。

除此之外，世界上各种政治力量按照意识形态分为社会主义和帝国主义两大阵营，国际矛盾的激烈斗争表现为这两大阵营的对抗。这一格局持续了 40 多年，随着东欧剧变，德国实现统一，华约解散和苏联解体而宣告终结。

（一）国际战略格局的本质

在当今国际舞台上，国家与国家之间的关系，最本质的是国与国之间的力量对比关系。因此，国际战略格局本质上就是一种国际战略力量的对比。这种力量对比是国际战略力量之间的一种实力对比，以及由此而派生的影响力对比。

因此，在考察各种战略力量时，不仅要考察它们本身的所具有的实力地位，而且要考察它们在国际事务中发挥的实际作用和影响力。只有把这些因素联系起来加以分析，才能确定哪些是主导性力量，哪些是从属性力量，哪些仅仅是潜在性的力量，从而形成正确的战略判断。

（二）国际战略格局的类型

依据格局的内部结构和外在形态，可以将国际战略格局划分为以下四种基本类型。

1. 单极格局

所谓单极格局，是指某一个大国在国际战略格局中占据主导地位，形成一国独霸的局面。这种格局在历史上曾经出现过。例如，资本主义初期的西班牙、荷兰和英国，都曾有过独霸世界的历史。这是由于资本主义刚刚在局部地区出现，近现代意义上的国际社会正在逐步形成，因而，资本主义发展最早的国家，往往能够确立独霸的地位，但这种霸权在很大程度上局限于欧洲地区，真正的世界霸权并未建立起来。

2. 两极格局

所谓两极格局，是指两大战略力量之间的相互对立和相互斗争，对整个国际事务起着决定性影响的局面。这种格局在历史上也曾多次出现过。例如，第一次世界大战期间的同盟国和协约国；第二次世界大战期间的法西斯轴心国和反法西斯同盟；"二战"后初期的社会主义和资本主义两大阵营，以及随后的美、苏两极对抗，都是历史上的两极格局。

当然，以上所分析的两极格局，除了"冷战"时期两个超级大国和两大政治军事集团的对抗具有较典型的两极特征并延续了较长的时间外，其他都是在新旧格局过渡时期形成的具有一定特殊性的两极格局。

3. 多极格局

所谓多极格局，是指多种战略力量既相对独立又相互联系，既相互合作又相互制约而形成的一种相对平衡的战略关系。在这种格局中，作为战略格局构成要素的战略力量，可以是单个国家，也可以是国家集团。这种格局在 20 世纪 70 年代以后已初见端倪，即中国、美国、苏联、日本、西欧和第三世界这六大力量的竞相发展。"冷战"结束后，多极化趋势呈现出更加强劲的发展势头，目前已经形成了初步的轮廓。

4. 多元交叉格局

这是一种由两极向多极，或由多极向两极的过渡性格局。在这种格局状态下，一方面存在着两大战略力量或多种战略力量之间的对立，这是格局的主导方面；另一方面也存在着独立于上述力量之外的其他战略力量。

这些战略力量既在一定程度上受到现有格局中的支配力量的影响，又能够在国际事务中发挥自身的独特作用，从而构成国际战略格局中潜在的一极。这一格局在"冷战"结束后，向多极格局的过渡时期表现得较为明显。这种多元交叉格局是构成未来多极格局的基础。

（三）国际战略格局的基本特征

国际战略格局的基本特征主要有以下几个。

1. 国际战略格局总是与一定的历史阶段、时代的发展密切相联

国际战略格局总是反映着一定历史条件下的战略力量对比关系。在同一时代条件下，国际战略格局的外在形态可能不同，但其内在的本质却是相同的。例如，在资本主义时代，无论国际战略格局的外在形态如何，所反映的都是资本主义大国之间相互制约、相互争夺的关系。因此，要正确分析各个时期国际战略格局的特点，就必须把握时代发展的脉络，以及不同时代国际战略格局的基本特征。

2. 国际战略格局总是以世界经济格局为基础，并与世界经济格局相适应

建立在世界经济体系基础之上的国际战略格局，是经济因素在国际政治领域的集中反映。一个国家或国家集团在国际社会中的行为能力和影响力，固然取决于多种因素，但经济实力是其中最基本的，并长期起作用的一个决定性因素。正所谓经济实力与行为能力是成正比的。美国之所以在第二次世界大战之后成为资本主义世界的霸主，其重要的原因就在于它拥有世界上最强大的经济和军事实力。

3. 国际战略格局总是与一定形式的国际秩序相互关联、相互作用

国际秩序与国际战略格局同属于国际关系的范畴，两者既相互联系又相互影响。一定的国际秩序总是由在国际战略格局中居于主导地位的国家或国家集团制定的，或是在很大程度上受到这些国家意志的制约和影响。

因此，国际秩序是国际战略格局的现状在国际准则上的反映；国际秩序一旦建立，它又会对国际战略格局起到一定强制性维护作用，甚至在旧格局解体的情况下，原有的国际秩序仍会在一定范围和一定的程度上继续产生影响。

4. 国际战略格局的各层次之间总是既相互独立又相互影响

国际问题有的是全球性的，有的则是地区性的。国际战略格局按其范围大小，也可以区分为世界格局和地区格局。这两个层次既具有一定的独立性，又有其相互的关联性。所谓独立性，就是这两个层次的战略格局都可以在一定条件下独立存在。

所谓关联性，就是世界格局与地区格局的发展都在一定程度上影响着对方的发展。国际战略格局包含地区战略格局，并在总体上决定着地区战略格局的发展方向；地区战略格局则是全球性矛盾斗争在地区的必然反映，同时又对国际战略格局的形成或转换产生影响。

二、未来国际战略格局的发展趋势

（一）多极化

当前，超级大国的单边主义图谋和世界范围主张多极化的力量继续激烈碰撞，美国作为世界上唯一的超级大国，仍然想凭借自己的强大实力，把本国的意识形态、价值观念、发展模式和社会制度强加于国情不同的世界各国，企图建立美国一家独霸的单极世界。尤其是自"9·11"事件后，美国更是打着"反恐"的旗号，趁机对战略地位极其重要的中亚和外高加索地区实行"历史性"的军事介入，并开始施加经济和政治影响。与此同时，还依仗自己庞大、先进的军事装备和雄厚的经济实力主导着北约继续东扩，加紧全方位推行自己称霸世界的全球战略。

但是，从长远来看，世界上从来就不可能有永远的"霸权"，大英帝国的衰落就是一个很好的历史例证。可以预见，美国的单极世界之路最终也是行不通的，这是因为，尽管

美国具备先进的军事装备、雄厚的经济实力，但却无法包揽全世界的所有事务，随着世界局势越来越复杂，很多国际问题的解决单靠一个国家是根本不可能完成和解决的，尤其是在世界面临许多新的威胁和挑战的情况下，只有在多边合作的基础上才能有效地解决或缓解。"单边主义不可能解决全球面临的问题，只能使全球更不安宁。"所以说，世界多极化趋势不可避免，尽管世界多极化的形成会经历一个长期、复杂的过程，其间也会充满各种政治力量之间的激烈争斗，但世界多极化的趋势却是不会逆转的，而未来一段时间世界格局的主要特征将体现在"次中心"的出现。

另外，当前世界战略力量呈现出多极化的发展趋势，最突出的特征表现在经济领域的多极化速度比其他领域发展更快。战后几十年激烈的军事对抗和军备竞赛使美苏这两个超级大国的经济均不同程度地受到影响，并最终导致苏联解体；美国在国际市场的竞争能力也受到越来越严重的挑战。

美国的国民生产总值在世界上所占的比例已由"二战"结束初期的46%下降到现在的28%。而日本和欧盟一些国家经过这几十年的迅速发展，已成为对国际事务有着重要影响的经济大国和经济集团。目前，日本和德国都在凭借自己强大的经济实力谋求政治大国的地位，积极争取成为联合国安理会常任理事国。此外，日本在亚太地区与美国争夺主导权的矛盾日益明显，并正在隐蔽地加强其军事力量，企图逐步建立起与其经济、政治地位相称的军事实力。

作为当今世界最大的发展中国家的中国，政治稳定、经济发展充满活力，综合国力不断增强。经济的快速增长也使中国成为世界经济中一支越来越重要的力量。同时，积极发展与世界各国睦邻友好关系，在维护世界和平与稳定等方面发挥着积极而重要的作用，在21世纪初期成为"多极格局"的其中一极，是毫无疑问的。

俄罗斯作为苏联的主要继承者，其地域广阔，自然资源特别是能源非常丰富，而且具备相当先进的科技力量，特别是拥有强大的军事力量，是世界第二大核武库。从长远来看，俄罗斯不可能无限制地削减其军事力量而放弃其世界大国的地位，它的军事力量仍然是一个可以并可能对世界形势产生重大影响的因素。因此，无论从历史的角度还是从发展的观点看，俄罗斯都是世界格局中一支不可忽视的力量。

所有这些汇成了世界战略力量均衡化发展的主流。尽管世界战略力量均衡化的趋势在短时期内还不会引起世界军事力量的对比关系发生重大变化，但从长远来看，它对世界军事形势的影响不可忽视。这一趋势的发展正在并将越来越明显地成为制约超级大国的霸权主义和强权政治的重要因素。可见，世界向"多极化"方向发展，已经成为一种客观趋势，这既是历史的必然，也是时代的要求。

（二）日趋复杂化

随着"冷战"后国际形势的发展，当今世界美、中、俄、日、欧五大力量的地位和关系已经发生了重要变化，尤其是中、俄、日、欧的地位提高，大国间相互关系显著增强。今后，维护世界和平、推动经济发展，主要依靠这五大力量的协调与合作，其中，美、中、俄的协调与合作尤为重要。从近、中期来看，世界上只有美、俄等国有能力把经济实力转化为政治实力。因为它们具备将经济实力转化为政治实力的四个条件，即辽阔的国土、众多的人口、强大的军事实力及其对外政策。不具备这四个条件，国家再发达、经济再发展，也难以成为具有世界性影响的战略力量。

　　因此，为了寻求在国际战略格局中的有利地位，当今世界的五大力量都在积极调整各自的对外政策以及战略关系，进而促使各方关系日趋复杂化。

思考题

1. 简述国家安全的基本含义
2. 简述总体国家安全观。
3. 简述我们周边环境。
4. 简述我国周边安全趋势。
5. 简述国际战略格局的本质和类型。
6. 简述未来国际战略格局的发展趋势。

第三章　军事思想

【本章概览】

军事思想是军事科学体系中的一种综合性基础理论，其研究对象是战争、军队和国防建设问题。它具有鲜明的阶级性和时代性。不同的时代、国家、阶级及代表人物，有着不同的军事思想。它既对历代战争和军事实践经验进行了理论概括，又对现实和未来的战争与军事实践具有重要的理论指导作用。

【本章目标 】

（1）了解军事思想的含义。
（2）掌握我军军事理论的主要内容。
（3）明确我军的性质、任务和军队建设的指导思想。

第一节　军事思想概述

一、军事思想的含义

军事思想是对战争和国防基本问题的理性认识，是人们长期从事军事实践的经验总结和理论概括，它来源于战争和军事活动的实践，并随着战争和军事实践的发展而发展。

在军事科学中，军事思想作为一种综合性基础理论，从总体上考察和回答了军事领域的普遍性、根本性问题，揭示了军事领域的一般规律，提出了军事斗争和军事建设的基本方针和基本指导原则，为人们研究和解决军事问题提供总体性理论指导。军事思想作为一种独立的意识形态是从奴隶社会开始的，它产生于一定的社会物质生产和战争实践基础之上，并且受到其他社会意识形态的制约和影响。同时，军事思想也作用和影响其他社会意识形态。

（一）军事思想的内容

军事思想的内容大体可以分为两个层次：一是军事哲学问题，主要内容有战争观、军事问题的认识论和方法论；二是军事实践的基本指导原则问题，主要内容有战争指导的基本方针和原则、军队建设的基本方针和原则、国防建设的基本方针和原则等。

（二）军事思想的分类

从不同的研究角度出发，军事思想可以有不同的区分方法：

（1）按阶级来划分，军事思想可分为：奴隶主阶级军事思想、封建地主阶级军事思想、资产阶级军事思想和无产阶级军事思想。

（2）按地域和国家来划分，军事思想可分为：外国军事思想和我国军事思想。

（3）按时代来划分，军事思想可分为：古代军事思想、近代军事思想和现代军事思想。

（4）按人物划分，军事思想可分为：有孙子军事思想、克劳塞维茨军事思想、毛泽东军事思想等。

总体来说，任何军事思想都是对战争和军事问题的理性认识，以一定哲学的世界观和方法论为指导，反映一定时代、阶级、国家、人物对战争性质、战争准备与实施等所持的基本观点。

二、军事思想的特征

（一）鲜明的阶级性

军事思想来源于社会实践。在阶级社会中，人们为了各自阶级的利益所奉行和推崇的军事思想，必然要反映各个阶级对战争和军队建设的认识和立场。因此，不同阶级、国家或政治集团必然有不同的军事思想。

（二）强烈的时代性

军事思想来源于战争实践。不同历史时期的战争有着不同的形态和战略战术，有着不同的军队组织原则和编制。这种不同时代的特征往往最能反映当时的物质生产水平，军事思想所反映的这些特征代表着这一时代的生产力水平。

（三）明显的继承性

战争的特征之一，就是强制人们的主观认识同客观实际的一致性。在战争中，人们必须按事物的客观规律办事。因此，历史上所形成的具有规律性的军事原则、概念和范畴大多数都被流传下来为后人所用，并不断地被后人加以丰富和发展。

三、军事思想的作用

军事思想在军事科学中居于重要的地位，对军事实践具有宏观的、根本的指导作用。

（一）为认识军事问题提供基本观点

军事思想的思想观念就是：人们总是基于一定的思想观念，去评判军事问题的是非与价值，进而确定对其采取何种态度和行动。显然，采用不同的军事思想去分析战争，所得的结果是完全不相同的。如果用否定一切战争暴力的和平主义，或"强存弱汰"的观点看待战争，就不可能有正确的态度和行动。只有运用马克思列宁主义的战争观去看待战争，才能全面认识战争在人类社会生活中的作用，才能正确判断战争的性质，从而坚持以正义的、进步的、革命的战争，反对非正义的、反动的、反革命的战争。

（二）为进行军事预测提供思想方法

科学的军事思想揭示了军事领域矛盾运动的规律，为人们正确认识战争和进行军事预测提供了科学的认识论和方法论工具。恩格斯和列宁关于资本主义列强之间的争夺将导致世界大战的预见、毛泽东关于中国人民抗日战争进程与结局的论断，都是科学地进行宏观预测的范例。

（三）为从事各项军事实践活动提供全局性指导

人们从事军事实践活动，离不开军事思想的指导。以科学的军事思想作指导，军事实践就能保持正确的方向，并能达到预期的目的。军事思想之所以能对军事实践起指导作用，就在于它是军事实践的能动的反映，是军事实践经验的理论概括，并揭示了军事领域的一般规律。军事思想对军事领域的规律反映得愈深刻、愈正确，对军事实践的指导作用也就愈大。

在战争史上，每一次大规模的战争都会产生出新的军事思想，而每一次战争中取得的伟大胜利，都有正确的军事思想作指导。毛泽东军事思想在中国半封建半殖民地社会性质的条件下，从敌强我弱的实际情况出发，充分发挥其能动的指导作用，取得了中国革命战争的伟大胜利。战争实践证明，在客观物质条件许可的范围内，军事思想正确与否决定着军事实践的成效，决定着战争的胜败。

第二节　中国古代军事思想

中国古代军事思想源远流长，博大精深，异彩绚烂，在世界军事思想发展史上具有杰出地位，这是战争经验的总结，血染的理论财富，智慧的结晶。

中国古代军事思想是中国在奴隶社会、封建社会时期，各阶级、集团及其中国古代军事思想军事家和军事论著者对于战争与军队问题的理性认识。它随着社会的前进、战争的发展而不断深化。

公元前 21 世纪（一说公元前 22 世纪），中国建立了奴隶制的夏王朝，从此战争成为阶级斗争的最高形式。此时，尽管人们对于战争的认识处于低级阶段，还是产生了以靠天命观指导战争为中心内容的军事思想。奴隶主对外族发动掠夺战争，或用武力镇压本族奴隶的反抗，都是以征讨"违天命者"、"吊民伐罪"、"敬天保民"相号召，并用占卜手段，假借神的旨意和严刑厚赏驱使士卒作战。作战方式是集团列阵正面冲杀。到商代以后，作战逐渐以车兵为主。对军队指挥，要求行动统一，严厉管理。这种思想，指导着夏、商、西周几个王朝的军事斗争。通过这一时期的战争实践，人们已初步认识到审势而动，量力而行，众可以胜寡，强可以胜弱，反映了朴素的唯物主义观念。传在西周时期，已出现《军志》《军政》等军事著作，虽早失传，但在后来问世的《左传》《孙子兵法》等书中，还保留着一些片断的引文。

一、中国古代军事思想的沿革

（一）发展时期

约从公元前 8 世纪初至前 3 世纪末，即春秋战国时期，中国逐渐由奴隶社会进入封建社会。生产力的发展，社会制度的变革，引起了士兵成分的变化和兵器的改进，军事制度和作战方式也随之变化。为适应这些新情况的需要，产生了统率军队的专职将帅，涌现了许多代表新兴地主阶级的军事家和兵书著作。著名的《孙子兵法》，标志着封建统治阶级军事思想的成熟。它是世界上最早的系统而全面的军事理论著作，揭示了一系列指导战争的规律，并奠定了中国军事思想的基础，指导着后代的战争实践和军事理论的研究，在国际上也享有极高的声誉。《孙子兵法》提出，军事斗争必须巧妙地运用权谋，即"上兵伐谋"，"必以全争于天下"，认为"不战而屈人之兵"是高明的军事家所期求的最理想的战争结局。它打破了奴隶社会的天命观，以朴素的辩证法和唯物主义思想，指出战争获胜不取决于鬼神，只要能够做到"知彼知己"，就可以"百战不殆"。它提出了"以正合，以奇胜"和"攻其无备，出其不意"的作战思想。《孙子兵法》还指出，战争胜负是由政治、经济、天时、地利、人事等因素所决定的，所以封建统治阶级要修明政治，顺应民心。这些思想，也为《孙子兵法》同时代的其他兵书和论及军事的著作所重视。战国时期，人们对战争的认识又进了一步。例如，传为军事家吴起所著的《吴子》，就探索了战争的实质，论及战争发生的根源，并把战争分成几种类型，赋予定义，提出对付各类战争的方略。军事家孙膑所著《孙膑兵法》，更主张抛弃"贵仁义，式礼乐"的思想，要求用战争手段解决社会混乱局面；其作战思想则特别强调"贵势"和以奇制胜。这些主张，都是对《孙子兵法》军事思想的继承和发展。

（二）提高时期

从公元前 3 世纪末至公元 13 世纪，中国经历了秦、汉、晋、隋、唐、宋、元等几个大的王朝的统治和更迭。在这漫长的历史时期，先秦的军事思想对军事斗争仍然起着重要的指导作用。同时，由于社会经济、政治、文化及战争的发展，军事思想也进一步得到丰富和提高。就战争种类而言，有建立封建王朝的统一疆域的战争，有多次大规模农民起义、民族起义的战争，又有国内诸民族贵族为了争夺中央统治权而进行的战争。就军队发展而言，兵种和兵器装备有了较大的变化。不但有了独立的骑兵，而且舟师水军参战的数量也更多了。这就要求作战指挥必须加强步、骑、水军等的配合作战，使得战略战术运用和指挥艺术都得到高度发展。在这一时期，通过战争实践，造就了许多著名的军事家和将领，出现了许多总结军事斗争经验的兵书。

秦始皇的大规模筑长城、修驰（直）道、重兵戍边等军事措施，对后世建设边防的战略思想，有重大影响。在著名的楚汉战争中，张良为刘邦决策，收揽民心，分化对方，争取同盟，孤立项羽，取得了战争胜利。西汉王朝在对北方匈奴贵族的反击作战中，由名将卫青、霍去病率独立的骑兵集团主动出击，快速机动，远程奔袭，以及正面冲击、翼侧迂回等作战行动，创造性地发展了大规模使用骑兵的战略战术。兵书《六韬》，针对频繁的战争，提出了爱惜民力、休养生息的思想，并对作战指挥机构以及步兵、骑兵的协同作战等作了论述。兵书《三略》，进一步阐述了"柔能制刚，弱能制强"的朴素的军事辩证法思想，并指出最高统治者必须广揽人才，重视民众与士卒的作用。从汉到隋曾多次发生过从黄河流域向江南进军的大规模战争，大都是步、骑兵和水军多路并进的多兵种大集团的配合作战。其中，东汉末年的赤壁之战，晋灭吴之战，东晋苻秦的淝水之战，以及隋灭陈之战最为著名。在这些战争中，政治斗争与军事斗争的结合，谋略与决策，以及作战指挥艺术，都达到了相当高的水平。《李卫公问对》一书，联系唐代初期的战争经验，对以往兵书进行了探讨，对《孙子兵法》提出的虚实、奇正、攻守等原则及其内在联系，作了比较辩证的论述。李筌的《太白阴经》认为，战争的取胜决定于国家政治的优劣、力量的强弱以及谋略的运用。

到了辽、宋、西夏和后来的宋与金、蒙古等几个民族政权并立的统治时期，互相长期处于对立状态，战争频繁。这时期，随着生产发展和战争的需要，出现了火器和复杂的装备器材，对作战产生了重要影响。在以汉民族为主体的宋王朝，由于政治腐败，军权由皇帝绝对控制，军队作战能力低下，造成屡战失利。统治者为了教习文臣武将熟悉军事，命曾公亮等编纂《武经总要》，总结古今兵法和本朝方略，并颁布《孙子兵法》《吴子》《司马法》《六韬》《尉缭子》《三略》和《李卫公问对》为《武经七书》，官定为武学教材。这时，许洞的《虎钤经》和何去非的《何博士备论》，均对皇帝绝对控制军队指挥权及其危害提出了非议。南宋名将岳飞提出："运用之妙，存乎一心。"他率"岳家军"突破皇帝"钦定"的作战旨意，采取步、骑配合的灵活战法，击败了金军强大的骑兵。陈规在《守城录》中，记录了军队开始使用火器和改进城防工事进行防御作战的方法，主张"守中有攻"，对城市防御战法有所创新。

中国北方游牧民族建立的辽、西夏、金等政权，均以骑兵见长，特别是后来兴起的蒙古族，建立了兵牧合一的制度，充分发挥其骑兵优势，以高度的机动灵活制敌，并善于学习和利用敌方先进技术，不断改进其军队的装备。蒙古贵族和后来建立的元王朝战胜南宋时，采取远距离的战略迂回和步、骑、水军联合多路进军，实施大集团军队的战略进攻。以上的实践经验和兵书内容，进一步发展和丰富了古代的军事思想。

（三）继续前进

大约从 14 世纪末至 19 世纪 40 年代，约从明朝至清朝后期，中国封建社会逐步走向没落的境地，不但有连绵不断的大规模农民起义战争、民族起义战争和统治者的平叛战争等，而且外国也开始入侵中国。这一时期，由于火器的改进和从外国引进部分先进兵器，出现了独立的水师、炮兵、工兵及其他技术兵种，加以作战对象发生了变化，因而在建军和作战指挥等方面都发生相应的变化。这时，一方面出现十分保守的只求守城保寨单纯防守作战的思想；另一方面，从实践中总结出的带有强烈革新内容的军事思想，也在不少兵书中出现。明代杰出抗倭将领戚继光的《纪效新书》和《练兵实纪》就是这种革新思想的代表作。他根据沿海复杂的地形条件和倭寇火器装备的特点，对阵法作了重大改革。他制定了以 12 人为单位的"鸳鸯阵"，把它作为战斗队形的基础。何良臣的《阵纪》一书，对于军队组训和战法的论述，也具有革新的内容。孙承宗主编的《车营扣答合编》，反映了在大量火器装备部队后，编制和战法的改革。茅元仪编纂的《武备志》，则试图从军事理论、建军作战、兵器制造使用、天象地理、江河海防诸方面，提出实行军事改革的依据，以求振兴明王朝的武备。

清王朝建立以前，后金（清王朝前身）与明军发生萨尔浒之战，清太祖努尔哈赤以"凭尔几路来，我只一路去"（夏允彝《幸存录》）的方针，集中优势兵力，充分发挥其步骑协同作战的长处，对明军的多路进攻实行各个击破，反映了军事指挥上的新思想。乾隆以后，统治者局限于骑射为满洲之根本的思想，采取闭关锁国政策，在军事上逐渐趋于保守落后。但是，也有不少人针对这种状态，提出了某些革新思想。例如，惠麓酒民的《洴澼百金方》，主张团结民心，实行兵民联防；顾祖禹的《读史方舆纪要》提出京城要建立多层次设防的思想；年羹尧的《治平胜算全书》，强调平时对军队严格训练，战时才能取胜等，都有一定的积极意义。

（四）经验总结

中国古代军事思想是中国古代千百次王朝战争和大规模农民起义战争的经验总结。它的丰富内容，是前人留下的宝贵军事遗产，也是中华民族灿烂文化遗产的一个重要部分。中国近代的直至现代的军事思想，都从中批判地继承和吸取了许多有价值的内容。

二、中国古代军事思想的基本内容

（一）战争观

这一思想大约形成在奴隶社会的初期，到奴隶社会的末期基本成熟。以仁为本的战争观，主要包括两层含义：

（1）战争支柱——以仁为本。《司马法·仁本第一》开宗明义："古者，以仁为本，以义治为正。正不获意则权。"仁者使人亲，义者使人悦。此二者，才是战斗力的凝聚核，才是赢得战争胜利的基础。

（2）战争准则——师出有名。《礼记·檀弓下》主张"师必有名"，认为师出无名，必将遭到众人的反对，定成败局。

（二）指导原则

（1）重战思想。《孙子兵法》开宗明义、大声疾呼："兵者，国之大事，死生之地，存亡之道，不可不察也"。认为战争是关系到国家民众生死存亡的头等大事，不能不认真研究和对待。

（2）慎战思想。即慎重对待战争，不轻易言战。《孙子兵法》中这样写道："亡国不可以复存，死者不可以复生，故明君慎之，良将警之"。

（3）备战思想。其意就是未雨绸缪。孙子受当时形势的影响和思想的熏陶，提出了必须重视备战的思想，并告诫人们思想上时刻不要忘记战备，做到"用兵之法，无恃其不来，恃吾有以待也；无恃其不攻，恃吾有所不可攻也"。

（4）善战思想。就是要会用兵打仗。

一是注重以"道"为首要因素的多因素制胜论。"道"就是政治，是"令民与上同意也。故可以与之死，可以与之生，而不畏危也。"当然，在注重道的同时，其他四个"天、地、将、法"因素也不可忽视。

二是庙算制胜论。庙算是古代开战前在庙堂举行军事会议，商讨与谋划战争的一种方式。《孙子兵法》主张战前要算，要对战争全局进行计划和筹划，定出可行的战略方针。

三是"诡道"制胜论。《孙子兵法》里讲道："兵者，诡道也"。因此，他提出了"能而示之不能；用而示之不用；近而示之远；远而示之近。利而诱之；乱而取之；实而备之；强而避之；怒而挠之；卑而骄之；佚而劳之；亲而离之"的诡道之法，进而达到"攻其不备，出其不意"的目的。

（三）指导思想

《孙子兵法·谋攻篇》中写道："知彼知己，百战不殆；不知彼而知己，一胜一负；不知彼不知己，每战必殆"，这不仅仅对战争有指导意义，而且对政治、外交、经济乃至工作生活都有一定帮助。

（四）全胜战略

自古以来，战争的直接目的就在于保存自己、消灭敌人。最高和最理想的目标就是以"全"争胜——"不战而屈人之兵"。《谋攻篇》中指出："故百战百胜，非善之善者；不战而屈人之兵，善之善者也"。因此，"善用兵者，屈人之兵而非站也，拔人之城而非攻也，毁人之国而非久也，必以全争于天下。故兵不顿而利可全，此谋攻之法也。"

（五）作战思想

其主要表现在："致人而不制于人"，夺取主动权。强调的就是要根据战场的具体情况，灵活且有针对性的采取制胜方法。

（六）强调奇正

"凡战者，以正合（合力攻击），以奇胜（奇兵制胜）"。奇正是中国古代一对重要的军事矛盾，历代兵家多有阐述和运用。奇正的含义广泛，一般说来，常法为正，变法为奇。分而言之：在兵力使用上，守备、钳制的为正兵，机动突击的为奇兵；在作战方式上，正面进攻、明攻的为正兵，迂回、侧击、偷袭的为奇兵；在作战方法上，按一般原则作战的为正兵，采取特殊战法的为奇兵。奇正充分体现了用兵的机动灵活性，出奇制胜的高妙之处，在于攻击敌人无备与虚弱之处。

（七）用将之道

选贤任能，不仅是古人的用人之方，也是用将之道。

（1）重将思想。《投笔肤谈·军势第七》指出："三军之势，莫重于将"，并且认为，"大将，心也。士卒，四肢百骸也"。我们现代所说的"千军易得，一将难求"。

（2）选将思想。在古代，选将标准有五，《孙子兵法·计篇》中明确提出"将者，智、信、仁、勇、严也"。

（3）用将思想。古人认为，将帅使用的原则，就是信任和放手。做到"用人不疑，疑人不用"。

第三节　毛泽东军事思想

毛泽东是伟大的无产阶级革命家、战略家、理论家和军事家，是中国人民解放军的主要缔造者和领导者。在长期的革命战争实践中，毛泽东运用他的聪明才智，凝聚了全党全军的集体智慧，创造性地形成了毛泽东军事思想。

一、毛泽东军事思想的科学含义

毛泽东军事思想是毛泽东关于中国革命战争、人民军队和国防建设以及军事领域一般规律问题的科学理论体系；是毛泽东思想的重要组成部分；是马列主义的基本原理同中国革命战争和国防建设具体实践相结合的产物；是中国共产党领导中国人民及其军队对长期军事实践经验的科学总结，是党和人民集体智慧的结晶。同时，毛泽东思想还多方面吸取了古今中外军事思想的精华，是中国共产党领导中国革命战争、军队建设、国防建设和反侵略战争的指导思想。

（一）是马列主义的基本原理同中国革命战争的具体实践相结合的产物

马克思列宁主义是毛泽东军事思想产生和发展的直接理论来源。以毛泽东为代表的中国共产党人，在领导中国革命的实践中，不束缚于马列主义经典著作的条条本本，不拘泥于俄国城市暴动获得革命成功的经验，在继承和发展马列主义军事思想的基础上，根据当时中国是一个以农民为主体的半殖民地半封建的国家这一基本国情，创造性应用马列主义原理，积极开展武装斗争，开辟了农村革命根据地，走农村包围城市，最后夺取全国政权的道路，创立了以农民为主体的新型的无产阶级人民军队，创立了人民战争学说和一整套人民战争的战略战术等。毛泽东军事思想是中国式的马克思主义军事理论，是马克思列宁主义的基本原理同中国革命战争的具体实践科学结合的产物。

（二）是对中国人民革命战争和军队国防建设实践经验的科学总结

毛泽东军事思想赖以产生和发展的基础是中国革命武装斗争和国防建设的伟大实践。以毛泽东为首的中国共产党领导中国革命武装斗争经历了国共合作时期的北伐战争，独立领导的土地革命战争、抗日战争、解放战争，以及新中国成立后的抗美援朝战争和其他自卫战争，其时间之长、规模之大、道路之曲折、情况之复杂、形式之多样、胜利之辉煌，在中外战争史上都是罕见的。既有同国内反动派作战的经验，又有同国外帝国主义作战的经验；既有小部队分散进行游击战的经验，又有大兵团进行运动战、阵地战的经验；既有"小米加步枪"战胜敌人的经验，又有"飞机加大炮"战胜敌人的经验；既有战争年代武装斗争的经验，又有和平时期国防建设的经验。伟大的军事实践必然产生伟大的军事理论。毛泽东军事思想是中国革命战争和国防建设丰富经验的理论升华。

（三）是集体智慧的结晶

毛泽东军事思想不是某一种学派理论或个人学说，而是我军的根本指导思想。毛泽东作为中国革命军事理论的奠基人和集大成者，对这一理论的创立和发展起了主导作用。

在中国革命战争的伟大实践中，探索规律和发展真理的是一个群体。一方面，伟大的革命战争实践造就了一大批卓越的军事家，他们也为中国革命军事理论的形成和发展作出了卓越的贡献；另一方面，中国共产党实行集体领导，党和军队关于战争问题的许多重大决策和军事理论的形成，都是领袖集团集体智慧的体现。正如毛泽东自己所言："这不是我一个人的思想，是千万先烈用鲜血写出来的，是党和人民的集体智慧。"

正因为如此，毛泽东军事思想也合乎逻辑地成为中国共产党领导中国革命战争、军队建设、国防建设和反侵略战争的指导思想。可以说，毛泽东军事思想是人类先进思想的智慧结晶，是人民群众智慧的结晶，是中国共产党集体智慧的结晶

（四）是毛泽东思想的重要组成部分

毛泽东思想是以毛泽东为代表的中国共产党人，根据马克思列宁主义的基本原理，把中国长期革命实践中的一系列独创性经验作了理论概括，形成了适合中国国情的、科学的指导思想。毛泽东思想主要包括：新民主主义革命理论、社会主义革命和建设的理论、革命军队的建设和军事战略理论、政策和策略的理论、思想政治工作和文化工作的理论、党的建设的理论。

在取得全国政权过程中，中国共产党的历史实际上是一部武装斗争的历史。军事斗争是中国共产党的工作重心。以毛泽东为代表的中国共产党人以极大的精力研究军事、探索规律、指导战争。毛泽东的军事实践活动，是他一生中最伟大、最光辉和最成功的部分，其军事著作在其著作中处于很重要的地位。因此，毛泽东军事思想是毛泽东思想的重要组成部分。

二、毛泽东军事思想的科学体系

毛泽东军事思想揭示了中国革命战争和国防现代化建设的客观规律，是具有中国特色的、发展了的马克思主义军事理论，是一个完整的科学体系。其基本内容主要包括：战争观与方法论、人民军队思想、人民战争思想、人民战争的战略战术思想、国防建设思想等。

（一）战争观与方法论

战争观与方法论是毛泽东研究和指导战争的基本立场、观点和方法，是毛泽东军事思想的理论基础，是研究和指导战争的基本依据，揭示了中国革命战争的指导规律。毛泽东的战争观是全面发展了的马克思主义的无产阶级战争观；毛泽东的战争方法论是建立在历史唯物主义和辩证唯物主义基础上的科学的战争方法论。

1. 历史唯物主义的战争观

战争观是人们对战争本质问题的根本看法和态度。它主要回答战争是什么，即战争的

基本性质和人们对战争所应采取的态度等一系列关于战争的根本问题。毛泽东军事思想对战争起源、战争性质、战争目的、战争与政治、战争与经济、现代战争的根源，以及无产阶级对待战争的态度、战争的最终目的与消灭战争的途径等问题作了精辟的阐述。

（1）精辟地阐述了战争的起源和根源

马克思主义认为，战争起源于私有财产和阶级，私有制和剥削阶级的存在是战争的主要根源。列宁简明而深刻地指出："私有制引起了战争，并且永远会引起战争。""在生产资料私有制还存在的这种经济基础上，帝国主义战争是绝对不可避免的。"

毛泽东继承和发展了马克思主义关于战争理论的学说，总结了古今中外一切战争和中国革命战争的经验，给战争作了一个科学、精辟的定义，即"战争——从有私有财产和有阶级以来就开始了的、用以解决阶级和阶级、民族和民族、国家和国家、政治集团和政治集团之间、在一定发展阶段上的矛盾的一种最高的斗争形式。"这一定义，对战争的起源、实质、形式作了精辟的概括。

首先，毛泽东指明了战争的起源是私有财产和阶级，说明战争是一个历史的范畴。历史地看，战争的完形和成熟是与私有财产的出现、私有制的确立和阶级社会的形成紧密相连的，所以私有制和阶级斗争便是战争的社会根源。只要人类社会存在私有财产和阶级，就有发生战争的土壤。毛泽东指出："由于阶级的出现，几千年来人类的生活中充满了战争，每一个民族都不知打了几多仗，或在民族集团之内打，或在民族集团之间打。打到资本主义社会的帝国主义时期，仗就打得特别广大和特别残酷。"

其次，揭示了战争的本质，即战争是解决阶级之间、民族之间、国家之间、政治集团之间矛盾的一种最高的斗争形式。战争是阶级斗争的最高形式而非一般形式，毛泽东在《矛盾论》一文中谈到："在人类历史中，存在着阶级的对抗，这是矛盾斗争的一种特殊的表现。剥削阶级和被剥削阶级之间的矛盾……长期地并存于一个社会中，它们互相斗争着，但要待两阶级的矛盾发展到了一定的阶段的时候，双方才取外部对抗的形式，发展为革命。"

最后，明确了战争消亡的条件。毛泽东指出："人类社会进步到消灭了阶级，消灭了国家，到了那时，什么战争也没有了，反革命战争没有了，革命战争也没有了，非正义战争没有了，正义战争也没有了，这就是人类的永久和平的时代。"

（2）科学、完整地阐述了战争与政治的关系

战争的本质集中反映在战争与政治的关系之中。19世纪普鲁士军事理论家克劳塞维茨在《战争论》中揭示了战争的本质——"战争无非是政治通过另一种手段的继续。"列宁也曾指出："任何战争都是同产生它的政治制度分不开的。某个国家即该国某个阶级在战争时所推行的政治，必然是而且一定是它在战前长时期内所推行的政治的继续，只不过在行动方式上不同罢了。"毛泽东充分肯定了他们的观点，并在理论和实践的结合上坚持和发展了这一真理。

首先，毛泽东阐明了战争与政治的一致性。毛泽东在《论持久战》一文中说："'战争是政治的继续'在这点上说，战争就是政治，战争本身就是政治性质的行动，从古以来没有不带政治性的战争。"

其次，毛泽东还阐述了战争与政治的差别性。毛泽东指出："战争有其特殊性，在这点上说，战争不即等于一般的政治。'战争是政治的特殊手段的继续'。政治发展到一定的阶段，再也不能照旧前进，于是爆发了战争。用以扫除政治道路上的障碍。"毛泽东认为，基于战争的特殊性，就必须有战争的一套特殊的组织，就是军队及附随的一切东西；一套特殊方法，就是指导战争的战略战术；一种特殊过程，就是敌对的军队互相使用有利于己不利于敌的战略战术从事攻击或防御的一种特殊的社会活动形态。

最后，毛泽东对战争与政治的关系作了一个经典的结论："政治是不流血的战争，战争是流血的政治。"这一论断深刻地揭示了战争的本质，是毛泽东军事思想关于无产阶级战争观的理论基石。

（3）准确地说明了战争是经济的竞赛

战争是政治的继续，政治则是经济的集中表现，经济是政治的基础，因而也是战争的基础。战争与经济之间有着深刻的本质联系。经济是战争的物质基础。离开一定的经济条件，战争就无法进行。毛泽东认为，革命战争的出发点和目的，最终原因都是经济原因，都是为解放生产力、发展生产力和为改变生产关系的。就革命战争自身而言，经济是革命战争的物质基础。

早在第二次国内革命战争时期，毛泽东就指出："如果不进行经济建设，革命战争的物质条件就不能有保障，人民在长期的战争中就会感觉疲惫。"抗日战争时期，毛泽东更加明确地指出："战争不但是军事的和政治的竞赛，还是经济的竞赛。"毛泽东在《论十大关系》中说："我们一定要加强国防，因此，一定要首先加强经济建设"，"只有经济建设发展得更快了，国防建设才能有更大的进步"。在中国革命的各个时期，毛泽东都十分重视围绕革命战争这个中心任务进行经济建设，从而保障了战争的胜利。

（4）科学划分了战争的性质

分析战争的性质，采取对战争的正确态度，是无产阶级战争观的一个重要组成部分，它是研究战争的起源和本质的继续。无论战争形式和战争规模如何，交战双方的力量对比和胜负如何，在马克思主义看来，既然战争是政治的继续，那么，从战争的性质来分析，就有正义和非正义战争之分。毛泽东指出："历史上的战争分为两类，一类是正义的，一类是非正义的。一切进步的战争都是正义的，一切阻碍进步的战争都是非正义的。"他还指出："战争的性质是根据战争的政治目的而定的。"同时，毛泽东还对如何判定战争性质，进行了科学的划分，奠定了无产阶级对待战争的根本态度——那就是拥护正义战争，反对非正义战争。

（5）说明了人与武器的关系

毛泽东指出："武器是战争的重要的因素，但不是决定的因素，决定的因素是人不是物。力量对比不但是军力和经济力的对比，而且是人力和人心的对比。军力和经济力是要人去掌握的。"这一论述科学地阐明了人与武器在战争中的不同地位及其辩证统一的关系。

"人是决定的因素"是指在战争全体上，"人"是对战争的胜负经常地、长远地、普遍地起作用的因素。它包括人力、人心和人的主观能动性。人力是物质力量，人心和能动性是精神力量；人既有物质的属性，又有精神的属性，是物质和精神的统一体。"武器是重要的因素"是指武器是构成军队战斗力的要素之一，对战争的进程和胜负有着重大影响，是取得战争胜利不可缺少的条件；没有武器不可能进行战争，当然也就没有战争的胜利。

（6）指出了用正义战争消灭非正义战争

毛泽东指出："战争这个人类互相残杀的怪物，人类社会的发展终究要把它消灭的"，"我们研究革命战争的规律，出发于我们要求消灭一切战争的志愿，这是区别我们共产党人和一切剥削阶级的界线。"

毛泽东指出，对于正义战争的拥护，视情况而定，或者直接参加，如对朝鲜人民的抗美援朝救国战争；或者给予政治声援和物质援助，如对柬埔寨人民的抗越救国战争。对于非正义战争的反对，战争爆发前，应想尽一切办法，采取一切措施极力阻止或推迟其爆发。战争爆发后，则通过声援、支持、参加正义战争，反对非正义战争。

（7）指明了战争的最终目标与消灭战争的途径

毛泽东认为，既然战争是用暴力手段进行的政治，那么，用非暴力手段就不能制服暴力。所以，"消灭它的方法只有一个，就是用战争反对战争，用革命战争反对反革命战争，用民族革命战争反对民族反革命战争，用阶级革命战争反对阶级反革命战争。"他并且指出："我们是战争消灭论者，我们是不要战争的；但是只能经过战争去消灭战争，不要枪杆子必须拿起枪杆子。"毛泽东的这一论述不仅为无产阶级和革命人民指明了消灭战争的最终目标，而且指明了实现这个目标的根本途径和方法。毛泽东还指出："人类社会进步到消灭了阶级，消灭了国家，到了那时，什么战争也没有了，反革命战争没有了，革命战争也没有了，非正义战争没有了，正义战争也没有了，这就是人类的永久和平的时代。"从而进一步指明了达成消灭战争的途径，必须消灭阶级，必须铲除产生和滋养阶级的私有制。战争是随着私有制和阶级的产生而产生，最终也必将随着私有制和阶级的根除而消亡。

2. 研究和指导战争的认识论和方法论

战争问题的认识论和方法论是要解决如何认识和运用战争规律、正确指导战争、使主观指导符合客观实际的问题。毛泽东创造性地运用马克思主义辩证唯物论和历史唯物论的立场、观点和方法，系统地阐明了关于战争问题的认识论和方法论。

战争的认识论和方法论，是要解决如何认识和运用战争规律，确定战争指导规律，正确指导战争，使主观指导符合客观实际的问题。它与战争观是统一的，并受一定的战争观的指导。无产阶级关于战争问题的认识论和方法论，是以辩证唯物主义和历史唯物主义为理论基础的，是马克思主义的认识论和方法论在战争问题上的体现。

毛泽东创造性地运用马克思主义辩证唯物论和历史唯物论的立场、观点和方法系统地阐明了关于战争问题的认识论和方法论。它主要包括以下几个方面。

（1）研究和指导战争必须认识和把握战争规律

战争是阶级社会的必然现象，它的产生和发展具有自身的规律。毛泽东研究和指导战争是从研究战争规律入手的。他在《中国革命战争的战略问题》一文中指出："战争的规律——这是任何指导战争的人不能不研究和不能不解决的问题"，因为，"不知道战争的规律，就不知道如何指导战争，就不能打胜仗"。可以说，毛泽东研究和指导战争方法论的核心，就是探索和运用战争规律。

战争规律与其他事物的规律相比较，有其特殊性。毛泽东指出："我们不但要研究一般战争的规律，还要研究特殊的革命战争的规律，还要研究更加特殊的中国革命战争的规律。"毛泽东指出："我们承认战争现象是较之任何别的社会现象更难捉摸，更少确实性，即带所谓'盖然性'。但战争不是神物，仍是世间的一种必然运动。""军事的规律，和其他事物的规律一样，是客观实际在我们头脑中的反映，除了我们的头脑以外，一切都是客观实际的东西。"

因此，战争规律是可以认识的。毛泽东认为，无论战争情况怎样错综复杂、变化多端，它总是有征兆可寻，有端倪可察，有前后现象可供思索。只要先之以各种侦察手段，继之以指挥员的聪明推论和判断，知其大略，知其要点，是完全可能的。研究并认识战争规律的目的在于正确指导战争。战争指导者为了正确地指导战争，不但要研究战争的客观规律，而且还必须研究基于客观规律之上的战争指导规律。

（2）研究和指导战争必须符合客观实际

战争的客观实际是不依赖人的意识而独立存在的又能为人们所认识的战争情况及其规律。战争指导至关紧要的问题就在于能否正确地解决主观指导与客观实际的矛盾，正如毛泽东所指出的，多打胜仗，少打败仗的关键，"就在于把主观和客观二者之间好好地符合起来"。战争实践反复证明，两军作战，凡胜者，必定是主观指导符合客观实际；凡败者，必定是主观指导违背客观实际。

战争实践是主观指导符合客观实际的基本途径。毛泽东突出强调了战争认识对于战争实践的依赖关系，为认识战争规律指出了正确的途径。他指出："读书是学习，使用也是学习，而且是更重要的学习。从战争中学习战争——这是我们的主要方法。"他特别强调，对于战争这一事物的本质和规律性的认识只有通过反复的战争实践才能获得。他指出："做一个真正能干的高级指挥员，不是初出茅庐或仅仅善于在纸上谈兵的角色所能办到的，必须在战争中学习才能办得到。"只有在战争实践中，才能清楚地了解和观察客观情况的发展变化，才能准确地把握客观情况的运动规律，才能因势利导地将这些规律运用于自己的行动之中，从而使主观指导符合客观实际。

熟识敌我双方各方面的情况，是主观指导符合客观实际的根本方法。毛泽东指出，战争指导者"要达到智勇双全这一点，有一种方法是要学的。那就是熟识敌我双方各方面的情况，找出其行动的规律，并且应用这些规律于自己的行动"。要使主观指导符合客观实际，就是要做到"知彼知己"。由于战争是一个充满流动性、偶然性和不确定性的领域，各种矛盾的展开、发展及其暴露过程不是一下子完成的，因而人们对战争矛盾的认识也不会一次到位。

毛泽东认为："认识情况的过程，不但存在于军事计划建立之前，而且存在于军事计划建立之后。当执行某一计划时，从开始执行起，到战局终结止，这是又一个认识情况的过程，即实行的过程。此时，第一个过程中的东西是否符合于实况，需要重新加以检查。如果计划和情况不符合，或者不完全符合，就必须依照新的认识，构成新的判断，定下新的决心，把已定计划加以改变，使之适合于新的情况。"

总之，只有使主观认识不断跟上战争实际情况的发展和变化，全面地把握敌我双方各方面的情况，才能科学地揭示战争的规律，正确地指导战争。充分发挥自觉能动性是主观指导符合客观实际的关键因素。

（3）研究和指导战争必须着眼特点，着眼发展

毛泽东指出："战争情况的不同，决定着不同的战争指导规律，有时间、地域和性质的差别。""一切战争规律，依照历史的发展而发展，依照战争的发展而发展；一成不变的东西是没有的。"朱德则用通俗易懂的三句话作了意义深远的概括："有什么枪打什么仗，对什么敌人打什么仗，在什么时间地点打什么时间地点的仗。"这种用兵的主张，朱德称之为"实事求是的唯物主义的用兵新法。"这是毛泽东在《矛盾论》中所系统阐述的矛盾普遍性和特殊性相互关系的原理在中国革命战争中的具体运用。

无论是研究战争的客观规律，还是研究战争的指导规律都应该着眼于战争的特点和发展。也就是说，既要研究和把握战争的一般规律和特殊规律，尤其是战争的特殊规律，又要随着时代、科技、战略战术和作战方式、武器装备等具体实际的变化发展，正确地、发展地认识和把握战争，在分析其时间、地域、性质上的差异等综合因素的基础上，制定出正确的、符合客观实际的战争指导规律。

（4）研究和指导战争必须立足全局，掌握重要环节

战争同其他客观事物一样，是一个由多种因素综合作用而形成的整体，有着整体与部分、全局与局部之分，处理好全局与局部的关系，从整体上驾驭战争，是战争指导最高层次的制胜之道。

毛泽东指出："研究带全局性的战争指导规律是战略学的任务。研究带局部性的战争指导规律，是战役学和战术学的任务。"由于武装斗争在中国革命中的极端重要性，因此，必须注重战略和战术的研究，既要研究带全局性的战争指导规律，又要研究带局部性的战争指导规律，只有这样，才能指导中国革命战争多打胜仗。

关照全局是战争指导的首要问题。战争全局是指战争的整体，即战争各个方面或各个阶段的总和。战争局部则是战争总体的某一部分或战争过程中的某一阶段。在两者的关系中，全局统帅、决定局部，局部隶属、服从全局。毛泽东指出："战争的胜败的主要和首先的问题，是对于全局或阶段的关照得好或关照得不好。""指挥全局的人，最紧要的，是把自己的注意力摆在照顾战争的全局上面。"毛泽东认为，在作战指导上关照全局，应注意照顾好四个关系，即照顾好部队的兵团组成关系，照顾好两个战役之间的关系，照顾好各个作战阶段之间的关系，照顾好我方全部活动和敌方全部活动之间的关系。只有全局在胸，全面规划、统筹安排和妥善照顾战争的各个方面与各个阶段之间的关系，把战争的各个局部组成一个相互协调的整体力量，充分发挥人力、物力、财力和时间等因素的综合作用，才能沉重地打击敌人，获得全面胜利。

把握关节是推动全局发展的重要方法。所谓关节，是指战争的重点部位和关键环节，也是对全局胜负有决定性影响的局部。局部虽为全局所支配，但并不是消极被动的，它总是以自己的运动及效果影响全局的发展，局部对全局是有反作用的，特别是关键性局部，对全局的胜负会产生决定性影响。毛泽东说："战争历史中有在连战皆捷之后吃了一个败仗以致前功尽弃的，有在吃了许多败仗之后打了一个胜仗因而开展了新局面的。这里说的'连战皆捷'，和'许多败仗'，都是局部性的，对于全局不起决定作用的东西。这里说的'一个败仗'和'一个胜仗'，就都是决定的东西了。"因此，"任何一级的首长，应当把自己注意的重心，放在那些对于他所指挥的全局说来最重要、最有决定意义的问题或动作上，而不应当放在其他的问题或动作上"。

（二）人民军队思想

人民军队思想是人民军队建设的指南，是毛泽东军事思想的重要内容。人民军队是人民群众自发地或在先进阶级领导下建立的并为人民群众利益而战斗的军队。以毛泽东为代表的老一辈无产阶级革命家、军事家，运用马克思主义的原理，把创建人民军队作为进行武装斗争的首要问题和实现革命理想的最主要手段，强调"没有一支人民的军队，便没有人民的一切。"在革命战争年代，主要的斗争形式是战争，而主要的组织形式是军队。

为了把以农民为主要成分的军队建设成为无产阶级性质的新型人民军队，毛泽东在长期的战争实践中，总结和提出了一整套建军的理论和原则。

1. 无产阶级必须建立自己的新型人民军队

毛泽东把马列主义基本原理同中国革命具体实践紧密结合，揭示了"枪杆子里面出政权"的真理，开创了以农村包围城市、武装夺取政权的道路，把建设人民军队作为武装革命的首要问题。毛泽东指出："没有一个人民的军队，便没有人民的一切。"这是毛泽东根据中国人民在长期斗争中用鲜血换来的经验而得出的结论，也是马列主义关于武装斗争学说的普遍真理。

2. 确立了中国共产党对军队的绝对领导地位

毛泽东从"军队是国家政权的主要成分""是阶级压迫的工具"的原理出发，提出了"枪杆子里面出政权"和"我们的原则是党指挥枪，而绝不允许枪指挥党"的思想，指明我军是中国共产党领导下的执行无产阶级革命政治任务的武装集团。坚持中国共产党对军队的绝对领导，是确保人民军队的无产阶级性质的根本原则。只有坚持和实施党对军队的绝对领导，才能保证人民军队的无产阶级性质，才能坚持全心全意为人民服务，才能完成党交给的各项艰巨任务，才能捍卫我们的国家利益。

3. 确立了人民军队的宗旨

全心全意为人民服务是人民军队的唯一宗旨。1945 年 4 月，毛泽东在党的"七大"报告中，对我军的宗旨作了最完整的概括："为着广大人民群众的利益，为着全民族的利益，而结合、而战斗的。紧紧地和中国人民站在一起，全心全意地为中国人民服务，就是这个军队的唯一的宗旨。"这一宗旨申明了人民军队的本质特性、服务方向和行动准则，使我军一切活动有了出发点和归宿点。它是我军区别于任何旧军队的根本标志，是新型人民军队建军的基石。

4. 规定了人民军队的三大任务

毛泽东根据我军的性质和建军宗旨，创造性地规定了我军的三大任务，即：战斗队、工作队、生产队。这是军事、政治、经济三位一体的任务，是新型人民军队同其他军队的又一显著区别。毛泽东指出："中国的红军是一个执行革命的政治任务的武装集团。特别是现在，红军决不是单纯地打仗的，它除了打仗消灭敌人军事力量之外，还要负担宣传群众、组织群众、武装群众、帮助群众建立革命政权以至建立共产党的组织等项重大的任务。"

军队的战斗队任务，在三大任务中居于主要地位。毛泽东指出："人民解放军永远是一个战斗队。就是在全国胜利以后，在国内没有消灭阶级和世界上存在着帝国主义制度的历史时期，我们的军队还是一个战斗队。对于这一点不能有任何的误解和动摇。"这就明确了战斗队是我军的根本任务，这是由军队自身的本质属性所决定的。

5. 实行三大民主，执行三大纪律八项注意

人民军队必须建立民主制度和严格的纪律规章，没有民主和纪律，就不能保证贯彻全

心全意为人民服务的宗旨和落实三大任务。毛泽东认为，军队的基础在士兵，在新型人民军队中，士兵应具有主人翁的地位。他指出："中国不但人民需要民主主义，军队也需要民主主义。军队内的民主主义制度，将是破坏封建雇佣军队的一个重要的武器。"为此，毛泽东为我军规定要实行政治、军事、经济三大民主原则。

严格执行三大纪律八项注意。从创建我军开始，毛泽东就十分注意人民军队的纪律建设，并亲手为我军制定了三大纪律八项注意，作为全军行动的基本准则。他特别强调：人民军队"必须提高纪律性，坚决执行命令，执行政策，执行三大纪律八项注意……不允许任何破坏纪律的现象存在"。三大纪律的内容包括：一切行动听指挥；不拿群众一针一线；一切缴获要归公。八项注意的内容包括：说话和气；买卖公平；借东西要还；损坏东西要赔；不打人骂人；不损害庄稼；不调戏妇女；不虐待俘虏。

6. 坚持了人民军队政治工作的三大原则

毛泽东为我军规定了政治工作三大原则。

（1）官兵一致原则，"就是在军队中肃清封建主义，废除打骂制度，建立自觉纪律，实行同甘共苦的生活，因此，全军是团结一致的"。

（2）军民一致原则，"就是秋毫无犯的民众纪律，宣传、组织和武装民众，减轻民众的经济负担，打击危害军民的汉奸卖国贼，因此军民团结一致，到处得到人民的欢迎"。

（3）瓦解敌军和宽待俘虏原则，就是配合军事打击，发挥我军的政治优势，采取各种有效方式从政治上、思想上，组织上、心理上对敌军进行政治攻势，以动摇其军心士气，削弱其战斗力，并对俘虏实行宽待政策。因为"我们的胜利不但是依靠我军的作战，而且依靠敌军的瓦解"。

这三大原则是我军无产阶级性质和全心全意为人民服务的建军宗旨的具体体现。它要求必须从尊重士兵、尊重人民和尊重已经放下武器的敌军俘虏的人格这种根本态度出发。军队政治工作的三大原则，是我军团结内部、团结人民、团结友军、瓦解敌军和保证战斗胜利的强大武器。

7. 加强"三化"建设

人民军队在强调革命化建设的同时，必须逐步实现现代化和正规化，这是毛泽东建军思想的重要内容。

早在土地革命战争时期，毛泽东就曾指出，到了红军的高级阶段，必须逐渐地、自觉地去掉游击性，使红军的集中统一性更高些，纪律性更强些，工作更周密些，这就是说更正规些。抗日战争时期，毛泽东强调要用进步的政治精神教育军队，还要改善军队的技术条件，并指出：革新军制离不了现代化。解放战争时期，毛泽东提出为了适应战争形势胜利发展的需要，必须使各野战军进一步地正规化。

新中国成立以后，毛泽东明确提出要建设正规化、现代化的国防军。他指出，为了保卫祖国免受帝国主义者侵略，"我们必须掌握最新的装备和随之而来的最新的战术"，并且要求要有大批能够掌握和驾驭技术的人，并使我们的技术能够得到不断的改善和进步，"以便迅速把我军提高到足以在现代化的战争中取胜的水平"。同时还指出："与现代化装备相适应的，就是要求部队建设的正规化。"

8. 明确了人民军队的顽强作风和勇敢牺牲精神

作风是思想、意志、士气等精神因素在行动上的集中反映。它体现持久性、一贯性，非长期磨炼不能形成。我军的养成教育，就是教育引导官兵通过经常持久的磨炼，以塑造牢固的不易改变的良好的战斗风格。

我军从诞生之日起，就面临着强大敌人的围追堵截和十分艰苦的生活环境，在这种条件下，要能坚持下去，并夺取最后胜利，必须有一个顽强的作风和不怕牺牲的精神。从创建红军起，毛泽东就十分重视人民军队的作风建设，以清除自私自利、贪图享受思想，树立远大革命理想；清除怕苦怕累、贪生怕死思想，培养艰苦奋斗和勇敢牺牲精神。引导我军在长期艰苦复杂的环境中经受考验，培养一种不怕任何艰难险阻的大无畏精神，养成一种压倒一切困难、压倒一切敌人的顽强作风。

毛泽东把人民军队的作风建设与保持人民军队的政治方向结合起来，他指出："没有坚定正确的政治方向，就不能激发艰苦奋斗的工作作风；没有艰苦奋斗的工作作风，也就不能激发坚定正确的政治方向。"为此，毛泽东要求人民军队"必须发扬勇敢战斗、不怕牺牲、不怕疲劳和连续作战的优良作风"；必须"具有一往无前的精神，它要压倒一切敌人，而决不被敌人所屈服。不论在任何艰难困苦的场合，只要还有一个人，这个人就要继续战斗下去"。这种顽强的作风和勇敢牺牲精神，概括起来，就是一不怕苦、二不怕死。

9. 确定了人民军队的建设方向

毛泽东指出："我们的国防将获得巩固，不允许任何帝国主义者再来侵略我们的国土。在英勇的经过了考验的人民解放军的基础上，我们的人民武装力量必须保存和发展起来。我们不但有一个强大的陆军，而且有一个强大的空军和一个强大的海军。"他要求军队不断加强正规化、现代化建设，不断用现代化的武器和新的技术装备部队，提高战斗力。人民军队要不断加强教育训练，全面提高指战员的军政素质。人民军队要加强军事科学研究，注重把自己的战争经验上升为理论，批判地接受古今中外军事思想的有益成分，发展中国现代化的军事科学。

（三）人民战争思想

人民战争思想是毛泽东关于发动和依靠广大人民群众进行革命战争、夺取战争胜利问题的理性认识，是毛泽东军事思想的重要组成部分。

1. 人民战争思想的基本含义

毛泽东人民战争思想的基本含义是：从广大人民的利益出发，在中国共产党的领导下，以人民军队为骨干，充分依靠和动员人民群众，建立农村革命根据地，实行主力兵团与地方兵团相结合、正规军与游击队和民兵相结合、武装斗争与非武装斗争相结合，并使武装斗争与各种斗争形式紧密配合的全面彻底的人民战争。

人民战争是指人民群众为反抗阶级压迫或民族压迫而组织和武装起来进行的战争。属于人民战争性质的战争必须同时具备下列三个基本特征：

第一，正义性：即人民战争是为了反抗阶级压迫或民族压迫而进行的正义战争，而不是为了侵略或掠夺的非正义战争。正义性是人民战争的政治基础。

第二，群众性：即人民战争是广大人民群众为了解放自己而依靠自己的力量进行的战争，不是靠少数人进行的，更不是由少数压迫者、剥削者进行的。群众性是人民战争的重要标志。

第三，组织性：即人民战争是有组织并武装起来的人民群众进行的，而不是乌合之众或一盘散沙。组织性是人民战争的必要条件。

2. 人民战争思想的基本理论观点

（1）战争的正义性是人民战争的基础

正义战争是革命的、进步的战争，它能推动社会向前发展。战争的正义性是唤起民众、激发民众参与人民战争的政治基础。革命战争的目的与民众的根本利益是一致的，因而，它能得到人民群众的拥护和支持，最终必定胜利；而非正义战争则正好相反，因此，它必然遭到人民的反对，最终必定失败。这正所谓"得道多助，失道寡助"。也正由于此，非正义战争是不可能实行人民战争的。

（2）革命战争是群众的战争

毛泽东指出："革命战争是群众的战争，只有动员群众才能进行战争，只有依靠群众才能进行战争。"这是马克思主义关于群众自己解放自己的观点在革命战争中的具体体现，也是毛泽东对这一观点在革命战争中的具体运用。

①被压迫人民必须依靠自己才能解放自己。毛泽东指出："马克思列宁主义的基本原则，就是要使群众认识自己的利益，并且团结起来，为自己的利益而奋斗。"所以，革命战争的组织者、领导者必须把人民群众看成是战争的主体，因而在战争中相信群众、依靠群众、组织和动员群众投入战争。

②被压迫人民要用革命战争才能解放自己。毛泽东有句名言，叫做"枪杆子里面出政权"，并说："工人阶级和劳动群众，只有用枪杆子的力量才能战胜武装的资产阶级和地主"。他告诫所有共产党员都应当懂得这个真理。历史经验表明，被压迫人民要推翻反动统治使自己获得解放，就必须拿起枪杆子，进行革命战争。

③人民群众是战争胜利的决定力量。战争是力量的竞赛，根本的力量在哪里？毛泽东作了明确的回答："战争的伟力之最深厚的根源，存在于民众之中。"他还提出："从长远的观点看问题，真正强大的力量不是属于反动派，而是属于人民。"按照历史唯物主义的观点，人民是历史的主人，人民也是书写战争历史、主宰战争进程的主人。

首先，人民群众是政治力量的直接拥有者，决定着这一力量的投向。人民战争是正义战争，在政治上是进步的。这种进步的政治能够赢得民心和掌握民心，从而焕发出巨大的政治力量。

其次，人民群众是军力和经济力的源泉。因为人民群众本身就是社会物质生产活动的主力军，理所当然也是军力和经济力的源泉。毛泽东说："动员了全国的老百姓，就造成了陷敌于灭顶之灾的汪洋大海，造成了弥补武器等缺陷的补救条件，造成了克服一切战争困难的前提。"人民革命战争之所以会胜利，主要是因为有人民做靠山，能源源不断地得到人民给予的人力、物力的支援。

最后，人民群众是战略战术灵活机动的基础。我军的战略战术之所以是灵活机动的，之所以能在战场上发挥出巨大的歼敌威力，根本的原因就在于有人民群众拥护这个条件，有广大民兵和人民群众支援与配合作战这个条件。土地革命战争时，毛泽东在谈到转入战略反攻的条件中，第一条讲的就是人民这个条件。过去我们以劣势装备对优势装备的敌人作战时，首先着眼于战略内线歼敌，其重要原因之一就是依靠和利用人民这个条件。

（4）兵民是胜利之本

军队和民众的团结进步是战争胜利的根本条件。

首先，军队只有团结进步才会有强大的战斗力。毛泽东历来都十分重视军队内部的团结，指出"一切妨害团结的现象，都在必须克服之列"。

其次，人民只有团结进步才能发挥出深厚的战争伟力。抗日战争初期毛泽东就讲："中国已处于进步的时代，并已有了伟大的团结，但是目前的程度还非常之不够。"并说，"日本敢于欺负我们，主要的原因，在于中国人民的无组织状态"。他指出，中国必须是"全国的团结和各方面较之过去十百倍的进步"，才能战胜敌人。

最后，只有同人民团结的军队才是真正无敌的军队。毛泽东指出："军民团结如一人，试看天下谁能敌"，我军从小到大的胜利发展历程表明，只要我们坚持军民团结，就能无往而不胜。

（5）人是战争胜负的决定因素

在战争中，武器是重要的因素，它是战争的重要物质基础，但它必须通过人的能动性作用于战争。即通过人在战争中有意识、有目的的实践活动而起作用。人是能动的物质力量，无论武器再先进都不能代替人的意志、经验和才能。马克思主义唯物辩证法告诉我们，战争胜负的决定因素是人，而不是一两件新式武器。这是由于：

第一，武器是人造的。人的智慧和知识始终驾驭着武器的发展，人能制造进攻性武器，也能制造防御性武器。有飞机就有高射炮和防空导弹，有坦克就有反坦克炮和反坦克导弹。两种类型的新武器总是交替出现。毛泽东指出："世界上的事情，总是一物降一物，有一个东西进攻，也有一个东西降它……只要依靠人民，世界上就没有攻不破的'法宝'。"不论古代战争，还是现代战争，都足以证明这个原理是普遍正确的。

第二，武器是死的，它要靠人去使用。恩格斯在《德国战争短评》中说："枪自己是不会动的，需要有勇敢的心和强有力的手来使用它们。"毛泽东也明确地指出："武器是战争的重要因素，但不是决定的因素，决定的因素是人不是物。力量对比不但是军力和经济力的对比，而且是人力和人心的对比。军力和经济力是要人去掌握的。"

第三，人的主观能动性在战争实践活动中对武器的反作用具有决定性意义。人的主观能动性的发挥，是要以客观物质条件为基础，但是，在一定物质条件的基础上，当人的主观能正确反映客观规律，制定正确的战略战术去指导战争和实行战争的时候，又能改变条件，创造条件，产生巨大的物质力量，即使是武器装备处于劣势的弱者，也能打败武器装备占优势的强者，而赢得战争的最后胜利。所以毛泽东指出："战争是力量的竞赛，但力量在战争过程中变化其原来的形态。在这里，主观的努力，多打胜仗，少犯错误，是决定的因素。客观因素具备着这种变化的可能性，但实现这种可能性，就需要正确的方针和主观的努力。这时候，主观作用是决定的了。"

（6）马克思主义政党的正确领导是实行人民战争的必要条件

中国的人民战争，就其参战成分而言，基本上是农民战争。毛泽东指出："中国共产党的武装斗争，就是在无产阶级领导之下的农民战争。"周恩来也指出："中国的战争实际上就是农民战争。"

在中国农民战争的问题上，毛泽东首先充分肯定了古代农民战争的作用和无产阶级领导下的农民战争的伟大作用。毛泽东说："中国历史上的农民起义和农民战争的规模之大，是世界历史上所仅见的。在中国封建社会里，只有这种农民的阶级斗争、农民的起义和农民的战争，才是历史发展的真正动力。"中华人民共和国的成立，这是一个伟大的胜利，是中国从古未有的大胜利，也是"十月革命"以后一个带世界性的大胜利。但是，溯本求源，胜利来自无产阶级政党领导之下的人民战争。

毛泽东在肯定中国农民战争的伟大作用的同时，又在理论上严格区分了古代农民战争和无产阶级领导下的农民战争所属的两个不同历史范畴，论证了农民战争成败的关键在于是否有无产阶级政党的领导。

我国的革命战争，从星星之火开始，逐步形成燎原之势，最后战胜国内外强大的敌人，取得中国革命战争的彻底胜利，从根本上说，就在于我们所进行的革命战争，有以毛泽东为代表的中国共产党的正确领导，这是实行人民战争的必要条件。

3. 人民战争思想的主要内容

毛泽东人民战争思想的内容极为丰富，概括起来主要包括以下几个方面。

（1）坚持中国共产党对革命战争的统一领导

毛泽东指出："在无产阶级已经走上政治舞台的时代，中国革命战争的领导责任，就不得不落在中国共产党的肩上，在这种时候，任何的革命战争如果没有或违背无产阶级和共产党的领导，那个战争一定会失败的。"中国革命战争之所以取得伟大胜利，很重要的一条原因，就是坚持了中国共产党对革命战争的统一领导。

中国共产党对革命战争的正确统一领导，是进行人民战争的政治、思想和组织保障。统一领导包括政治领导、思想领导和组织领导。

1）政治领导：就是用中国共产党的路线、方针、政策，统一全党、全军和全体人民的思想和行动，使之在政治上与党中央保持一致。

2）思想领导：就是用无产阶级的革命理论教育人民、引导人民群众批判和克服各种错误思想；用人民战争的战略和策略武装人民的头脑，树立必胜的信念和艰苦奋斗、不怕牺牲的奋斗精神。

3）组织领导：就是建立党对军队和各级地方党组织的机构实行党委集体领导的制度。纵观中国历史上大小数百次的农民起义战争，由于没有先进的阶级政党的领导，没有一个始终代表人民群众根本利益的政治集团，由于阶级和时代的局限，战争的最终结局都未能使人民获得彻底翻身解放。

（2）深入发动群众，结成最广泛的统一战线

广泛深入地动员和组织群众，是毛泽东人民战争思想的基本内容之一，也是中国共产党领导中国革命战胜一个又一个强敌的成功经验。在这个问题上，中国共产党取得了以下三条可贵的经验：

一是倾注极大的精力抓好群众的动员和组织工作。人民群众的觉悟不是自发产生的，需要教育提高。动员是教育的过程，也是组织的过程。为此，通过广泛深入的政治动员，把政治思想工作渗透到人民群众的各个阶层，贯穿于战争的全过程，使人民群众懂得革命战争的目的和自己的责任，从而激发他们投入战争的热情和责任感。

二是时刻关心人民群众的切身利益。党在领导战争的过程中，要真心实意为人民群众着想，制定正确的政策和措施，切实解决人民群众的根本利益问题。如土地革命战争时期的"打土豪，分田地"政策，将动员人民参与战争和解决他们的实际问题结合起来，从而极大地调动了翻身农民自愿投入战争。

三是实行正确的统战政策，结成最广泛的革命统一战线。根据不同历史时期的不同作战对象，及时调整和制定正确的政策，把尽可能争取过来的阶层和人争取到人民这一边来。例如，抗日战争期间，将土地革命战争中的"打土豪，分田地"政策，及时调整为"减租

减息"的政策，争取了地主、富农中的开明分子、蒋介石营垒中的有民族气节的上层爱国分子以及大批海外侨胞，本着"有力出力、有钱出钱"的原则，不同程度地加入到我们的抗日行动中来，从而结成了最广泛的统一战线，集中打击日寇和投降日寇的汉奸卖国贼。

（3）实行以人民军队为骨干的"三结合"的武装力量体制

毛泽东在指导中国人民革命战争中，为了适应实行人民战争的需要，创造了"三结合"的武装力量体制。然而，在不同的历史时期，"三结合"武装力量体制的表述有所不同。例如，土地革命时期，实行主力红军、地方红军和赤卫队"三结合"体制；抗日战争时期，实行主力兵团、地方兵团和人民自卫军"三结合"体制；解放战争时期，实行野战军、地方军和民兵"三结合"体制；新的历史时期，实行中国人民解放军现役部队与预备役部队、人民武装警察部队和民兵"三结合"体制。

"野战军、地方军、民兵三结合"的武装力量体制，是实行人民战争的最好的组织形式。"三结合"的武装力量体制，它们虽各有分工，但又互相配合，这就发挥了一个统一整体的巨大威力。实行人民战争，采用野战军、地方军和民兵"三结合"的武装力量体制，对于建军、作战、开展群众工作都具有很大的优越性。

一是有利于迅速提高人民军队的军政素质。我军是以农民为主体的人民军队，成员绝大部分来自于农民。他们在自愿的基础上，通过民兵组织、地方部队、地方兵团再到野战军。这样，当他们成为野战军的一员时，就已经具备了一定程度的军事素质和政治素质，为迅速提高全军军政素质打下了基础。

二是有利于发展和扩大人民军队。中国共产党领导下的人民军队，在进行革命战争的过程中，每到一地，即帮助人民建立武装组织，不但组织以本地干部为领导的民兵组织和自卫军，而且还组织与斗争形势相适应的地方部队和地方兵团。在这个基础上，不断产生新的主力部队和主力兵团。我军由抗日战争初期的 4 万多人，发展到抗日战争结束时的 120 万人，后来又发展到解放战争时的 400 万人，基本上都是通过这种机制完成的。

三是有利于协调一致地执行作战任务。野战军执行超地方性的作战任务；地方军则固守在一定区域内，在民兵协同下执行作战任务；民兵通常不远离家乡，或配合正规军作战，或单独开展游击活动，保卫生产，保卫家乡。三者各有分工又互相配合，协调一致地整体活动，是战胜敌人的有力举措。

四是有利于稳定后方。由于有地方军和民兵固守在一定区域内，就使后方相对稳定。如果对敌斗争任务需要，还可以实行"主力地方化"，将主力部队的相当部分，分散执行发动群众，进行土地改革、建立政权、组织游击队、民兵和自卫军等任务，配合主力部队粉碎敌人的进攻。

在"三结合"的武装力量体制中，人民军队是实行人民战争的骨干力量。毛泽东说："没有一个人民的军队，便没有人民的一切。"如果没有一支强大的人民军队作骨干，就不能有效地消灭敌人的有生力量，粉碎敌人的大规模进攻；就不能使人民群众的斗争得到有力的支持；就不能开辟、巩固和发展革命根据地和战略后方；就不能使人民战争生动活泼、蓬蓬勃勃地开展起来并坚持下去；就难以取得决定性的胜利。

（4）以武装斗争为主，与其他斗争形式相结合

中国人民革命斗争的主要形式是武装斗争。斯大林说："在中国，是武装的革命反对武装的反革命。这是中国革命的特点之一，也是中国革命的优点之一。"毛泽东指出："统一战线和武装斗争，是战胜敌人的两个基本武器。""离开了武装斗争，就没有无产阶级的地位，就没有人民的地位，就没有共产党的地位，就没有革命的胜利。"不经过武装斗争，是不可能推翻有几百万军队维系的强大的反动政权。仅靠政治的、经济的或者文化的斗争，就想让敌人自动放下屠刀，那是不切实际的幻想。这是中国革命用血换来的结论。

为了战胜强大的敌人，仅靠武装斗争还不够，还必须与其他战线、其他形式的斗争结合起来，才能发挥对敌斗争的整体效应。毛泽东指出："没有武装斗争以外的各种形式的斗争相配合，武装斗争就不能取得胜利。"因此，必须将政治的、经济的、文化的多种战线的斗争，包括与敌人政治谈判斗争和争取敌军、瓦解敌军的斗争，紧密地配合武装斗争而展开。

例如，解放战争前的"重庆谈判"，起到揭露美蒋反革命两手的伎俩，争取社会各界、教育全国人民的作用，使人民对蒋介石的反人民本质引起警觉。随后的"北平谈判"，揭露了国民党政府企图取得喘息机会以便卷土反扑的阴谋，使人民在精神上作好将革命进行到底的准备。在解放战争激烈的军事斗争过程中，毛泽东又将瓦解敌人的工作加以密切配合，争取了大批国民党军队的起义、投诚或接受和平改编。中国共产党在敌占区内，也精心组织群众，开展了蓬蓬勃勃的多条战线的斗争。如组织了农民抗租、抗捐、反抓丁、反恶霸的斗争，城市工人、学生和市民的反饥饿、反内战、反迫害的斗争，左翼文人在文化战线上的反蒋的民主爱国斗争等，形成波澜壮阔的对敌合围之势，从而使敌人陷入到处挨打的困境，显示出人民战争的整体威力，加速了敌人的灭亡和人民革命战争的胜利。

（5）建立巩固的革命根据地

革命根据地是实行人民战争的依托，是进行人民战争的战略基地。建立巩固的革命根据地是进行人民战争的必要条件。毛泽东指出："没有这种战略基地，一切战略任务的执行和战争目的的实现就失掉了依托。"革命根据地的作用，主要体现在以下几个方面：

①政治上是团结人民的中心。例如，当年的以瑞金和延安为中心的根据地，犹如灯塔一样照亮着全国人民的心，指引着人民斗争的道路，成为中国民众向往的革命圣地，吸引着无数热血青年奔向革命。

②军事上既是战争的依托，又是军队战斗后休整、补充和训练的基地。人民军队在根据地内如鱼得水，依靠良好的群众条件，有效地歼灭敌人。

③经济上是提供战争所需财力物力和各种战争保障的后勤基地，保证军队的生存和发展。

在经济落后的旧中国，毛泽东根据半殖民地半封建的中国经济发展不平衡的状况，创造性地提出了"建立巩固的农村革命根据地，以农村包围城市，最后夺取全国胜利"的伟大理论，并付诸于实践。例如，当南昌起义、秋收起义失败后，毛泽东和朱德等率领起义的部队会师井冈山，依托井冈山地区建立革命根据地，并把井冈山燃起的星星之火，波浪式向前推进，使之燎原到全国各地，最后夺取了政权，建立了新中国。

（6）实施灵活的战略战术

毛泽东根据中国革命战争敌强我弱的基本情况，创造了人民战争所需的以劣势装备战胜优势装备敌人的灵活机动的战略战术，对人民战争实施正确的战争指导。毛泽东在指导中国人民开展人民战争过程中，坚持"你打你的，我打我的"原则，趋利避害，灵活机动地指导战争，实施灵活的战略战术，使我军不断地从胜利走向胜利。

（四）人民战争的战略战术思想

人民战争的战略战术是毛泽东在中国人民革命战争的历史条件下总结出来的科学方法，它充分体现了毛泽东指导战争的灵活机动性，故又称之为"灵活机动的战略战术"。人民战争的战略战术是进行人民战争的战略原则和作战方法，是人民战争胜利的重要保证。

毛泽东人民战争的战略战术的基本精神是：一切从敌我双方的实际情况出发，你打你的，我打我的，有什么枪打什么仗，对什么敌人打什么仗，在什么时间地点打什么时间地点的仗；灵活机动，不拘一格，扬长避短，力争主动，利用矛盾，各个击破；进攻时反对冒险主义，防御时反对保守主义，退却时反对逃跑主义，有效地达到保存自己、消灭敌人的战争目的。毛泽东人民战争的战略战术的主要包括以下几方面内容。

1. 战略上藐视敌人，战术上重视敌人

毛泽东指出："从战略上看，必须如实地把帝国主义和一切反动派，都当成纸老虎。从这点上，建立我们的战略思想。另一方面，它们又是活的铁的真的老虎，它们会吃人的。从这点上，建立我们的策略思想和战术思想。"毛泽东还指出："如果我们在全体上过高估计敌人力量，因而不敢推翻他们，不敢胜利，我们就要犯'右'倾机会主义错误。如果我们在每一个局部上，在每一个具体问题上，不采取谨慎态度，不讲究斗争艺术……我们就要犯'左'倾机会主义错误。"

毛泽东关于帝国主义和一切反动派既是"纸老虎"又是"真老虎"的论断，奠定了人民战争战略战术的基本原则，即：在战略上，敌人是纸老虎，我们要藐视它；在战术上，敌人又是真老虎，我们要重视它，注意斗争的策略和方法。

2. 实行积极防御的战略思想

毛泽东主张积极防御，反对消极防御。他指出："积极防御，又叫攻势防御，又叫决战防御。消极防御，又叫专守防御，又叫单纯防御。消极防御实际上是假防御，只有积极防御才是真防御，才是为了反攻和进攻的防御。"这也是毛泽东对两种不同性质的防御概念作的科学概括。毛泽东积极防御的战略思想主要包括以下四个基本观点：

（1）充分准备。毛泽东指出："'凡事预则立，不预则废'，没有事先的计划和准备，就不能获得战争的胜利。"历史经验证明，战争准备的程度直接影响着战争的主动与被动、胜利与失败。

（2）后发制人。战略上的后发制人，是指不首先挑起战争，战略上不打第一枪；而敌人一旦挑起了战争，就应根据当时具体情况，采取相应的军事行动，去努力争取战争的胜利。这是积极防御战略的基本指导原则。

（3）攻防结合。毛泽东始终强调：要把战略上的防御与战役战斗上的进攻、战略上内线作战与战役战斗上的外线作战有机地结合起来。要做到防中有攻；同时，要适时地将战略防御导向战略反攻和进攻。

（4）持久胜敌。这是指在敌强我弱、举国迎敌的条件下，坚持持久战（如抗日战争）。通过持久战，不断消耗敌人的有生力量，改变敌我力量对比关系，扭转战争局势，最后战胜敌人。战略上的持久战与战役战斗上的速决战是辩证统一的，实行战略上的持久战，必须采取战役战斗上的速决战。毛泽东指出："'外线的速决的进攻战'，这对于我之战略方针'内线的持久的防御战'说来，是相反的；然而，又恰是实现这样的战略方针之必要的方针。"

3. "保存自己，消灭敌人"的基本原则

毛泽东指出："一切军事行动的指导原则，都根据于一个基本的原则，就是尽可能地保存自己的力量，消灭敌人的力量。"一切技术的、战术的、战役的、战略的原理，都离不开"保存自己，消灭敌人"这个原则。它普及于战争的全体，贯彻于战争的始终。

毛泽东深刻地指出："保存自己"的"自己"概念是全局的整体概念，而不是局部的小整体概念，更不是个人的概念。为了整体的保存，就不可避免地要付出局部的不保存和牺牲。在战争中，一部分担负阻击的部队，就是以少抗多，不让敌援兵靠拢，保证我主力顺利歼灭被围之敌，因此，担负阻击敌援任务的部队，就要发扬"人在阵地在"的勇敢牺牲精神，即使拼到最后一个人，也要坚守阵地。这种部分的牺牲就是为了保存整体。

4. 歼灭战是基本的作战方针

歼灭战、消耗战与击溃战，是从消灭敌人的客观效果衡量的不同的概念。歼灭战是指消灭敌人全部或大部的作战；消耗战是逐渐消耗敌人力量的作战；击溃战是打跑敌人迫使敌人溃退的作战。毛泽东在指导战争中，为我军确定的作战方针是歼灭战。毛泽东指出："击溃战，对于雄厚之敌不是基本上决定胜负的东西。歼灭战，则对任何敌人都立即起重大的影响。"他更形象地比喻："对于人，伤其十指不如断其一指；对于敌，击溃其十个师不如歼灭其一个师。"

歼灭战是实现战争目的的最有效手段。首先，歼灭战能有效地达到"保存自己，消灭敌人"的战争目的；其次，歼灭战能极大地打击敌人的士气，鼓舞我军斗志；第三，歼灭战能大量利用敌方人力、物力等资源，补充、发展、壮大自己的力量。

实行歼灭战方针，并不排斥必要的消耗战。在战役的总体指导上，以歼灭战为主，而以消耗战为辅。毛泽东指出："抗日战争是消耗战，同时又是歼灭战……没有战役和战斗的歼灭战，就不能有效地、迅速地减杀其强的因素，破坏其优势和主动。我之弱的因素也依然存在，战略上的劣势和被动还未脱离……因此，战役的歼灭战是达到战略消耗战之目的的手段。"

因此，将战略上的消耗战与战役上的歼灭战结合起来，将主要作战方向上的歼灭战与其他方向上的消耗战结合起来，是毛泽东具有高超的战争指导艺术的具体体现。

5. 集中优势兵力，各个歼灭敌人

"集中优势兵力，各个歼灭敌人"原则，是古今中外军事家都十分强调的一条原则。毛泽东认为，只有集中优势兵力，才能最有效地打击敌人，既能全歼，又能速决；既能使我迅速转移兵力各个歼敌，又不致因敌援军云集而使自己陷于被动地位。

在敌优我劣的情况下，要使我军由战略上的劣势变为战役战斗上的优势，最根本的办法就是集中优势兵力，各个歼灭敌人，以战役战斗上实行的外线速决的进攻战，达成以多打少，以强胜弱、速战歼敌之目的。然后转移兵力，再击它路。随着时间的推移，逐渐改变敌我力量对比，使我变为战略上的优势和主动。

6. 慎重初战，不打无把握之仗

这条战术原则不仅适合于人民战争，而且也适用于其他战争，是一条具有普遍意义的战略战术原则。毛泽东强调："不打无把握之仗，也不打只有准备但无把握之仗。"毛泽东还指出："每战都应力求有准备，力求在敌我条件对比下有胜利的把握。"

"准备"与"把握"是紧密相连的，作战胜利的把握是建立在事先有充分准备的基础上的。毛泽东指出："没有事先的计划和准备，就不能获得战争的胜利。""优势而无准备，不是真正的优势，也没有主动……劣势而有准备之军，常可对敌举行不意的攻势，把优势者打败。"

"准备"的内容，包括人力、物力的准备，包括对敌情的侦察和了解，包括作战对象、作战地域、作战时机和作战方向的选择，包括兵力的部署和展开以及作战方法的确定，包括预作几套作战方案和临机处置的措施等。

准备的立足点，要从最困难处着眼，要充分估计到最困难、最复杂、最危险的情况可能发生，并预做好应对的处置方案。这样，万一在作战过程中，遇到困难和危险，才能做到从容自如，解困排险，争取最好的结局。

7. 运动战、阵地战、游击战三种作战形式密切配合

人民战争所实行的"三结合"的武装力量体制，在作战上是通过多种作战形式来实施的。运动战、阵地战和游击战，历来是我军的三种传统的作战形式。

（1）运动战，是指正规兵团在长的战线和大的战区内，进行战役和战斗的外线速决进攻战的作战形式。特点是：正规兵团，战役和战斗的优势兵力，进攻性和流动性。运动战是大量歼灭敌人，决定战争命运的主要作战形式。

（2）阵地战，是指军队依托阵地进行防御或对据守阵地之敌实施进攻的作战形式。特点是：作战相对稳定，准备充分，各种保障比较严密。阵地战是消耗敌人和歼灭敌人的重要作战形式。

（3）游击战，是指分散流动的作战形式。其特点是：具有更大的主动性、灵活性、进攻性、速决性和流动性。游击战是从战略、战役和战斗上配合正规战的不可缺少的作战形式。

运动战、阵地战、游击战虽然各有其不同的作用和特点，但在实现战争目的上则是完全一致的。三者相辅相成、互为作用，是互相紧密联系在一起的统一整体。毛泽东指出："我们从来就主张运动战、阵地战、游击战三者的配合"，"在军事上我们若能运用运动战、阵地战、游击战三种方式互相配合，必能使敌军处于极困难地位。"

因此，正确运用三种作战形式，是战争指导中一个十分重要的问题。毛泽东特别重视主要作战形式的转换问题，对运动战、阵地战、游击战三种作战方式的特点问题，以及三者相互配合问题进行了深入研究，有着大量的精辟论述。

根据战争不同情况，在"保存自己，消灭敌人"的战争原则下，毛泽东善于巧妙地灵活地同时运用三种作战形式，但又有主有辅，互相配合，并视具体情况适时转换三种作战形式，充分发挥了三种作战形式的整体作用，显示了人民战争的巨大威力，从而有力地推动了革命战争的顺利发展并取得了革命战争的伟大胜利。

（五）国防建设思想

新中国成立后，毛泽东军事实践和理论创造的重心自然由武装斗争夺取政权转向巩固新生政权、维护民族独立、保卫国家的领土及权益上来，并随之而形成其国防建设思想。其内容主要有以下几个。

（1）加强国防，建设现代化、正规化的革命武装力量和发展现代国防技术。

（2）正确处理经济建设和国防建设之间的关系，在增强国家经济实力的基础上加强

军力。

（3）确立积极防御的反侵略战争的军事战略方针，警惕帝国主义的突然袭击。

（4）有计划地进行国防工程和人防工程建设，从思想、组织、物质上做好反侵略战争的准备。

（5）提倡全民皆兵、发挥民兵在保卫和建设国防中的作用。

（6）兴办各类军事院校，加强干部培养。

（7）成立军事科研机构，加强军事理论研究等。

三、毛泽东军事思想的历史地位

毛泽东军事思想是一个完整的科学体系，具有先进的科学性、广泛的人民性、显著的实践性、极大的创造性和独特的民族性，在军事科学发展史上独树一帜，在中国乃至世界军事思想史上都占有重要的历史地位。

1. 毛泽东军事思想极大地丰富和发展了马克思列宁主义的军事理论，树立了无产阶级军事理论的新的里程碑

毛泽东一方面以他精深的中国传统文化素养，广泛汲取中国古代军事思想的精华，另一方面把辩证唯物主义运用于研究和指导战争，形成了中国历史上最先进、最科学、最完整的军事理论体系。毛泽东军事思想的产生是中国军事思想史上的一次变革，把中国军事思想推进到一个全新的历史阶段，标志着中国无产阶级军事理论的确立。

在毛泽东军事思想指引下，中国人民经过国内革命战争和民族解放战争，打败了国内外的强大敌人，创建了新中国。新中国成立以来，在毛泽东军事思想的指引下，我国国防现代化建设又取得了伟大成就。

（1）系统地论述了关于研究和指导战争的认识论和方法论

马克思、恩格斯、列宁、斯大林斯的军事理论没有专门系统地论述过关于战争问题的认识论和方法论。毛泽东却把马克思主义的认识论创造性地引入军事领域，系统阐明了战争指导者认识战争运动的辩证过程，提出了一系列革命性与科学性相统一的军事辩证法。毛泽东的军事哲学思想，是毛泽东军事思想体系中极为光彩的部分，是马克思主义哲学在军事领域创造性的运用和重大发展。

（2）发展了马克思主义关于武装夺取政权的理论

马克思、恩格斯提出了武装夺取政权是无产阶级革命的最高形式。列宁、斯大林开创了无产阶级发动城市起义夺取全国政权的道路。毛泽东将马列主义的普遍原理同中国革命的具体实践相结合，创造性地解决了在半殖民地半封建的中国，无产阶级夺取政权的道路问题，即农村包围城市，最后夺取全国政权。这个理论的创立，丰富和发展了马列主义关

于武装夺取政权的革命理论。

（3）科学地提出了人民军队的建军原则

马克思、恩格斯提出了建设无产阶级军队的重要性。列宁、斯大林创建了苏联红军，提出了无产阶级建军的基本理论。毛泽东把马列主义建军学术同中国实际情况相结合，提出了一整套无产阶级政党以军队的政治、思想和组织为核心的建军原则，系统地解决了把一支以农民为主要成分的革命军队建设成为一支无产阶级性质的人民军队的问题。

（4）制定了具有中国特色的人民战争的战略战术

马克思、恩格斯根据巴黎公社等仅有的几次武装起义，提出了重要的作战思想，为世界人民留下了宝贵的精神财富。列宁、斯大林总结了十月革命和红军的作战经验，丰富和发展了马克思主义的战略战术理论。毛泽东根据中国革命战争的特点，提出了人民战争的伟大战略思想，系统地总结了人民战争的战略战术。它不仅正确地反映了中国革命战争的特殊规律，而且深刻地反映了战争的一般规律。

2. 毛泽东军事思想的产生，标志着中国无产阶级军事理论的确立

毛泽东运用无产阶级世界观，科学地考察和指导战争，批判地吸收古今中外有价值的军事理论成果，总结自己的丰富战争经验，创立了毛泽东军事思想。中国人民在它的指引下，打败了国内外敌人，创建了人民的新中国。毛泽东军事思想的理论价值和历史地位，已经被中国革命战争的伟大胜利所肯定。毛泽东军事思想的产生，是中国军事思想史上的根本变革，它把中国军事思想的发展推进到了一个全新的历史阶段。

3. 毛泽东军事思想是中国革命取得胜利和国防建设事业的科学指南

毛泽东军事思想运用辩证唯物主义和历史唯物主义的原理，吸收了古今中外优秀的军事思想，是科学的、先进的军事理论。毛泽东军事思想既揭示了中国革命战争的特殊规律，也反映了现代战争和国防建设的一般规律，是经过实践检验的科学真理。尽管现在国际、国内形势发生了很大变化，科学技术发展日新月异，但毛泽东军事思想的立场、观点和方法，对我军打赢未来高技术条件下的局部战争，对我国的国防建设和把我军建设成为现代化、正规化的革命军队依然具有重要的指导作用。

4. 毛泽东军事思想在世界上具有广泛而深远的影响

新中国成立以来，世界各国不少人士都在探索毛泽东军事思想。各国的报纸、杂志竞相发表介绍性和评论性文章；各种文字的研究专著相继出版；几乎所有论述战争、和平与革命的重要著作，都提到毛泽东的名字。有些国家的革命组织还就学习和运用毛泽东军事思想问题，举办各种形式的座谈会和学习经验交流会。毛泽东的主要军事著作，已成为各国军事家必读的经典，也成为一些国家首脑人物的案头书。

四、毛泽东军事思想的现实意义

1. 毛泽东军事思想仍是我党我军今后建军和作战的指导思想

《关于建国以来党的若干历史问题的决议》指出，"毛泽东同志的重要著作，有许多是在新民主主义革命时期和社会主义改造时期写的，但仍然是我们必须经常学习的。这不但因为历史不能割断，如果不了解过去，就会妨碍我们对当前问题的了解；而且因为这些著作中包含的许多基本原理、原则和科学方法，是有普遍意义的，现在和今后对我们都具有重要的指导作用。因此，我们必须继续坚持毛泽东思想，认真学习和运用它的立场、观点和方法来研究实践中出现的新情况，解决新问题。"

2. 正确处理坚持和发展的关系

按照马克思主义的观点，对历史遗产的继承与发展是推动社会进步的必不可少的两个方面，彼此相辅相成，缺一不可。对于毛泽东军事思想的坚持和发展，必须在坚持中发展，在发展中坚持。坚持是发展的基础，发展是坚持的必然趋势。毛泽东军事思想是科学的先进的军事理论，如果离开坚持毛泽东思想谈论发展，必然偏离正确的方向。

3. 发展毛泽东军事思想的途径

（1）认真学习毛泽东思想，完整、准确地掌握毛泽东军事思想的科学体系。

（2）注重研究国内外军事活动的现状。

（3）注重研究战争史，特别要注重研究革命战争史和第二次世界大战以来的世界战争史，尤其是研究现代高技术战争的特点，探讨现代条件下建军作战的新问题，探索未来反侵略战争的客观规律和与之相适应的战争指导规律。

（4）努力提高我军指战员的军事、政治、文化素质，适应现代信息化战争的需要。

（5）学习邓小平新时期军队建设思想、江泽民国防和军队建设思想、胡锦涛国防和军队建设思想，以及习近平关于国防和军队建设重要论述。

第四节　邓小平新时期军队建设思想

邓小平在领导新时期我军建设的伟大实践中，创造性地继承、运用和发展了毛泽东军事思想，形成独具特色的邓小平新时期军队建设思想，是当代中国的马克思主义军事理论。

一、邓小平新时期军队建设思想的科学含义

邓小平新时期军队建设思想，是邓小平在中国社会主义建设新的历史时期，关于军队建设及有关军事问题的科学理论体系。

（一）是邓小平为指导新时期中国军队建设和国防建设而提出的系统理论

邓小平新时期军队建设思想是以邓小平为核心的党的第二代领导集体智慧的结晶。

在新的历史时期，邓小平同志运用马克思主义、毛泽东思想的基本原理，结合新时期军事斗争的具体实际，围绕我军革命化、现代化、正规化建设这一核心问题，创造性地提出了一系列军队建设和军事斗争的指导原则，从而形成了一个科学、系统的理论体系。同时，党的十一届三中全会以后，党中央、中央军委的领导集体为了搞好新时期的国防和军队建设，集体决策了许多新时期军队建设和军事斗争的大政方针。邓小平新时期军队建设思想体现在以下两个方面。

（1）体现在邓小平同志对我党我军最高决策层关于新时期军队建设和军事斗争问题所确定的大政方针的理论概括上。

（2）体现在我党我军最高决策层依据邓小平的战略思路而确定的一系列方针、政策、原则和重大举措上。

（二）是马克思主义军事理论、毛泽东军事思想在新的历史条件下的继承和发展

邓小平作为党的第一代领导集体的重要成员，对毛泽东军事思想的形成和发展作出了重要贡献。作为党的第二代领导集体的核心，他又以大胆创新和求真务实的态度，坚持马克思主义、毛泽东军事思想的基本立场、观点和方法，探索和揭示新时期军事活动的基本规律，并将其上升为理论，从而丰富和发展了毛泽东军事思想的理论宝库。

（三）是马列主义军事理论、毛泽东军事思想与新时期军队和国防建设实践相结合的产物

邓小平在领导新时期军队和国防建设的伟大实践中，以实事求是的科学态度，运用马列主义军事理论、毛泽东军事思想的立场、观点和方法，研究新情况，解决新问题，创造性地提出了一系列理论、原则、方针和政策，形成了一个完整的科学体系。它是在新的历史条件下对马列主义军事理论、毛泽东军事思想的继承和发展。

（四）是邓小平理论的重要组成部分

作为整个四个现代化的重要组成部分，国防现代化以及军队建设和改革一直为邓小平所关注。在邓小平新时期军队建设思想中，解放思想，实事求是，是邓小平新时期军队建设思想的理论基础。

关于新时代主题的理论，是邓小平理论的一块重要基石。同时，也是邓小平新时期军队建设思想的重要内容。以经济建设为中心，坚持改革开放，坚持四项基本原则的基本路线，构成了邓小平新时期军队建设思想的灵魂。因此，军队的建设，必须以服务于国家经

济建设为中心，在这个基础上，将我军建设成为一支强大的现代化、正规化、革命化的人民军队。

二、邓小平新时期军队建设思想的主要内容

邓小平新时期军队建设思想是一个完整的科学体系。它以"实事求是"为总的指导原则，以马克思的战争与和平的理论、社会主义初级阶段的理论以及国防建设、军队建设与国家经济建设关系的理论为依据，明确提出了建设一支具有中国特色的、强大的现代化、正规化、革命化的军队，阐明了新时期军队建设的一系列基本原则。

邓小平新时期军队建设思想的主要内容概括起来包括以下三个方面。

（一）当代战争与和平理论

战争与和平问题是军事领域里的一个基本问题。邓小平运用马克思主义辩证法，科学地观察和分析了国际形势的发展变化，对当代战争与和平问题作出了新的战略判断，科学地回答了当代战争提出的新问题。

1. 和平与发展是当今时代的两大主题

关于时代主题的判断是新时期战争与和平以及制定国防建设指导思想的理论依据。20世纪80年代前，我们党和国家对世界形势和发展趋势的基本判断是战争与革命。进入20世纪80年代后，国际形势出现了一些新情况：

第一，资本主义国家之间经济上的相互依存和合作越来越强，其矛盾远未达到引发战争的程度。

第二，两大社会制度体系之间，以美苏为首的两大军事集团之间，力量大体平衡，尽管双方在进行激烈的军备竞赛和意识形态斗争，但也没有发展到爆发世界大战的地步。

第三，资本主义本身加强了对经济的国家干预和自我调节能力，生产力得到很大提高，从而缓和了国内的阶级矛盾，因而革命的条件尚不成熟。

第四，广大发展中国家与发达国家之间的差距越来越大，发展中国家要求和平与发展的呼声日益高涨。

第五，国际竞争的重点已经由军事竞争转向经济与技术的竞争，各国都在制定新的经济发展战略，推行新的科技发展计划，力争在国际竞争中占据有利地位。

第六，随着苏联的解体，以美苏对抗为特征的两极格局已经结束，世界开始向多极化格局发展，这是不可抗拒的历史潮流。

邓小平以战略家的敏锐眼光，及时洞察了这些重大变化，提出了"和平与发展是时代主题"的著名论断。1985年3月，邓小平在会见日本朋友时指出："现在世界最大的问题，带全球性的战略问题，一个是和平问题，一个是经济问题或者说发展问题。和平问题是东

西问题，发展问题是南北问题。概括起来，就是东西南北四个字。南北问题是核心问题。"1992 年，邓小平在我国南方视察时指出："世界和平与发展这两大问题，至今一个也没有解决。"和平问题没有得到解决，发展问题更加严重。因此，对霸权主义和强权政治不能掉以轻心。要实现世界的持久和平和人类的共同繁荣，任重道远，还需要世界各国人民进行长期的艰巨斗争。

2. 霸权主义是现代战争的主要根源

邓小平在分析现代战争的根源时指出："当今世界不安宁来源于霸权主义的争夺"，"战争是同霸权主义联系在一起的"。经过多年的冷静观察与审慎思考，邓小平又进一步完善为："无论是世界性霸权主义，还是地区性霸权主义，都是当代战争的根源。"邓小平这一新的论断，丰富了马克思主义战争观，具有丰富的内涵，是对马克思主义战争根源理论的重大发展。

第一，任何社会制度的国家，只要对外推行霸权主义，都是产生战争的根源。社会主义国家搞霸权主义，同样成为战争的策源地。

第二，霸权主义既有世界性的，也有区域性的，两者表现形式虽有区别，但侵略扩张的本质相同。地区霸权主义也是引发现代战争的重要根源。

第三，霸权主义在新的历史条件下，突出表现为国际事务中的"强权政治"。

第四，苏联解体，两霸相争消失，但决不意味着霸权主义也随之消失。

邓小平对现代战争根源的揭示，丰富和发展了马克思主义的战争观，是对马克思主义战争观的重要贡献。

3. 在特定条件下世界大战是可以避免的

邓小平在世界大战问题上研究了军事活动的历史和现状，得出了一个新的结论：如果工作做得好，世界大战是可以避免的，但霸权主义仍然是对世界和平的最大威胁，局部战争已成为当今世界的主要战争形态。邓小平作出这一基本判断的主要依据有以下几个：

第一，有资格打世界大战的只有美苏两个超级大国。但是美苏两家原子弹多、常规武器多，都有毁灭对手的力量，因此谁也不敢动手。进入 20 世纪 90 年代，苏联解体，"冷战"结束，酿成世界大战的重要一极不复存在，一时还难以形成新的能打世界大战的对立面。

第二，世界和平力量的增长超过战争力量的增长，特别是以第三世界国家为代表的和平力量明显增长，第二世界国家也不希望爆发战争，连苏联和美国人民也都反对战争。世界人民要和平、反对战争的呼声日益高涨，迫切希望有一个和平环境来发展经济。正如邓小平所说："世界很大，复杂得很，但你一分析起来，真正支持战争的没有多少。"

第三，经济、科技日益成为世界各国竞争的重点。世界新技术革命蓬勃发展，经济、科技在世界竞争中的地位日益突出，世界主要大国都在进行战略调整，把发展经济和科技放在优先地位。

邓小平以辩证唯物主义的观点分析世界战争与和平的形势，既指出世界大战可以避免，但又反复强调战争的危险依然存在。战争可以避免，主要是说世界大战可以避免，但局部战争随时都有可能发生。所以，他说："大战固然可以推迟，但是一些偶然的、局部的情况是难以完全预料的。"20 世纪 80 年代以来的历史进程已证实了邓小平的论断是完全正确的，局部战争已成为当今世界战争的主要形态。

4. 战争不是解决国家、民族、阶级间利益矛盾的唯一手段

在阶级社会中，战争尽管被亿万人所痛恨，但它绝不会自动退出历史舞台。战争总是以流血的方式去贯彻政治的意志。但是，人类社会的前进，使科学技术迅速发展，国家间的利益冲突，不一定必然导致战争。因为只有当争端一方诉诸武力，战争才可能爆发，而双方如果都选择政治解决方式，战争就可以避免。也就是说，在解决国际争端问题上，军事手段与政治手段都是可能的选择。然而，问题在于，各国在选择解决问题的方式上，更偏重于军事手段，而仅仅把政治手段作为军事手段的补充。因此，运用政治方式解决争端没能构成主要的手段。

邓小平针对新的现实指出："维护世界和平，应当放弃利用暴力解决国家间冲突和争端的方式，而代之以政治解决。"冲突双方应相互克制，求同存异，灵活地通过协商、对话等一系列政治方式，加以和平解决。邓小平认为，国家间的利益冲突、领土争端和历史遗留的许多问题，都应当本着双方受益、合情合理的原则化解"热点"，同时还主张加强联合国调解和仲裁国际争端的功能。邓小平还成功地运用了"一国两制"的和平方式，解决了香港、澳门回归祖国的问题，为国际争端的和平解决树立了典范。

（二）新时期国防建设理论

邓小平在指导新时期国防建设的实践中，及时地作出了国防和军队建设指导思想实行战略性转变的重大决策，提出了正确处理国防建设与经济建设的关系以及新时期国防建设的方针、原则和措施，形成了有中国特色的国防建设理论。该理论主要包括以下几个方面：

1. 国防和军队建设指导思想实行战略性转变

20 世纪 60 年代，国际形势和我国安全环境严重恶化，中苏关系从破裂走向对抗，美国把中国看作主要敌人之一，我国周边的敌对势力伺机而动。这促使中国共产党对战争的形势作出严峻的估计，确立"立足于早打、大打、打核战争"的指导思想，"备战、备荒、为人民"，整个国家和军队长期处于临战和备战状态。

党的十一届三中全会后，邓小平以战略家的眼光和胆略明确提出，国防和军队建设的指导思想要进行战略性转变，即：

（1）在立足点上，要从临战状态转到和平建设上来。

（2）在工作重心上，要着眼于未来战争的需要，突出现代化在国防和军队建设中的中心地位，着重抓好国防科研和现代化武器装备的发展以及现代化军事人才的培养。

（3）在军队数量与质量上，要由偏重规模转到减少数量、提高质量上来。

（4）在国防科技和国防工业功能与体制上，要由军民分割、自成体系转到使军队和国防建设融入国家经济建设的大体系中。

2. 国防建设必须服从国家经济建设大局

国民经济建设是军队建设依赖的基础，这是马克思主义的一个基本观点。邓小平根据马克思主义关于经济建设是军队建设基础的观点，联系当前相对和平的国际环境，在正确分析我国社会主义初级阶段的基本国情和古今中外军队建设的历史经验以及新时期我军建设的客观实际的基础上，明确提出了"军队要服从国家建设的大局"的重要思想。邓小平指出："经济建设是全党、全国和全军的大局"，"先把经济搞上去，一切都好办。现在就是要硬着头皮把经济搞上去"。

军队的一切都要服从国家经济建设这个大局，这是加速我军现代化建设的根本途径。但国防建设并不是被动地依附于经济建设，它不仅可以为经济建设提供良好的安全环境，还可以成为推动社会经济发展和科学技术进步的强大动力。因此，必须在国家经济发展的同时，积极创造条件，集中可能的力量，有重点、有计划、有步骤地大力加强国防建设。

3. 军民结合、平战结合地发展国防工业

邓小平提出："国防工业设备好，技术力量雄厚，要充分利用起来，加入到整个国家建设中去，大力发展民用生产。"根据邓小平的这一思想，党中央制定了国防科技和国防工业实行"军民结合、平战结合、军品优先、以民养军"的发展方针。

（1）军民结合：即军品与民品生产兼顾，把国防建设纳入国家总体建设之中，将单一生产军品改为在保证军品的前提下，大力开发民用产品，提高军转民的能力。

（2）平战结合：即兼顾平时与战时的需要，国家的各项经济建设既要有利于和平时期的经济建设，又要有利于战时的需要。除了国防工业外，不论是城市规划、农田水利，还是交通运输、国家大中型建设项目，都要在定点布局和效益上，兼顾平时和战时的需要。国防工业在平时多生产民品，在战时又要迅速民转军用。

（3）军品优先：是指在国防工业生产中要优先确保军品订货任务的完成。

（4）以民养军则：是指国防工业企业通过发展民品生产来支持军品的生产。

在这一方针的指引下，国防科技和国防工业改革产品结构，发挥军事工业设备和技术上的优势，积极为民用工业的技术改革作贡献，挖掘军事工业的生产潜力，生产民用工业品，为城乡人民服务，成为促进经济建设和科学技术发展的一支重要力量。

目前，我国国防建设得到了全面加强，支持和参与国防建设正成为亿万人民的自觉行动。国防建设纳入了国家总体建设的轨道，在国家经济不断发展的同时，求得国防事业的

协调发展。

4. 引进技术与自力更生相结合，发展国防科技

要立于不败之地，尽快地发展国防科技，就一定要始终如一地坚持引进技术与自力更生紧密结合起来的方针，并且把基点建在艰苦奋斗、自力更生的基础上，只有这样，我们才能胜利。邓小平强调："过去也好，今天也好，将来也好，中国必须发展自己的高科技，在世界高科技领域占有一席之地。"他主张"在国民经济不断发展的基础上，改善武器装备，加速国防现代化"，并提出了一系列新时期发展国防科学技术的方针和原则。

邓小平指出："关起门来搞建设是不能成功的，中国的发展离不开世界。"当然，像中国这样大的国家搞建设，不靠自己不行，主要靠自己，这叫做自力更生。但是，在坚持自力更生的基础上，还需要对外开放，吸收外国的资金和技术来帮助我们发展。我国的革命和建设，包括国防现代化建设在内，不是也不可能独立于世界之外，我们在任何时候都需要争取外援，特别需要学习外国一切对我们有益的先进事物。但同样重要的是，在任何时候，我们都要保持清醒的头脑，不能抱不切实际的幻想。因为，国防科学技术牵涉到战争胜负、国家安危，是国家最高利益之所在，当前国际形势虽然趋于缓和，但并没有改变西方国家企图垄断和把持高技术和敏感技术的实质，这已成为他们推行强权政治乃至对社会主义国家实行"和平演变"战略的重要手段。

5. 加强国防教育

强国必须强民，强民必须强心。邓小平针对新时期国防建设的实际情况，强调要把国防教育作为增强国防观念，树立国防意识，重视国防建设的主要环节。通过全民国防教育，增强全国人民捍卫国家、民族和社会主义现代化建设的责任感、凝聚力，调动全国人民热爱祖国、保卫国防的社会主义积极性。

（三）新时期人民军队建设理论

邓小平在继承毛泽东建军思想的基础上，根据相对和平时期我军的现状和面临的新形势、新任务，创建了新时期军队建设理论。这一理论是邓小平军队建设思想体系的核心内容，其根本出发点是提高军队的战斗力。

1. 积极防御思想

实行"积极防御"的方针，对我国来说，不仅军事上有利，而且政治上也有利。但是，对于霸权主义的侵略扩张，对于企图以武力侵略我国领土、主权的任何行为，我们将予以坚决还击，直至最后胜利。

邓小平强调，我们的战略方针是积极防御，以国家利益为最高准则来处理问题。邓小平指出："我们未来反侵略战争，究竟采取什么样的战略方针？就是积极防御四个字。"我国对战争的基本原则是：人不犯我，我不犯人；人若犯我，我必犯人。贯彻积极防御的战

略方针，是为了维护国家的主权、领土完整、安全和稳定，为我国改革开放和经济建设提供坚强有力的安全保障。坚持积极防御的战略方针，是由中国的社会主义制度所决定的。永远不称霸，永远不扩张，坚持和平共处五项原则，通过政治、外交途径解决历史遗留问题，维护世界的和平与稳定，是中国的一贯主张。

2. 现代条件下的人民战争思想

邓小平强调，在现代条件下，毛泽东的"坚持人民战争""用劣势装备打败优势的敌人"，依然是我们重要的战略思想。邓小平多次指出，我们的战略是毛泽东主席制定的，毛泽东主席的战略思想就是人民战争，现在我们还是要坚持人民战争，毛泽东人民战争的基本精神和主要原则并没有过时，仍然是我们克敌制胜的锐利武器。邓小平说："只要我们坚持人民战争，敌人就是现在来，我们以现有武器也可以打，最后也可以打胜。我们有这样多人口，军民团结一致，敌人要消灭我们的人民是不可能的。"

邓小平强调指出，现在的人民战争与过去不同，装备不同，手段也不同；条件不同，人民战争的表现形式也不同。因此，邓小平特别强调：一是现代条件下的人民战争要与时代发展的脚步相适应；二是战争的内容要与现代军事斗争和国防建设的任务相一致；三是战争的形式要与现代战争的特点相吻合；四是从事现代战争条件下的人民战争的人必须具有很高的素质。

3. 新时期常备军和后备力量建设的思想

1975 年，邓小平指出："搞好军队的编制整顿、体制整顿，可以适当解决军队的其他问题。"1977 年，他又指出，军制建设"是整顿军队、准备打仗所必需的，有了这些章程，我们就有章可循，就能够统一认识，统一行动"。

邓小平不仅反复强调编制体制改革的必要性、重要性，而且还从提高战斗力的目的出发，采取了一系列措施加强常备军的建设：

一是通过裁军 100 万，减少数量；合并大军区，减少机关人员，使军队指挥系统日益精干、日益小型化，提高了部队和指挥的整体效能。

二是将陆军改编为集团军，增大特种兵比例，提高合成程度和独立作战的能力。在邓小平合成思想的指导下，通过 1985 年的精简整编，组编了兵种基本齐全的陆军合成集团军，并从战略上提高了陆、海、空三军与战略导弹部队之间的协同作战能力，使我军在建设现代化的合成军队的道路上迈出了具有历史意义的一步。

三是形成初、中、高三级院校体系，加强了军队的教育训练。

四是确定后备力量建设"减少数量，提高质量，突出重点，打好基础"的 16 字方针，建立了预备役制度与民兵制度相结合的后备力量体制。实践证明，预备役制度是实施成建制快速动员的好形式，是提高储备的好办法，是节约军费开支、加强国防建设的好措施。

4. 建设一支强大的现代化、正规化的革命军队

邓小平明确提出"必须把我军建设成为一支强大的现代化、正规化的革命军队"的伟大目标。现代化、正规化、革命化是互相联系、互相促进，缺一不可的。革命化体现人民军队的本质、军队的政治素质和传统作风；正规化体现军队组织、管理和军制水平；现代化体现军队的武器装备、指挥、作战和协同等方面适应现代高技术战争的能力。"三化"不是并列的，而是以现代化为中心。邓小平深刻指出："要承认我们军队打现代化战争的能力不够。要承认我们军队的人数虽多，但素质比较差。"

以现代化为中心，就是要建设一支现代化的合成军队，这支合成军队不仅需要按照正规的编制、体制将各类人员和武器装备加以科学组合和配备，而且需要在正规的教育训练中提高协调行动的能力，建立有序、高效的组织指挥系统。显然，正规化保证着现代化，现代化离不开正规化。革命化是现代化、正规化建设的灵魂和方向，是人民军队的革命性质和正确方向的根本保证。

5. 提高军队的战斗力

1988 年 12 月，中央军委扩大会议根据邓小平的指示，明确提出：必须把提高战斗力作为军队改革和建设的出发点和落脚点，作为检验军队各项工作的根本标准。现代战争条件下军队的战斗力，主要表现为五种战斗能力，即协同作战能力、快速反应能力、电子对抗能力、后勤保障能力和野战生存能力。

6. 加强新时期军队政治工作

邓小平指出："对军队来说，由长期的战争环境转入和平环境，这是个最大的不同。我们政治工作的根本任务、根本内容没有变，我们的优良传统也还是那些。但是，时间不同了，条件不同了，对象不同了，因此解决问题的方法也不同"，"要研究和解决在新的历史条件下，怎样恢复和发扬政治工作的优良传统，提高我军战斗力的问题"。

为此，邓小平十分重视新时期军队政治工作，提出了许多关于新时期加强和改进我军政治工作的理论，归纳起来主要包括以下几个方面的内容。

（1）为适应军队建设的新形势、新情况，必须保证人民军队的性质，忠于党、忠于国家、忠于人民，保证我军政治上永远合格，这是军队政治工作的根本任务。

（2）坚持用马列主义、毛泽东思想和新时期"一个中心和两个基本点"教育并统一全军思想，把忠实维护国家建设和改革开放，反对资产阶级自由化与"和平演变"作为政治工作的重点。

（3）把培养有理想、有道德、有文化、有纪律的"四有"军人列为政治工作的目标。

（4）坚持党对军队的绝对领导，把发挥军队内党组织的战斗堡垒作用和党员的先锋模范作用作为政治工作的核心内容。

（5）树立永远是战斗队的观念，加强精神文明建设，把发扬"五种革命精神"作为政治工作的着眼点。

（6）在实践中继承和不断创新，把充分发挥政治工作的优势作为新时期军队政治工作的动力。

（四）新时期军事战略理论

邓小平根据国际战略格局的变化和对战争与和平新形势的判断，在继承毛泽东军事思想的基础上，提出了关于现代条件下人民战争的理论和新时期积极防御的军事战略方针，为我国新时期军队建设和军事斗争指明了方向。

1. 坚持现代条件下的人民战争

现代条件下，由于高科技的发展，特别是高新技术武器装备的大量问世，使战争呈现出许多新的历史性变化。这些变化也使得产生于革命战争年代的人民战争思想面临着许多新情况和新问题。邓小平以战略家的胆识和洞察力明确指出："只要我们坚持人民战争，敌人就是现在来，我们以现有武器也可以打，最后也可以打胜。"因此，他号召我军要继承毛泽东军事思想，研究现代条件下的人民战争。

2. 实行积极防御的军事战略方针

在新的历史条件下，邓小平继承和发展了毛泽东的积极防御战略思想，将其作为贯穿我军作战和建设始终的根本方针。它具体体现在以下几方面。

（1）要在积极防御战略方针的指导下，重视和平时期的战争准备，强调不论在任何情况下军队还是要随时准备打仗的。

（2）在战略上要实行后发制人的原则。面对国际风云变幻，他强调要保持高度的警惕性，要"冷静观察""稳住阵脚""沉着应付"，掌握后发制人的主动权。

（3）要坚持防御中有进攻。积极防御本身不只是一个防御，防御中有进攻，积极防御也包括我们出去的，人若犯我，我必犯人。

（4）强调用劣势装备打败优势的敌人。邓小平认为，在未来高技术局部战争中，与交战之敌在武器装备上相比，我军仍将处于劣势。因此，他强调："我们历来的经验，就是用劣势装备打败优势的敌人，因为我们进行的是正义战争，是人民战争。这一点，我们要有充分的信心"。

邓小平不仅强调坚持积极防御思想，同时还强调实行灵活正确的战略指导，解决我军指挥员打现代战争指导艺术不够的问题。

三、邓小平新时期军队建设思想的地位和意义

邓小平新时期军队建设思想在无产阶级军事理论中占有十分重要的地位，对指导新时

期我军建设和军事斗争具有重大的现实意义。

（一）是毛泽东军事思想的继承和发展，是最富有时代精神的马克思主义军事理论

在新的历史时期，邓小平作为我们党第二代领导集体的核心，以马克思主义实事求是的科学态度、无产阶级革命家的创新精神和战略家的远见卓识，对国内外大势和新的历史条件进行了深谋远虑的思考，在实践中探索和规划了我国新时期国防建设和军队建设发展的总体战略。他把个人创造与集体智慧融为一体，把毛泽东军事思想与新时期的客观实际结合起来，提出了新时期国防与军队建设的一系列新论断，极大地丰富和发展了毛泽东军事思想。它具体体现在以下几个方面。

（1）对战争与和平问题提出了新的论断。

（2）与社会主义现代化建设的要求相适应，确定了国防建设的总目标是实现现代化。

（3）提出并实行国防与军队建设指导思想的战略性转变，使国防与军队建设真正走上和平时期建设的轨道。

（4）贯彻党在社会主义初级阶段的基本路线，确定了国防建设、军队建设要服从国家建设大局的基本原则。

（5）根据新的历史条件，提出了军队建设的一系列新观点、新原则。

（6）提出军事改革是国防现代化的根本出路，是社会主义国家制度自我完善的重要方面。

（7）根据现代科学技术的发展和国际战略形势的变化，重新明确了我军在新的历史时期要继续坚持积极防御的战略方针。

总之，邓小平新时期军队建设思想产生和形成于我国社会主义改革开放和现代化建设的伟大实践中，既是邓小平对当今国际形势冷静观察和正确判断的结果，又是他对新时期我国国情和军情进行实事求是科学分析的产物，创造性地解决了新时期我国国防与军队建设的基本理论问题，是毛泽东军事思想在新的历史条件下的重大发展，具有鲜明的时代特征和强大的生命力，是当代具有中国特色的马列主义军事理论。

（二）是我军和国防建设的科学指南

邓小平新时期军队建设思想，科学揭示了和平时期军队和国防建设的基本规律。他坚持把当今世界各国军队和国防建设的一般规律及原则同新时期我国我军实际情况相结合，把我军传统的经验原则同新时期新情况相结合，紧紧抓住我军建设的主要矛盾，创造性地回答和解决了新时期我军建设亟待解决的一系列重大理论和实际问题，为我军建设指明了方向。

第五节　江泽民国防和军队建设思想

江泽民国防和军队建设思想，从我国和我军实际出发，创造性地运用和发展了马列主义军事理论、毛泽东军事思想和邓小平新时期军队建设思想，是"三个代表"重要思想在军队建设中的体现，是新时期军队改革和建设经验的科学总结，是全面开创军队和国防现代化建设新局面的科学指南。

一、江泽民国防和军队建设思想的科学含义

（1）是关于中国国防和军队建设问题的系统理性认识。江泽民国防和军队建设思想科学地回答了新形势下建设一支什么样的军队和怎样建设军队，中国的国防现代化建设应该走什么样的发展道路等一系列问题。它研究范畴明确，内容丰富，思想深刻，特色鲜明，是一个系统的理论体系。这一理论体系集中反映在江泽民在一系列重要会议和视察部队时的重要讲话，以及先后发表的一系列相关著述中。在这些重要讲话和著述中，江泽民系统地提出了新形势下中国国防和军队建设的一整套指导方针和理论原则。

（2）是对毛泽东军事思想和邓小平新时期军队建设思想的继承和发展。江泽民国防和军队建设思想就是在新的历史条件下，为适应国防和军队建设的新形势、新任务而创立的，是毛泽东军事思想、邓小平新时期军队建设思想的继承和发展。

（3）是指导新时期中国国防和军队建设的根本依据。江泽民国防和军队建设思想是以江泽民为核心的党的第三代领导集体坚持与时俱进精神，在研究新情况、解决新问题、开创新局面的实践中，总结提炼出来的指导新时期中国国防和军队建设的理论结晶。

这个理论体系凝聚了党的第三代领导集体在新形势下开拓奋进的集体智慧和新鲜经验，把党和国家的军事指导理论推向一个新的历史境界，是一个充满生机和活力，指引我军从胜利走向胜利，指引国防和军队建设迈上新的历史台阶的创新理论体系，是当前和今后一个较长时期我国国防和军队现代化建设的根本依据和科学指南。

二、江泽民国防和军队建设思想的主要内容

（一）军事战略思想

江泽民的军事战略思想是紧紧围绕着我军在现代技术特别是高技术条件下"打得赢"而展开的，是新形势下维护我国安全和统一的总方略，是谋划国防和军队建设跨世纪发展的总依据。

1. 正确认识战争与和平问题，抓紧做好军事斗争准备

对战争与和平关系的科学认识和对世界形势的正确判断，是进行重大军事决策的重要

依据。江泽民十分重视这个判断，他指出："尽管天下仍很不太平，但在较长时期内避免新的世界大战是可能的。多极化格局的最终形成将是一个充满复杂斗争的长期过程，但这一历史方向不可逆转。"世界大战在今后一个较长时期内可以避免，争取一个良好的国际环境和周边环境是可以实现的。但是，霸权主义和强权政治依然存在，领土、民族、宗教等矛盾错综复杂，局部战争和武装冲突时有发生，国际恐怖主义活动加剧，世界并不安宁。

江泽民还指出："'冷战'思维依然存在，霸权主义和强权政治仍然是威胁世界和平与稳定的主要根源。"因此，在集中精力进行经济建设、加快发展的同时，必须保持高度警惕，坚决维护国家安全和国家利益。要从长计议，有计划、有步骤地推进国防和军队现代化建设，抓紧做好军事斗争准备，以便有效地维护领土主权完整，实现祖国的完全统一。

2. 用新时期军事战略方针统揽军队各项建设和一切工作

江泽民强调军事战略归根结底是治国之道。他指出："一个国家，一个民族，要生存和发展，要在竞争激烈的国际环境中站稳脚跟，就不能没有正确的军事战略方针。在当前复杂多变的国际新形势下，为了掌握战略主动，我们必须确立正确的军事战略方针。"在这一思想的指导下，在 1993 年召开的中央军委扩大会议上，中央军委及时为我军制定了新时期的军事战略方针，把军事斗争准备的基点放到打赢现代技术特别是高技术条件下局部战争上来。

同时，强调要坚决以新时期战略方针统揽全军各项建设。江泽民指出："全军的各项建设和一切工作，包括军事训练、政治工作、后勤保障、国防科研等，都要在新时期军事战略方针的指导和统揽下，立足于打赢现代技术特别是高技术条件下的局部战争，周密规划、全面部署和深入展开。也就是说，全军的各项建设和一切工作，都要服从和服务于这一战略方针的需要，都要为确保这一战略方针的胜利实现做好各方面的充分准备。"

3. 发挥人民战争优势

发挥人民战争优势，实行现代条件下的人民战争。江泽民指出："在现代技术特别是高技术条件下防卫作战，武器装备固然具有很重要的作用，但决定战争胜负的关键因素，归根到底是人，而不是武器。我军最深厚的力量源泉在于最广大的人民群众。无论武器装备如何发展，战争形态如何变化，人民战争都是我们克敌制胜的法宝。这个法宝，任何时候都不能丢。"

现代条件下的人民战争与以往的战争相比，形式和内容都会有所变化，因此，人民战争的战略战术也要向前发展。江泽民指出："在当今世界军事发展日新月异的情况下，我们应该结合新的历史条件和新的实践，坚持和创造性地发展人民战争的思想与战略战术，更好地发挥人民战争的威力。"

4. 继续实行积极防御的军事战略方针

继续实行积极防御的军事战略方针，适时赋予其新的内容。江泽民指出："新中国成立以来，我们的军事战略方针一直是积极防御。这是我们党根据我国社会主义制度的性质和维护国家安全的需要制定的。进入九十年代，我国安全环境和军事斗争任务发生重大变化，我们的军事战略方针必须适应这种变化，否则，我军就难以在未来防卫作战中取胜，国防和军队的现代化建设也会缺乏科学的依据和现实针对性。"

1993 年初，中央军委制定了新时期积极防御的军事战略方针。在战略指导上实行重大调整，把军事斗争准备的基点由应付一般条件下的局部战争转到打赢现代技术特别是高技术条件下的局部战争上来，明确了新形势下我军军事斗争准备的目标和任务。

5. 加强军队的质量建设

加强军队的质量建设，按照"精兵、合成、高效"的原则。江泽民指出："加强质量建设，走有中国特色的精兵之路，是实现我军现代化的正确选择。随着高新技术广泛运用于军事领域，争取质量优势已成为世界上许多国家军队建设的一个共同趋势。减少数量，提高质量，是我军现代化建设的一条基本方针。在这个问题上，认识要更加明确，行动要更加坚决。必须把加强质量建设全面具体地贯彻到部队各项工作中去。"要积极稳妥地推进体制编制的调整改革。

江泽民要求我军按照"精兵、合成、高效"的原则，紧紧围绕建设一支强大的现代化、正规化的革命军队这个总目标，朝着规模适度、结构合理、指挥灵便的方向努力。要把重点放在结构调整和指挥体制改革上，并按照有利于加强集中统一领导，有利于军队的教育训练和管理，有利于未来作战需要的要求搞好调整和改革，以增强部队联合作战、机动作战和执行多种任务的能力。

6. 加强军事科学研究

加强军事科学研究，探索高技术战争的作战方法。江泽民要求全军要从我军的实际出发，面向世界，着眼未来，努力发展我们的军事理论。并指出："先进的军事理论，历来是军队建设得以健康发展的必要条件，是战争的重要制胜因素。"同时要求我们，"必须坚持以毛泽东军事思想和邓小平新时期军队建设思想为指导，紧密结合世界军事发展和军队建设实践，解放思想、大胆探索、勇于创新，把我们的军事理论研究提高到一个新水平。要注重理论研究的超前性、实用性和综合性，着重研究世界军事发展趋势，探索高技术战争的特点和规律；研究立足我军现有装备克敌制胜的战略战术，特别要加强研究高技术条件下人民战争的战略思想和作战方法……为军队建设和军事斗争准备服务。"

7. 贯彻科技强军战略

贯彻科技强军战略，努力提高军队的现代化水平。军队实施"科技强军"战略就是要努力把国防和军队现代化建设的主要着力点转到依靠科技进步上来，提高军队现代化建设各个方面的科技含量。科技强军，首先是国防科技和武器装备的发展。江泽民指出："我们必须抓住难得的国际机遇，加快国防科技和武器装备的发展，争取尽快使我军主战装备上一个台阶，尽快缩短与世界先进水平的差距。"尤其要"重点发展打高技术战争必需的武器，搞出几手使敌人害怕的'撒手锏'。"

同时，江泽民还强调，要"努力培养和造就大批高素质的新型军事人才。"军事训练要贯彻科技强军战略，"全军部队特别是各级领导和机关，要进一步认清科技练兵的重大意义，正确把握科技练兵的方向和规律，不断把科技练兵引向深入。"

8. 加强后勤和装备保障力量建设

加强后勤和装备保障力量建设，努力形成全方位的支援保障能力。江泽民指出："要根据现代技术特别是高技术条件下的作战需要，加强后勤和技术保障力量建设，努力形成全方位的支援保障能力，尤其是要提高应急综合保障能力。要适应社会主义市场经济发展的要求，改进物资筹措、供应办法，提高经费和物资使用效益。加强后勤动员工作，逐步形成军民兼容的后勤保障体系。"以提高人民军队的整体作战效能。

（二）国防建设思想

江泽民国防建设思想是紧紧围绕着维护国家安全利益和增强国家战略能力而展开的，是建设一个符合我国国情并反映时代特征的有中国特色的现代化国防的理论纲领和行动指南。

1. 注重增强综合国力，不断提高国家战略能力

在当今时代，要维护国家的综合安全，归根到底要靠不断增强以经济为基础的，包括经济实力、国防实力和民族凝聚力在内的综合国力，这是确保国家长治久安的根本所在。江泽民指出："当前国际竞争的实质，是以经济和科技实力为基础的综合国力的竞争。只有经济实力强大，才可能处于主动地位，否则就会被动挨打。我们只有加快发展，才能增强国家的综合国力，才能在风云变幻的国际局势中处于主动地位，立于不败之地。"

从维护国家安全的角度说，综合国力也就是国家的战略能力。要增强国家战略能力，必须统筹经济、政治、科技、军事、外交、文化等各个方面的建设与发展，核心是要发展军事实力。江泽民指出："在国家的综合实力中，经济实力是最基础的力量，但是如果不随着经济的发展及时地把一部分经济实力转化为军事实力，不形成与经济实力相协调和与国防建设需要相符合的不断壮大的军事实力，我们就不能有力地保证国家的安全。这一点，对于我们这样一个幅员辽阔的社会主义大国来说，始终是十分重要和千万要加以注意的。"

2. 正确处理国防建设与经济建设之间的关系

江泽民指出："把经济建设搞上去和建立强大的国防，是我国现代化建设的两大战略

任务。"他强调，在新形势下，"国防建设和军队建设必须以经济建设为依托，服从国家经济建设的大局。国民经济发展了，才能为国防现代化提供必要的物质技术基础。"江泽民的重要论述，丰富和发展了毛泽东、邓小平关于国防建设与经济建设的辩证关系，同时，也是我国在新世纪发展过程中，正确处理经济建设与国防建设关系的指导原则。

江泽民强调，必须正确认识和处理经济建设与国防建设之间的关系，在集中力量进行社会主义经济建设的同时，努力加强国防建设，形成二者相互促进、协调发展的机制。他在党的十六大报告中说："坚持国防建设与经济建设协调发展的方针，在经济发展的基础上推进国防和军队现代化。"

经过改革开放多年的发展，我国的经济实力显著增强，为加强国防建设提供了雄厚的物质基础；适度的国防投入，又可以拉动和促进经济的发展。因此，一方面，国家在进行经济建设特别是基础设施建设中，要充分考虑国防和军队的需求，做到既促进经济发展又增强国防能力；另一方面，要适应未来高技术条件下联合作战的要求，进一步健全以军区为基础的联勤保障体制，实现"三军一体、军民兼容、平战结合"的联勤保障；要深化国防科技工业体制改革，改变国防科技工业长期形成的军民分割、自成体系的状况，走寓军于民的道路。

江泽民指出："坚持寓军于民，是一个关系国民经济和国防科技建设全局的重大问题。""我们必须坚持以经济建设为中心，国防建设服从国家经济建设的大局，同时又必须不断增强国防力量，使国防建设在国家财力增加的基础上不断有所发展。寓军于民，是把这两项战略性任务有机统一起来的重要举措。"

3. 大力加强国防后备力量建设，建立和完善国防科技建设体制

要在加强军队建设的同时，高度重视国防后备力量的建设。在我国军队建设中实现两个根本性转变。在常备军裁减数量的情况下，如何使我国的国防更加巩固，这是一个历史性的课题。以江泽民为核心的党中央第三代领导集体继承毛泽东"战争的伟力存在于民众之中"的人民战争思想，走出了一条"精干的常备军与强大的后备力量相结合"的国防发展道路。

江泽民指出："按照人民战争的战略思想，必须实行精干的常备军与强大的国防后备力量相结合，在加强军队建设的同时高度重视国防后备力量建设，做到平时少养兵，战时多出兵。新形势下的国防后备力量建设，要适应未来军事斗争的特点和发展社会主义市场经济的要求，注重提高质量，完善组织体制及相关的政策制度。预备役部队和民兵要保持适度规模，优化结构，提高快速动员能力和训练水平，真正做到召之即来，来之能战。同时，要按照'平战结合、军民结合、寓兵于民'的方针，进一步调整和完善国防动员体制，提高国防动员能力。"

要坚持寓军于民，形成充满活力的国防科技建设体制。江泽民指出："把经济建设搞

上去和建立强大的国防，是我国现代化建设的两大战略任务……寓军于民，是把这两项战略任务有机统一起来的重要举措。"江泽民要求国防科技战线在发展社会主义市场经济的新形势下，不断探索和完善国防建设与经济建设相互促进、协调发展的机制，坚持寓军于民，推动国防科技工业走"军民结合、平战结合、军品优先、以民养军"的发展道路，真正形成充满活力的国防科技建设体制，不断提高军民兼容程度，增强平战转换能力。

4. 加强军队建设，增强国防实力

江泽民在党的十六大报告中指出："建立巩固的国防是我国现代化建设的战略任务，是维护国家安全统一和全面建设小康社会的重要保障。"他认为，国防和军事实力是一个国家综合国力的重要体现，军队的强弱关系着国家的安危、民族的命运。

（1）要保卫社会主义祖国，保卫人民的和平劳动，抵御国际敌对势力的侵略和国内敌对分子的颠覆，维护国家统一和社会稳定，全面建设小康社会，推进现代化建设事业的发展，就不能没有一支强大的军队。

（2）要巩固社会主义制度，保持国家的长治久安，为经济建设赢得一个和平、稳定的环境，就不能没有一支强大的军队。

（3）要使我国在未来世界战略格局中居于主动地位，能自立于世界民族之林，同样也不能没有一支强大的军队。

没有一支人民的军队，便没有人民的一切。这是历史的结论。过去如此，现在和将来仍然如此。因此，在和平时期，军队的地位和作用仍然是不可忽视的。江泽民指出，中国人民解放军是人民民主专政的坚强柱石，是捍卫社会主义祖国的钢铁长城，是建设中国特色社会主义的重要力量。"只有建设一支与我们国家地位相适应的强大军队，才能可靠地保卫国家安全，保卫社会主义现代化的顺利进行。"

确保国家主权和安全不受侵犯，是我军的历史责任。我军是执行革命的政治任务的特殊武装集团，必须始终把维护国家主权、安全和人民的根本利益放在第一位。人民解放军要完成这一历史重任，就必须忠实履行自己的职能，运用强大的军事力量，做好军事斗争的准备，坚定维护国家主权、安全和稳定。时刻保持高度警惕，扎扎实实做好反侵略战争的准备，为保卫世界和平，保卫国家安全，为争取台湾早日回归祖国，实现祖国统一大业作出积极贡献。

5. 大力加强全民国防教育，增强全民国防观念

首先，越是和平时期越要加强国防教育。国防现代化包括十分丰富的内容，国防精神和国防观念是其中不可忽视的重要方面。国防建设的一个重要方面就是切实加强国防教育，大力增强全民的国防观念。江泽民指出："越是在和平时期，越要宣传国防建设的意义，克服和平麻痹思想，增强人们的国防观念。"在党的十四大、十五大和十六大报告中，江泽民都一再强调："加强国防教育，增强全民国防观念。"江泽民作为党和国家的最高领导

人，时刻关心着国家的安全，一再告诫全党要加强国防教育。

其次，国防教育应纳入思想教育总体系。把国防教育纳入思想教育总体系，首先是由国防教育的社会性所决定的。国防不仅是军队的事，而是整个国家的防务，是一个国家综合国力的体现。国防是"整个国家"的防务，也必然是全社会所必须承担的共同责任。江泽民指出："国防教育应当成为社会教育不可分割的一部分。""每个公民无一例外地都应接受国防教育……'只要国家存在，就有国防，国防教育就要长期进行，作为公民的终身教育来抓。"江泽民特别强调，国防教育"不能搞'一阵风'，不能形势紧张就搞，形势缓和就不搞"，而是要"长期进行"；应当把国防教育纳入思想教育总体系，用思想教育总体系这个载体来承载国防教育的丰富内容，并使之长期有效地坚持下去。

（三）军队建设思想

江泽民的军队建设思想是紧紧围绕着我军在改革开放、发展社会主义市场经济的条件下，如何解决好"不变质"的问题而展开的；是新的历史条件下保持人民军队性质、本色和作风的理论指南和建军治军纲领。

1. 保持人民军队的性质、本色和作风

（1）保持人民军队的性质，最根本的是坚持党对军队的绝对领导，坚持人民军队全心全意为人民服务的根本宗旨

江泽民强调全军官兵要牢固树立党对军队绝对领导的观念。他指出："我们一定要提高警惕，毫不动摇地坚持党对军队的绝对领导。保证枪杆子永远听党指挥，这是确保人民军队的性质，确保我们党执政地位的巩固，确保国家长治久安的根本政治问题。"

江泽民还强调要把军队中各级党的组织建设好，增强党的凝聚力和战斗力，从组织上保证党对军队的绝对领导。要严守政治纪律，从纪律上保证党对军队绝对领导。他指出："军队的领导干部都是党的干部，必须坚定不移地、不折不扣地坚持和维护党的领导，都要自觉地把自己置于党的领导之下，都要保证党对军队的绝对领导。"

（2）保持人民军队的政治本色

江泽民指出，要抓好对广大官兵的爱国奉献教育、革命人生观教育、尊干爱兵教育、艰苦奋斗教育，使干部战士树立起正确的世界观、人生观和价值观，正确对待金钱、名利、苦乐等问题，坚决抵御"灯红酒绿"和腐朽思想文化的侵蚀；要反对拜金主义、享乐主义和极端个人主义，树立高尚的精神境界；要不怕鬼，不信邪，坚持真理，维护党的原则，旗帜鲜明地同各种不良倾向和邪恶势力作斗争，永远保持人民军队的政治本色。

（3）保持人民军队的优良作风

中国人民解放军在长期的斗争实践中形成了自己的优良传统和作风。在新形势下，人民解放军一定要保持和发扬人民军队的优良传统和作风，努力做到一切从实际出发，坚持

实事求是，坚决反对形式主义、弄虚作假、欺上瞒下的不良风气；要密切联系群众，与群众同呼吸，反对脱离群众的官僚主义；要发扬艰苦奋斗的革命精神和艰苦朴素的优良作风，保持革命战争年代那么一股劲，那么一种革命热情，那么一种拼命精神。

2. 坚持依法治军、从严治军，全面加强军队建设

提高军队的正规化水平，必须坚持依法治军。江泽民指出："全军同志要适应社会主义民主法制建设的这一重要发展，更加自觉地贯彻依法治军的方针，把国防和军队建设事业纳入法制的轨道，做到有法可依，有法必依，执法必严，违法必究。依法治军，把党关于国防建设和武装力量建设的主张，通过法定程序上升为国家意志，使党的领导同依法办事统一起来，目的是从制度上和法律上保证党对军队的绝对领导，保持人民军队的性质，推动军队现代化建设。"

搞好依法治军，必须坚决维护军事法规和条令条例的权威性和严肃性。军队要"吃皇粮"，坚决停止一切经商活动。在 1998 年 7 月召开的中央军委常务会议上，江泽民指出："为了从根本上防止消极腐败现象，进一步推进全军的党风廉政建设，中央已下定决心作出一个重大决策，这就是军队、武警必须'吃皇粮'，必须彻底停止一切经商活动。"

3. 按照"五句话"总要求，全面加强军队"三化"建设

在新的历史条件下，军队建设的总目标和总方针是关系到军队建设的方向性问题。为此，江泽民明确提出，要把"政治合格、军事过硬、作风优良、纪律严明、保障有力"作为军队建设的总要求确立起来，贯彻到各项工作中去。这"五句话"的总要求思想深刻、内容丰富、意义深远。它体现了毛泽东军事思想和邓小平新时期军队建设思想的要求，是对毛泽东建军思想和邓小平新时期军队建设思想的继承和发展。

（1）政治合格

政治合格是军队质量建设的首要任务，是我军的光荣本色和最大的优势。其根本含义就是要始终坚持和接受中国共产党的绝对领导，保证我军人民军队的性质和宗旨，坚定不移地贯彻执行和维护党的路线、方针和政策，确实履行党和人民所赋予的神圣使命，永远做党、国家和人民利益的忠诚捍卫者。在改革开放和发展社会主义市场经济的条件下，要做到政治合格，就必须高举邓小平理论伟大旗帜，深入贯彻"三个代表"重要思想，大力弘扬我党、我军的优良传统，加强和改进思想政治工作，把思想政治建设摆在首位。

（2）军事过硬

军事过硬是全面加强军队质量建设的一项基本要求和奋斗目标。其关键就是要解决我军"打得赢"的问题。中国人民解放军所担负的历史使命，要求军队必须做到军事过硬。在新时期，实现军事过硬，一要树立现代战争意识，掌握高科技知识，精通战略战术和本职业务；二要坚持战斗力标准，牢固树立战斗队思想，全面落实战备工作，从实战需要出发，从难从严要求和训练部队，做到军事技术精湛，战略战术灵活，战斗作风顽强；三要

提高五种作战能力（快速反应、野战生存、联合作战、电子对抗、后勤保障），在任何复杂艰难的情况下都能圆满完成各项任务。

（3）作风优良

作风优良是我军的鲜明特色和特有的政治优势。其重点就是要解决我军永葆本色的问题。作风出战斗力，有什么样的作风就有什么样的战斗力。优良的光荣传统和特有的政治优势，是我军性质、宗旨的集中体现，也是构成我军战斗力的重要因素和克敌制胜的法宝。其主要内容是：实事求是、言行一致、公道正派、廉洁奉公、艰苦奋斗、勤俭节约、尊干爱兵、拥政爱民、雷厉风行、英勇顽强等。

因此，江泽民反复强调，在新的历史条件下，全军在思想作风上，要保持坚定正确的政治方向，坚持解放思想，实事求是，理论联系实际，密切联系群众，勇于批评与自我批评，谦虚谨慎，顾全大局，维护团结；在工作作风上，要坚持与时俱进，勇于创新，雷厉风行，真抓实干，反对浮夸和形式主义；在战斗作风上，要不怕艰难困苦，不怕流血牺牲，英勇顽强，敢打必胜，勇于压倒一切敌人，战胜一切困难；在生活作风上，要艰苦朴素，勤俭节约，廉洁奉公，拒腐蚀永不沾，永远保持人民军队的光荣本色。

（4）纪律严明

纪律严明是全面加强军队质量建设的重要保证。其重心就是要解决新时期军队指挥到位的问题。在新时期，军队质量建设程度越高，政治纪律、军事纪律和组织纪律的要求就越严格。这是保证我军高度集中统一的必然要求。江泽民反复强调指出，必须"以加强纪律建设为核心内容，依法从严治军"，因为"在长期的和平环境中，部队容易松懈，坚持从严治军很不容易，但正因为如此，治军就更要严格，丝毫懈怠不得"。

为此，江泽民要求军队，一要严格政治纪律，坚决维护政令军令的权威性、严肃性，确保党中央、中央军委决策的贯彻落实；二要树立高度自觉的组织观念，无论客观环境如何变化，都必须按组织原则行事；三要严格遵守各项条令、条例和规章制度；四要严格执行群众纪律，自觉接受群众的监督，维护人民的利益。

（5）保障有力

保障有力是全面加强军队质量建设，提高战斗力的重要方面。其关键就是要解决我军在高技术战争条件下供应保障问题。随着科学技术的快速发展和它在军事领域的广泛应用，保障是否有力，直接关系到军队质量建设的进程和战争的胜败。新时期的后勤保障和装备技术保障，要在我军现有条件下，妥善运用人力、物力、财力和各种技术装备，做到人员素质过硬，装备性能先进，保障体制优良，管理体制健全，基层工作落实，无论在任何条件下，都能及时、准确、高效地保障军队建设和作战的需要。

上述"五句话"虽各有其特殊的内涵和本质，但它们却是彼此联系、不可分割的统一整体。其中，政治合格主要是革命化建设的基本要求和尺度；军事过硬和保障有力主要是现代化建设的基本要求和尺度；作风优良和纪律严明主要是正规化建设的基本要求和尺度。因此，只有全面做到了"五句话"，才能全面实现新时期军队建设的总目标。

三、江泽民国防和军队建设思想的历史地位和指导作用

江泽民国防和军队建设思想是以江泽民为核心的党的第三代领导集体，在创造性地实践毛泽东军事思想和邓小平新时期军队建设思想过程中集体智慧的结晶，具有深远的历史意义和重要的现实意义。

（1）江泽民国防和军队建设思想围绕"不变质""打得赢"这两大历史性课题，明确提出并回答了在改革开放和社会主义市场经济条件下，我军如何"不变质"和"军怎么治"的问题；提出并回答了在高技术局部战争背景下，我军"仗怎么打"和如何"打得赢"等关键性的问题。

（2）江泽民国防和军队建设思想在新的历史条件下，进一步解放思想、实事求是、改革创新，积极探索新形势下军队建设、军事斗争准备以及国防建设的特点和规律，解决了新形势下部队政治工作、军事工作、后勤保障工作和国防科技工业面临的突出矛盾和问题，丰富和发展了具有中国特色的军事科学理论。

（3）江泽民国防和军队建设思想揭示了新形势下国防和军队建设的基本规律，是新形势下我国军队和国防现代化建设的科学指南，是"三个代表"重要思想在军事领域的理论表现，是党的第三代中央领导集体智慧的结晶。

第六节　胡锦涛国防和军队建设思想

胡锦涛国防和军队建设思想，是胡锦涛关于新世纪新阶段我国军事战略、军队建设和国防建设的思想理论体系；是根据我军所处的国际国内环境发生的重大变化，对国防和军队建设作出的一系列重要论述，创新和发展了党的军事指导理论，为新世纪新阶段国防和军队建设及军事斗争准备提供了科学依据和理论指南。

一、胡锦涛国防和军队建设思想的科学含义

胡锦涛国防和军队建设思想是科学发展观在军事领域的运用和展开，是毛泽东军事思想、邓小平新时期军队建设思想、江泽民国防和军队建设思想的继承和发展，是新形势下推进国防和军队建设的科学指南。

胡锦涛国防和军队建设思想，坚持把科学发展观作为新世纪新阶段加强国防和军队建设的重要指导方针，全面加强部队的革命化、现代化、正规化建设。胡锦涛结合我军的实际情况作出的国防和军队建设的一系列重要论述，既体现了科学发展观对国防和军队建设

的根本要求，又是科学发展观的"军事篇"，丰富和发展了科学发展观理论。

胡锦涛国防和军队建设思想，结合我国国防和军队建设的新情况，创造性地把党的军事理论成果运用于当代军事实践，进一步科学地揭示了国防和军队建设的规律，回答了国防和军队建设领域带全局性、长远性和方向性的重大问题，把中国共产党的军事指导理论推进到了一个新的境界，形成了特点鲜明的党的军事指导理论的最新成果。

胡锦涛国防和军队建设思想是新形势下推进国防和军队建设的科学指南。它既有军事哲学层次的指导思想，也有军事实践活动的方法原则，丰富和发展了新形势下国防和军队建设的目标、道路、理念、动力、保证等基本内容，形成了一个完整、科学、开放的军事思想体系。这一重要军事指导思想反映了军队建设继往开来的客观规律，是加强军队建设的基本遵循，是引领、推动国防和军队建设实践不断前进的强大思想武器，对于推进中国特色军事变革和做好军事斗争准备具有重大而深远的意义。

二、胡锦涛国防和军队建设思想的主要内容

（一）新世纪新阶段军事战略思想

坚持以人为本、全面协调可持续发展的科学发展观指导国家现代化建设，是新世纪新阶段党和国家事业发展全局出发提出的重大战略思想。科学发展观是指用实事求是的原则，按照事物由小到大的成长规律，对待事物运行的态度和做法。科学发展观全面系统地回答了什么是发展、为什么发展、怎样发展的基本问题，充分反映了我们党对发展问题的新认识，是推动经济社会发展的指导思想。科学发展观坚持和应用了马克思主义的辩证唯物主义和历史唯物主义的基本原理，深化了对经济社会发展一般规律的认识。

1. 用新时期军事战略方针统揽全局

胡锦涛强调要坚持以新时期军事战略方针统揽全局，加速我军全面建设和抓紧做好军事斗争准备。用新时期军事战略方针统揽全局，当前最重要、最现实、最紧迫的战略任务，就是要抓紧做好军事斗争准备。全军各方面的建设和工作都要围绕军事斗争准备来部署和展开。要继续以临战的姿态、实战的标准、扎扎实实地推进军事斗争准备，切实增强应对危机、维护和平、遏制战争、打赢战争的能力，确保党中央、中央军委一声令下，就能够断然出手，遂行以武反独、以武止独的神圣使命。

用新时期军事战略方针统揽全局，要以只争朝夕、时不我待的紧迫感，加速推进中国特色军事变革，努力提高我军信息化建设水平。推进中国特色军事变革，要以军事斗争准备为龙头，以未来作战需求为牵引，贴近未来作战实际确定军队建设的战略布局；要正确处理信息化和机械化的关系，坚持以机械化为基础，以信息化为主导，推动机械化和信息化复合发展；要以解决制约军事斗争准备和军队现代化建设的突出矛盾和问题为突破口，

优化战略资源配置，集中抓好武器装备、作战力量、人才队伍、体制编制和政策制度等重点建设和改革，通过局部跃升带动整体协调发展。

2. 积极推动军事训练向信息化条件下转变

胡锦涛指出，要积极适应我军军事训练面临的新形势、新任务和新环境，从战略全局和时代发展的高度深刻认识加强新世纪新阶段军事训练的重要意义，必须把军事训练进一步摆在战略地位，推进军事训练转型，提高部队的应急作战能力，提高部队打赢信息化战争的能力。

军事训练是军队和平时期战斗力生成的基本途径，提高部队的作战能力，必须进行严格的军事训练。要用新时期军事战略方针统揽军事训练转型，要确实把军事训练进一步摆在战略地位，切实把军事训练作为部队的经常性中心工作，集中精力，抓紧抓实；要坚持从难从严从实战需要出发，坚持高标准、严要求，改进和创新训练的内容和方式方法，努力摸索和掌握对付高技术对手的有效办法；要把培养战斗精神贯穿于训练的全过程，培养英勇顽强的战斗作风和铁的纪律；要充分发挥科技进步和创新对战斗力提高的巨大推动作用，着眼于提高军队的科学技术水平和人的素质的全面提升，切实转变我军战斗力生成模式，坚持科技练兵、科技兴训，改革训练内容和组训方式，创新训练手段和方法，运用科技成果提高训练质量，促进部队战斗力的发展。

3. 必须培养和造就一大批高素质新型军事人才

人才是强国之本，也是兴军之本。要以指挥军官队伍、参谋队伍、科学家队伍、技术专家队伍、士官队伍的建设为重点，加大实施人才战略工程的力度，努力造就大批高素质新型军事人才；要根据军事人才成长规律和各类岗位需求，强化院校和部队合力育人，加大开放式培养力度，建立完善以提高能力为核心、培训与使用紧密结合的人才全程培养机制，努力形成院校教育与部队训练衔接、军事教育与依托国民教育并举、国内培养与国外培训结合的官兵素质培养格局，使军队人力资源得到有效开发和充分利用；要培养领导干部特别是高级领导干部的政治意识、大局意识和战略意识，使他们具备良好的战略素质、很强的全局观念和宽广的世界眼光，并善于从维护国家安全、推进现代化建设、实现祖国统一的大局高度来分析判断形势、思考问题、谋划军队建设，善于从政治高度思考和处理军事问题，善于着眼国家利益全局筹划和指导军事行动。

4. 必须大力推进"四个创新"

军事领域是竞争和对抗最激烈的领域，也是最具有创新活力的领域，必须把军事创新作为实现军队发展的基本动力，"着力推动军事理论创新、军事技术创新、军事组织体制创新和军事管理创新"。

（1）军事理论创新要着力研究新世纪新阶段治军的特点与规律、军事斗争准备的特点与规律、信息化战争的特点与规律、国防和军队建设的特点与规律，围绕"打什么仗、建什么军、怎样打仗、怎样建军"来思考问题，善于运用现代科技手段与科学方法，注重在实践中创新和检验军事理论，实现军事理论创新的科学化。

（2）军事技术创新要突出自主创新，要以信息技术为核心，要完善技术创新机制，使军事技术创新始终成为推动国防和军队建设发展的强劲动力。

（3）军事组织体制创新的目标是创新适应信息化作战需要的军事组织体制，建立起适应武器装备现代化发展水平和信息化条件下作战方式变化的新型体制编制。

（4）军事管理创新要在管理理念、管理思维、管理模式、管理手段、管理理论方面有所突破，要努力适应军队现代化建设的新形势，更新管理观念，加强现代管理知识的学习，大力提高科学管理的能力。

（二）新世纪新阶段国防建设思想

1. 国防与经济建设要协调发展

胡锦涛指出，要在经济发展的基础上，努力建设一支同我国地位相称、同我国安全和发展利益相适应的军事力量，有效维护国家安全统一，确保全面建设小康社会的顺利推进。这是落实科学发展观的必然要求，也是在新世纪新阶段抓住战略机遇期，全面推进社会主义经济建设、政治建设、文化建设和社会主义和谐社会建设，实现全面建设小康社会宏伟目标的需要。

要正确贯彻执行国防建设与经济建设协调发展的方针，就必须正确认识和把握国防和军队建设服从服务于经济建设这个大局的辩证关系。胡锦涛指出，我们要把国防和军队建设融入社会主义现代化建设的全局之中，依托国家经济社会发展，扎实推进国防和军队现代化建设，使国防建设与经济建设相互促进、协调发展。

胡锦涛指出，经过改革开放 30 多年的发展，我国的经济实力上了一个大台阶，国防和军队现代化建设的物质技术基础明显加强。新世纪新阶段我国经济社会的不断发展，必将为国防和军队现代化建设创造更加有利的条件。

2. 紧紧依靠人民全民办国防

胡锦涛强调，要坚持全民办国防的方针，广泛开展全民国防教育，在全社会形成关心国防、热爱国防、建设国防、保卫国防的生动局面；要增强全民国防观念，完善国防动员体系，加强国防动员建设，提高预备役部队和民兵建设质量；要加强人民武装警察部队建设，更好地履行维护国家安全和社会稳定、保障人民安居乐业的职责和使命。

各级党委和政府要关心支持军队建设，积极做好拥军优属等各项工作。军队要发扬优良传统，进一步加强军政、军民团结，巩固和发展军爱民、民拥军的生动局面。各级党组织和政府要一如既往地支持国防和军队建设，军队要热爱人民和尊重地方政府，积极支持地方经济建设和社会发展，继续在社会主义精神文明建设中走在前列，在构建社会主义和谐社会中贡献力量，以实际行动为民造福，为国兴利。

（三）新世纪新阶段军队建设思想

1. 坚持把思想政治建设摆在全军各项建设的首位

思想政治建设是革命化建设的核心，是军队最根本的基础性建设。胡锦涛强调，要坚持不懈地用党的创新理论武装官兵，深入开展我军历史使命教育、理想信念教育、战斗精神教育和社会主义荣辱观教育；要着眼增强主动性、针对性、实效性，积极推进思想政治工作创新发展。胡锦涛还强调，要围绕强化官兵精神支柱，大力培育"忠诚于党、热爱人民、报效国家、献身使命、崇尚荣誉"的当代革命军人核心价值观。

在新的历史时期，我军要持久地开展以坚定理想信念和树立正确的世界观、人生观、价值观为核心的思想政治教育，使广大官兵始终保持政治上的坚定和思想道德上的纯洁，始终保持坚强的革命意志和旺盛的战斗精神；要把解决思想问题和解决实际问题结合起来，与落实完善政策制度结合起来，热情帮助官兵解决实际困难，尤其要集中力量解决那些制约部队和群众反映强烈的突出问题，增强思想政治工作的说服力、感召力和战斗力，为我军提高应对多种安全威胁和完成多样化军事任务能力提供强大的精神动力。

2. 走具有中国特色的军民融合式发展道路

胡锦涛敏锐把握世界军事发展的新趋势与我国发展的新要求，提出必须坚持军民结合、寓军于民，把国防和军队现代化建设融入经济社会发展体系之中；要积极探索新形势下实现军民结合、寓军于民的新途径和新方法，全面推进经济、科技、教育、人才等各个领域的军民融合，建立和完善军民结合、寓军于民的武器装备科研生产体系、军队人才培养体系和军队保障体系，在更广范围、更高层次、更深程度上把国防和军队现代化建设与经济社会发展结合起来，走出一条投入少、效益高的具有中国特色的军民融合式发展道路。

三、胡锦涛国防和军队建设思想的地位和意义

胡锦涛用科学发展观指导国防和军队建设思想，指明了新时期新阶段国防和军队现代化建设的方向，确定了坚持以人为本的战斗力生成模式的有效途径，明确了我军新时期新阶段的历史使命，规范了国防和军队建设的基本要素，是实施新军事变革、提高信息化作战能力、维护国家安全环境、加强国防和军队现代化建设的纲领，极大地丰富了三代领导人军事思想的内容。

胡锦涛国防和军队建设思想，对开创国防和军队建设的新局面，实现国防和军队现代化建设的全面协调可持续发展，全面落实科学发展观，指导国防和军队现代化建设具有重大的现实意义和历史意义。

（1）为国防和军队建设提供了理论遵循。进入新世纪新阶段，我国国防和军队建设所处环境和形势任务发生了重大变化，既面临难得的发展机遇，也面临严峻的挑战。胡锦涛国防和军队建设思想，提出了要充分把握在我国经济实力、科技实力、国防实力和民族凝聚力不断增强的基础上，大力推进国防和军队建设，不断增强应对危机、维护和平、遏制战争、打赢战争的能力，切实把国防和军队建设转入全面协调可持续发展的轨道，做到国防建设和经济建设全面协调发展。

（2）为加快我军战斗力生成模式转变提供了强大的思想武器。新世纪新阶段我军要加速推进中国特色军事变革，完成机械化和信息化双重任务，实现军队现代化的跨越式发展，不断探索国防的军队建设与发展的特点与规律，更加科学地把国防和军队建设推向前进。

胡锦涛国防和军队建设思想，深刻揭示了军队建设的主体和动力源泉，提出了一定要充分调动广大官兵的积极性、创造性，坚持以人为本，尊重官兵的主体地位，创新培养人才，增强官兵的科技素质、战略素质和思想政治素质，维护官兵的合法权益，不断改善官兵的物质文化生活，促进战斗力生成模式的转变，凝聚巨大的战斗力，为打赢信息化局部战争做准备。

（3）为解决国防和军队建设与发展的现实问题和矛盾开辟了途径。新世纪新阶段是我国国防和军队现代化建设的关键时期，中国特色军事变革和军事斗争准备面临的任务非常繁重和艰巨，国防和军队建设存在的规模、结构、效益等方面的问题需要迫切解决。

胡锦涛国防和军队建设思想，为国防和军队建设转变发展观念、创新发展模式、提高发展质量提供了新思路、新方略。只有在国防和军队建设中，全面落实科学发展观，坚持面向未来、着眼全球、解放思想、更新观念，才能解决国防和军队建设中面临的现实问题和矛盾，保证国防和军队建设健康、有序、高效地发展。

（4）为我军履行新世纪新阶段历史使命提供了重要保证。用科学发展观指导国防和军队建设，就要明确新世纪新阶段我军肩负的历史使命。胡锦涛正是在深刻洞察国际战略形势与我国安全环境、科学判断国家发展和军队建设所处历史方位的基础上，提出了我军新世纪新阶段的历史使命。

"三个提供、一个发挥"的历史使命，深刻揭示了军队任务必须与党的历史任务相一致、军事战略必须与国家战略相协调、军队建设和改革必须与世界军事发展趋势相符合的客观规律.胡锦涛国防和军队建设思想，进一步指明了国防和军队建设的发展方向，为我军履行历史使命提供了重要保证。

第七节　习近平强军思想

作为习近平新时代中国特色社会主义思想的"军事篇"，习近平强军思想是马克思主义军事理论中国化时代化的新飞跃，是人民军队的强军之道、制胜之道。习近平强军思想立意高远、思想深邃，是一个内涵丰富、逻辑严密、体系完备的科学理论体系。

党的十九大明确强调确立习近平强军思想在国防和军队建设中的指导地位。习近平强军思想为实现党在新时代的强军目标、全面建成世界一流军队提供了根本遵循和行动指南。进入新时代，要走实中国特色的强军之路，构建中国特色现代作战体系，担当起党和人民赋予的新时代使命任务，必须以习近平强军思想为指导，奋力开创战争研究的新境界。

全面贯彻习近平强军思想，就要聚焦党在新时代的强军目标，切实在认清使命、强化担当上取得实效。"兵者，国之大事"。中国特色社会主义进入新时代，国防和军队建设也进入新时代。今天，我们比历史上任何时期都更接近实现中华民族伟大复兴的目标，比任何时期都更需要建设一支强大的人民军队。充分认清强国强军的时代要求，充分认清"两个差距很大""两个能力不足"的严峻现实，认真贯彻新形势下军事战略方针，建设强大的现代化陆军、海军、空军、火箭军和战略支援部队，构建中国特色现代作战体系，更好担当起党和人民赋予的新时代使命任务。

全面贯彻习近平强军思想，就要坚持问题导向，强化落实意识，切实在推动工作、见诸行动上取得实效，把国防和军队建设各项任务不折不扣落到实处。"天下虽安，忘战必危。"军队是要准备打仗的，一切工作都必须坚持战斗力标准，向能打仗、打胜仗聚焦。要大力推进政治建军，开展"传承红色基因、担当强军重任"主题教育，永葆人民军队性质、宗旨、本色；大力推进改革强军，继续深化国防和军队改革，不断完善和发展中国特色社会主义军事制度；大力推进科技兴军，推进重大科技创新、自主创新，努力建设创新型人民军队；全面从严治军，大力推进依法治军，推动治军方式根本性转变；开展实战化军事训练，全面提高打赢能力，形成军民融合深度发展格局，充分发挥人民解放军在巩固国防、保卫祖国和参加社会主义现代化建设中的作用。

党的十九大着眼全面建设社会主义现代化强国，对坚持走中国特色强军之路、全面推进国防和军队现代化作出战略部署，绘就了把人民军队全面建成世界一流军队的目标图路线图。

一、习近平强军思想的精神实质和丰富内涵

习近平强军思想内涵丰富、思想深邃，涵盖新时代国防和军队建设方方面面，构成一个系统完整、逻辑严密、相互贯通的科学军事理论体系。

明确强国必须强军，巩固国防和强大人民军队是新时代坚持和发展中国特色社会主义、

实现中华民族伟大复兴的战略支撑。中华民族伟大复兴绝不是轻轻松松、敲锣打鼓就能实现的。我们越是发展壮大，面临的压力和阻力就越大。这是我国由大向强发展进程中无法回避的挑战，是实现中华民族伟大复兴绕不过的门槛。强国必须强军，军强才能国安。国防和军队建设是国家安全的坚强后盾，军事手段是实现伟大梦想的保底手段，军事斗争是进行伟大斗争的重要方面，打赢能力是维护国家安全的战略能力。我军必须服从服务于党的历史使命，把握新时代国家安全战略需求，为实现中华民族伟大复兴提供战略支撑。

明确党在新时代的强军目标是建设一支听党指挥、能打胜仗、作风优良的人民军队，必须同国家现代化进程相一致，力争到 2035 年基本实现国防和军队现代化，到本世纪中叶把人民军队全面建成世界一流军队。建设强大的人民军队是我们党的不懈追求。在各个历史时期，我们党都根据形势任务的变化，及时提出明确的目标要求，引领我军建设不断向前发展。习主席在提出中国梦不久就提出强军梦，作出全面建设社会主义现代化强国战略部署的同时，提出实现党在新时代的强军目标，把人民军队全面建成世界一流军队。这是适应世界新军事革命发展趋势和国家安全需求，对我军建设目标作出的新概括新定位，内在要求建设强大的现代化陆军、海军、空军、火箭军、战略支援部队、联勤保障部队和武装警察部队，建设绝对忠诚、善谋打仗、指挥高效、敢打必胜的联合作战指挥机构，不断提高我军现代化水平和实战能力。

明确党对军队绝对领导是人民军队建军之本、强军之魂，必须全面贯彻党领导军队的一系列根本原则和制度，确保部队绝对忠诚、绝对纯洁、绝对可靠。坚持党对军队的绝对领导是中国特色社会主义的本质特征，是党和国家的重要政治优势。抓军队建设首先要从政治上看，对党绝对忠诚要害在"绝对"二字。必须强化"四个意识"，严肃政治纪律和政治规矩，深入抓好军魂教育，坚决维护权威、维护核心，坚决维护和贯彻军委主席负责制，全面彻底肃清郭伯雄、徐才厚流毒影响，坚决抵制"军队非党化、非政治化"和"军队国家化"等错误政治观点的影响，提高坚持党对军队绝对领导的政治自觉和实际能力，确保党指挥枪的原则落地生根。军队高级干部必须对党忠诚、听党指挥，做对党最赤胆忠心、最听党的话、最富有献身精神的革命战士。

明确军队是要准备打仗的，必须聚焦能打仗、打胜仗，创新发展军事战略指导，构建中国特色现代作战体系，全面提高新时代备战打仗能力，有效塑造态势、管控危机、遏制战争、打赢战争。人民军队永远是战斗队，人民军队的生命力在于战斗力。必须贯彻新形势下军事战略方针，把备战与止战、威慑与实战、战争行动与和平时期军事力量运用作为一个整体加以运筹，牢固树立战斗力这个唯一的根本的标准，提高军事训练实战化水平，扎实做好各方向各领域军事斗争准备，聚力打造精锐作战力量，着力建设一切为了打仗的后勤，加快构建适应信息化战争和履行使命要求的武器装备体系，加快建设以联合作战指挥人才为重点的高素质新型军事人才队伍，发扬一不怕苦、二不怕死的战斗精神，锻造召之即来、来之能战、战之必胜的精兵劲旅。

明确作风优良是我军鲜明特色和政治优势，必须加强作风建设、纪律建设，坚定不移正风肃纪、反腐惩恶，大力弘扬我党我军光荣传统和优良作风，永葆人民军队性质、宗旨、本色。作风优良才能塑造英雄部队，作风松散可以搞垮常胜之师。我军要恪守全心全意为人民服务的宗旨，牢记为人民扛枪、为人民打仗的神圣职责，始终做人民信赖、人民拥护、人民热爱的子弟兵。把理想信念的火种、红色传统的基因一代代传下去，加强党史军史和光荣传统教育，永葆老红军的政治本色。军中绝不能有腐败分子藏身之地，要锲而不舍、驰而不息地把作风建设和反腐败斗争引向深入，努力铲除腐败现象滋生蔓延的土壤，积极培育风清气正的政治生态。严肃各项纪律，坚持严字当头、一严到底，下大气力治松、治散、治虚、治软，用铁的纪律凝聚铁的意志、锤炼铁的作风、锻造铁的队伍。各级领导干部要以行动作无声的命令，以身教作执行的榜样，带动形成崇尚实干、敢于担当、主动作为的良好氛围。

明确推进强军事业必须坚持政治建军、改革强军、科技兴军、依法治军，更加注重聚焦实战、更加注重创新驱动、更加注重体系建设、更加注重集约高效、更加注重军民融合，全面提高革命化现代化正规化水平。政治建军是我军的立军之本，任何时候任何情况下都不能有丝毫松懈；改革是决定军队未来的关键一招，必须大刀阔斧实施改革强军战略；科学技术是核心战斗力，必须下更大气力推进科技兴军、赢得军事竞争主动；军队越是现代化越要法治化，必须厉行法治、从严治军。贯彻"五个更加注重"战略指导，必须强化作战需求牵引，提高军队建设实战水平；下大气力抓理论创新、抓科技创新、抓科学管理、抓人才集聚、抓实践创新，靠改革创新实现新跨越；坚持成体系筹划和推进军事力量建设，全面提高我军体系作战能力；坚持以效能为核心、以精确为导向，提高国防和军队发展精准度；深入实施军民融合发展战略，加快把军队建设融入经济社会发展体系，实现国防和军队建设更高质量、更高效益、更可持续的发展。

明确改革是强军的必由之路，必须推进军队组织形态现代化，构建中国特色现代军事力量体系，完善中国特色社会主义军事制度。深化国防和军队改革，是为了设计和塑造军队未来。领导管理和作战指挥体制改革，以重塑军委机关和战区为重点，强化中央军委集中统一领导和战略指挥、战略管理功能，建立军委管总、战区主战、军种主建的新格局，形成决策权、执行权、监督权既相互制约又相互协调的运行体系，构建平战一体、常态运行、专司主营、精干高效的战略战役指挥体系。规模结构和作战力量体系改革，按照调整优化结构、发展新型力量、理顺重大比例关系、压减数量规模的要求，推动我军由数量规模型向质量效能型、由人力密集型向科技密集型转变，部队编成向充实、合成、多能、灵活方向发展。军队政策制度调整改革，着力立起打仗的鲜明导向，营造公平公正的制度环境，使军事人力资源配置达到最佳状态，让军人成为全社会尊崇的职业，把军队战斗力和活力充分激发出来。

明确创新是引领发展的第一动力，必须坚持向科技创新要战斗力，统筹推进军事理论、技术、组织、管理、文化等各方面创新，建设创新型人民军队。创新能力是一支军队的核心竞争力，也是生成和提高战斗力的加速器。必须把创新驱动发展的引擎全速发动起来，善于运用新理念、新思路、新方法推进我军各项建设。要加快形成具有时代性、引领性、独特性的军事理论体系，依靠科技进步和创新把我军建设模式和战斗力生成模式转到创新驱动发展的轨道上来，下大气力推进军事管理革命，努力培养造就宏大的高素质创新型军事人才队伍，大力弘扬创新文化，激励官兵争当创新的推动者和实践者，使谋划创新、推动创新、落实创新成为全军的自觉行动。

明确现代化军队必须构建中国特色军事法治体系，推动治军方式根本性转变，提高国防和军队建设法治化水平。一支现代化军队必然是法治军队。强化法治信仰和法治思维，坚持依法治官、依法治权，领导干部带头尊法学法守法用法，引导官兵把法治内化为政治信念和道德修养，外化为行为准则和自觉行动。构建系统完备、严密高效的军事法规制度体系、军事法治实施体系、军事法治监督体系、军事法治保障体系，坚决维护法规制度权威性，强化法规制度执行力。推动实现从单纯依靠行政命令的做法向依法行政的根本性转变，从单纯靠习惯和经验开展工作的方式向依靠法规和制度开展工作的根本性转变，从突击式、运动式抓工作的方式向按条令条例办事的根本性转变，形成党委依法决策、机关依法指导、部队依法行动、官兵依法履职的良好局面。

明确军民融合发展是兴国之举、强军之策，必须坚持发展和安全兼顾、富国和强军统一，形成全要素、多领域、高效益军民融合深度发展格局，构建一体化的国家战略体系和能力。把军民融合发展上升为国家战略，是我们党长期探索经济建设和国防建设协调发展规律的重大成果，是从国家发展和安全全局出发作出的重大决策，是应对复杂安全威胁、赢得国家战略优势的重大举措。着眼经济实力和国防实力同步增长，强化统一领导、顶层设计、改革创新和重大项目落实，同步推进体制和机制改革、体系和要素融合、制度和标准建设，完善军民融合组织管理体系、工作运行体系、政策制度体系，逐步实现国家各领域战略布局一体融合、战略资源一体整合、战略力量一体运用，努力开创经济建设和国防建设协调发展、平衡发展、兼容发展新局面。

二、习近平强军思想蕴含的科学立场观点方法

习近平强军思想蕴含着辩证唯物主义和历史唯物主义的立场观点方法，凝结着共产党人的理想信念、价值追求、思想风范，体现了我们党新时代建军治军的先进理念、指导原则、高超艺术，为强军制胜提供了科学的思想方法和工作方法。

勠力强军兴军的使命担当。习近平强军思想，贯穿的一个高频词就是"担当"，嘱托

最多的就是"使命"，生动展现了以党和人民为念，以国家主权、安全、领土完整为念，以国防和军队建设为念的深厚革命情怀。党的十九大闭幕不久，习主席就带领新一届军委班子成员视察军委联指中心、发出备战打仗号令，新年伊始出席中央军委开训动员大会、发布训令。这一系列重大实践活动，彰显的是对初心的坚守，传递的是对使命的担当。这种担当精神，体现为矢志实现中国梦强军梦的抱负追求，体现为以身许党许国的崇高品格，体现为跑好历史接力赛中我们这一棒的政治自觉。这是激励我们不负党和人民重托、担当新时代军队使命任务的精神力量。

军事服从政治的战略智慧。"凡战法必本于政胜。"马克思主义认为，军事是实现政治目的的工具和手段。习近平强军思想，把握政治、经济、外交与军事之间日益增强的相关性整体性，始终从实现民族复兴大目标认识和筹划战争问题，从党和国家事业发展全局出发统筹推进国防和军队建设，着眼国家政治外交大局和国家安全战略全局筹划指导军事行动。这是对马克思主义战争观军事观的丰富发展，贯穿着军事服从政治、战略服从政略的大逻辑，为打好政治军事仗、军事政治仗提供了根本指导。

勇于破解矛盾的问题导向。抓住关节点、奔着问题去，是矛盾论的时代运用。习主席在领导强军实践中，坚持直面问题、勇于变革、攻坚克难，从纠治"四风"、开展"四个整顿"到全面彻底肃清郭伯雄、徐才厚流毒影响，从解决军事斗争准备短板弱项到向"和平积习"开刀，从突破思想观念障碍、利益固化藩篱到坚决突破各方面体制机制弊端，从解决治党治军"宽松软""权力任性"到推动治军方式根本性转变等，有效解决了制约我军建设和发展的深层次矛盾问题。这些都体现了拨乱反正、正本清源的问题意识和问题思维，为我们找准工作突破口、开拓事业新局面提供了科学方法。

防范风险挑战的忧患意识。"备豫不虞，为国常道"。面对波谲云诡的国际形势、复杂敏感的周边环境、艰巨繁重的斗争任务，习主席郑重告诫全党全军，必须居安思危、知危图安，时刻准备进行具有许多新的历史特点的伟大斗争，保持"三个高度警惕"，重点防控可能迟滞或中断中华民族伟大复兴进程的全局性风险。每次重要会议、每临重大事件，习主席总是高度重视分析面临的风险挑战，深入研判国家安全威胁，既高度警惕"黑天鹅"事件，又防范"灰犀牛"事件；既预置防范风险的先手，又提出应对和化解风险挑战的高招；既注重打好防范和抵御风险的有准备之战，又注重打好化险为夷、转危为机的战略主动战。这对于我们强化如履薄冰的谨慎、居安思危的忧患，应对重大挑战、抵御重大风险、克服重大阻力、解决重大矛盾，杜绝出现战略性、颠覆性错误，提供了方法论指导。

主动谋势造势的进取品格。良好战略环境是要争取的，不可能坐等天下太平。习主席坚持和发展我们党积极防御战略思想，充分发挥军事力量的战略功能，营造于我有利的战略态势。军事战略指导实现与时俱进，增强了进取性和主动性，赋予了积极防御战略思想新的内涵。积极开展钓鱼岛维权斗争，划设东海防空识别区，组织海空力量出岛链常态巡航，实施海外护航撤侨行动，加强边境管控、反恐维稳等，这些都坚持以防御为根本、在"积极"二字上做文章，体现了超前谋划、主动作为的战略进取观，体现了坚守底线又敢于亮剑的斗争艺术。

求实务实落实的领导作风。我们党和军队是靠实事求是起家的，也要靠实事求是赢得未来。党的十八大以来国防和军队建设的巨变，是习主席带领全军干出来的。习主席反复强调并身体力行实干兴邦、实干兴军，号召撸起袖子加油干；厉行"三严三实"，真抓实干、埋头苦干，多干打基础、利长远的工作；调查研究"身入"更要"心至"，把功夫下到查实情、出实招、办实事、求实效上；强化落实意识，增强落实本领，对部署的任务要雷厉风行，不能拖拖拉拉；坚持一张蓝图干到底，以踏石留印、抓铁有痕和钉钉子精神做实做细做好各项工作，等等。这是马克思主义实践标准、党的实事求是思想路线在军事指导上的运用，是把新时代强军蓝图变成现实的作风保证。

锐意开拓奋进的创新精神。习主席把改革创新作为军队建设发展的根本动力，强调身子转过来了，脑子也要转过来，主动来一场思想革命、头脑风暴，从一切不合时宜的思维定势、固有模式、路径依赖中解放出来；号召把改革进行到底，推动人民军队从领导体制到工作机制、从战斗力到精气神、从思想作风到工作作风等发生脱胎换骨式的变化；决策实施科技创新战略，构建军民融合科技创新体制，设立国防科技创新特区，国防科技和武器装备建设加快由跟跑并跑向并跑领跑转变。我国自主设计的航空母舰出坞下水，歼-20、运-20 等先进武器装备列装部队，天河二号超级计算机、北斗三号卫星工程等一批关键技术实现重大突破。这些传承了中华民族"苟日新，日日新，又日新"的精神禀赋，体现了以改革创新为核心的时代精神，是激励我们矢志强军、迈向一流的动力源泉。

三、习近平强军思想的重大里程碑意义

习近平强军思想，植根强国复兴新时代，指引强军兴军新征程，在马克思主义军事理论中国化进程中，在党的军事指导理论创新发展中，在我们党治国理政实践中，具有重大政治意义、理论意义、实践意义。

立起了新时代维护核心、听党指挥的看齐基准。维护核心、听党指挥，最内在最根本的是自觉向党中央看齐，向习主席看齐，向党的基本理论、基本路线、基本方略看齐。习近平强军思想，作为习近平新时代中国特色社会主义思想的"军事篇"，集中体现了党的意志主张，反映了党和人民对我军的时代要求，指明了军队建设坚定正确的政治方向；从新时代坚持和发展中国特色社会主义基本方略的高度，突出强调坚持党对人民军队的绝对领导，要求我军坚决维护党中央权威和集中统一领导，坚决维护和贯彻军委主席负责制，揭示了人民军队从胜利走向胜利的根本力量所在；始终坚持从政治上建设和把握军队，以党的政治建设为统领全面加强军队党的建设，确立了新时代政治建军的大方略，为我们提

升政治站位、增强政治能力提供了根本遵循。新时代，军队以党的旗帜为旗帜、以党的方向为方向、以党的意志为意志，必须坚持用习近平强军思想统一思想、统一步调，坚定维护习主席在党中央和全党的核心地位，更加自觉地对党忠诚、听党指挥。

实现了马克思主义军事理论中国化时代化新飞跃。坚持用鲜活的马克思主义军事理论指导实践，是我们党建军治军的一条根本经验。面对世情国情军情的深刻变化，面对强国强军的时代要求，习近平强军思想作出一系列新的重大判断、新的理论概括、新的战略安排，指出世界正发生前所未有之大变局、我国正处于由大向强发展的关键阶段、我军正经历着一场革命性变革，强调国防和军队建设进入了新时代；阐明新时代军队使命任务和强军的奋斗目标、建设布局、战略指导、必由之路、强大动力、治军方式、发展路径等重大问题，把我们党对军事力量建设和运用规律的认识提高到新水平。习近平强军思想把全面推进国防和军队现代化纳入强国复兴大战略、大布局，擘画了未来几十年我军建设发展的蓝图，为我们走好新的长征路确立了行动纲领。这些理论上的重大突破、重大创新、重大发展，为丰富和发展马克思主义军事理论作出原创性贡献，开拓了当代中国马克思主义军事理论和军事实践发展新境界。

提供了大踏步走中国特色强军之路的根本遵循。过去一个时期，我军一度存在许多突出矛盾和问题，这种状态任其发展下去，军队不但打不了仗，甚至有变质变色的危险。习主席以巨大政治勇气和强烈责任担当，带领全军重振政治纲纪，坚定不移推进政治整训，有效解决了弱化党对军队绝对领导的突出问题；重塑组织形态，大刀阔斧全面深化改革，有效解决了制约我军建设的体制结构突出问题；重整斗争格局，坚定捍卫国家核心利益，有效解决了军事力量运用方面的突出问题；重构建设布局，创新发展理念和方式，有效解决了我军建设聚焦实战不够、质量效益不高的突出问题；重树作风形象，强力推进正风肃纪反腐，有效解决了不正之风和腐败现象滋生蔓延的突出问题。党的十八大以来强军事业取得历史性成就、发生历史性变革，根本在于习主席的坚强领导，在于习近平强军思想的科学指引。全面贯彻习近平强军思想，我军才能跟上全面建设社会主义现代化强国进程，在世界新军事革命浪潮中勇立潮头、赢得战略主动，朝着世界一流军队扎实迈进。

丰厚了培养"四有"新时代革命军人的精神滋养。拥抱新时代，践行新思想，实现新作为，必须有一代新人来担当。习近平强军思想蕴含着巨大真理力量和人格力量，与官兵有着天然的亲和力，是武装人、培养人、提高人的最好"教科书"。这一思想，坚守中国共产党人的初心和使命，充满道路自信、理论自信、制度自信、文化自信，为新时代革命军人立起了坚不可摧的精神支柱；坚持人民军队性质、宗旨、本色，发扬我党我军光荣传统和优良作风，为官兵传承红色基因、担当强军重任提供了思想政治营养；强调敢于斗争、敢于胜利，指出我军历来是打精气神的，一不怕苦、二不怕死的战斗精神永远都不能丢，为砥砺军人血性胆魄明确了努力方向；贯通中国梦强军梦我的梦，蕴含着观察世界、思考人生的科学方法，为书写军旅出彩人生提供了价值引领。用习近平强军思想铸魂育人，官兵心中就有了魂、脚下就有了根，培养"四有"新时代革命军人、锻造"四铁"过硬部队就有了根本保证。

思考题

1. 简述军事思想的种类和特征。
2. 简述中国古代军事思想的沿革及其基本内容
3. 毛泽东思想的主要内容是什么？
4. 毛泽东思想的核心是什么？
5. 邓小平新时期军队建设思想的科学含义是什么？
6. 邓小平新时期军队建设思想的主要内容有哪些？
7. 简述江泽民国防和军队建设思想的科学含义和主要内容。
8. 简述习近平军事思想的精神实质和丰富内涵。
9. 简述习近平强军思想蕴含的科学立场观点方法。
10. 简述习近平强军思想蕴含的科学立场观点方法。

第四章　现代战争

【本章概览】

　　战争是由超过一个的团体或组织，由于共同关心的权利或利益问题，在正常的非暴力手段不能够达成和解或平衡的状况下，而展开的具有一定规模的初期以暴力活动为开端，以一方或几方的主动或被动丧失暴力能力为结束标志的活动，在这一活动中精神活动以及物质的消耗或生产共同存在。另外，由于触发战争的往往是政治家而非军人，因此战争亦被视为政治和外交的极端手段。

【本章目标 】

　　（1）了解战争的基本知识。
　　（2）掌握新军事革命的历史背景、主要内容和发展趋势。
　　（3）掌握信息化战争的科学内涵、主要特征和基本作战样式。
　　（4）了解信息化战争的发展趋势和国防建设。

第一节　战争概述

一、战争的原因

　　历史上对战争及其产生根源有各种不同观点。自然主义战争学者认为，战争的根源在于自然环境和人类的生物本性，并认为战争是自然的和永恒的现象。宗教战争论者则认为战争是上帝对人的惩罚，并用超自然力量解释战争起因。种族主义者则认为，战争的起因是优劣民族之间差别。近现代地缘主义政治学者则认为战争是基于地理环境，即为争夺一定的生存空间和自然资源引起的。马尔萨斯主义者则认为，人口过剩和饥饿是战争的真正原因。历史唯物主义认为，战争既非从来就有，也不是永恒的，战争是社会生产力和生产关系发展到一定阶段的产物，是在私有制产生以后，随着阶级和国家的形成，出现压迫和被压迫时才出现的。历史上有各种类型的战争，包括侵略战争和自卫战争；正义战争和非正义战争，有传统战争和现代战争；局部战争和世界战争等多种类型。

　　在二战之前（包括二战），战争是由于参战各国经济、政治发展不平衡所导致的。在战后，直至 21 世纪初，大多是由于多极化与单极化的矛盾激化而导致的，但以后因宗教文化民族冲突升华引发的战争将是主要原因（如：巴以冲突）。战争的根源有政治、经济、社会、文化等多种因素。对战争状态的描述也有多种方式，现代国家主要从法律角度对战争进行描述。认为战争是交战国之间的一种特殊法律关系。这种战争状态通常经过一定的法律程序，并伴随着一系列的法律后果。战争状态是法律状态，它往往是交战双方或一方宣战，但彼此之间并不一定有实际的战争冲突。通常由国家最高权力机关宣布战争状态。交战国家一旦进入战争状态，它们之间就由和平关系转变为战争关系，战争法也同时开始适用。

二、战争的目的

战争的目的就是战争所要达到的预期结果。任何战争都是为了达到既定目的而进行的，具体表现为战争的军事目的、政治目的和经济目的。一般情况下，战争的一方达到预定目的后战争即终止；特殊情况下，也可能任何一方都达不成战争的目的，通过妥协双方议和协商以停止战争。

（1）战争政治目的：进行战争的阶级、民族和国家在政治上所要达到的根本目标。

（2）战争的经济目的：为了追求一定的经济利益，或其他物质利益，也是绝大部分战争的主要目的。

（3）战争的军事目的：通常为前两者的前提，只有军事目的达成，才有可能实现政治和经济目的。

三者关系是：战争的军事目的、政治目的、经济目的相互关联，融为一体。战争目的集中地表现为战争的政治目的，但达成战争的军事目的是达成政治目的的前提。政治是经济的集中表现。战争的经济目的往往潜在于战争的政治目的之中。不同战争的政治目的和经济目的可能是各异的，但军事目的都是相同的。一场战争，只有达成军事目的，才能实现政治目的和经济目的。不同类型的战争具有不同的目的。被压迫民族和被剥削阶级进行正义战争的目的是为了反抗阶级压迫和民族压迫，谋求阶级解放和民族解放，保卫国家的独立和领土完整。帝国主义、霸权主义进行的非正义战争是为了实行阶级压迫和民族压迫，维护反动统治，为了侵略扩张和争夺霸权。

战争目的制约战争规模、时间、投入战争的力量和结局。战争双方为了实现各自的目的，往往投入尽可能多的兵力兵器，力求在战争过程中转换力量对比，战争规模就可能扩大；如果战争一方迅速达成战争目的，战争时间就缩短。战争目的是主观的，但它必须建立在客观物质条件的基础之上。达成战争目的与政治、经济、军事力量、地理条件、国际环境、指挥员的素质等因素密切相关，主观指导必须符合客观实际。

第二节 新军事革命

新军事革命是特指在工业社会走向信息社会的时代，《世界新军事革命》以信息技术为核心并得以广泛应用，从而引起军事领域武器装备、军事理论和组织体制等一系列的根本变革，导致彻底改变战争形态和军队建设模式的一场革命。新军事革命包含 4 个要素：新军事技术、新武器装备、新军事理论、新组织体制。

一、新军事革命的历史背景

当前，国际形势正在发生复杂深刻变化，国际体系进入加速演变和深度调整期，各种国际力量加快分化组合。为适应新的国际安全形势，各国正在大力推进新军事革命，以增强自身实力和国际竞争力。

（一）新军事革命的基本态势

世界军事安全形势的基本态势是：国际安全环境总体稳定，抑制战争的因素不断增多，爆发大规模局部战争的可能性不大，但局部地区战乱不止，一些热点持续升温甚至接近战争边缘；主要国家积极进行战略调整，推进军事转型，加强核心军事能力建设，争夺有利战略位势，国际军事斗争更趋复杂，世界军事力量对比发生新的变化；中国周边军事形势尚属平稳，总体可控，但美国推行"亚太再平衡"战略，企图打破地区原有平衡，联手日本、怂恿菲律宾等国制造事端，引发地区局势不安。

（二）新军事革命的基本特征

世界军事安全形势的基本特征。

（1）结构性变化。"一超多强"的世界战略格局仍未打破，美国等西方国家仍占据强势地位，但新兴经济体快速兴起，世界战略力量对比正在悄然发生变化。

（2）复杂性变化：矛盾交织，叠加联动。当今世界基本矛盾依然是东西南北矛盾，但由于世界政治经济发展不平衡，南北矛盾已成为主要矛盾。西方大国为了控制战略资源，制造和插手地区动乱，引发危机和冲突。

（3）急剧性变化：危机突发，变化急剧。一些国家在内部积弊、外部插手的情况下，突然爆发民众街头运动，局势失控，引发国内武装冲突，甚至爆发全面内战，引起地区局势动荡。

（4）深远性变化：影响地区，关乎全球。美国"亚太再平衡"战略打破亚太地区平静，牵动一些国家调整战略，引发地区紧张局势。中东地区战乱和动荡也影响到全球安全[1]。

（三）新军事革命新的挑战

世界军事安全面临的新挑战，主要体现在以下四个方面。

（1）世界军事力量对比此消彼长，全球战略格局发生悄然变化。

（2）西亚、北非变局持续发酵，全球战略枢纽争夺激烈。

（3）亚洲地区热点升温，战略风险增大。

（4）非传统安全形势严峻。

二、新军事革命的主要内容

当前，世界新军事革命已进入深入发展阶段。主要国家一方面积极消化前期军事改革和转型所取得的成果，军队建设进入相对稳定期和调整适应期；另一方面，不断总结反思，调整纠偏，整合资源，准备推动新一轮军事改革。

（一）新军事革命的主要标志

世界新军事革命深入发展的主要标志：主要国家纷纷提出军队建设新的发展目标。美军提出了"二次转型"目标，要求建设更精干、更灵敏、更先进、战备程度更高的新型联合部队。俄军"新面貌"改革进入调整完善阶段，力求实现"精干高效、机动灵活、装备精良、训练有素"的建军方针。日本提出了"机动防卫力量"构想，力求建设快反、机动、灵活、持续的多能型自卫队。欧盟主要国家提出了"建立一支规模小、装备精、轻型化、机动灵活、快速反应能力较强的实战型军队"的建军方针。

（二）新军事革命的基本内涵

世界新军事革命深入发展的基本内涵。

（1）体制编制的联合化、小型化、自主化趋势更加明显。

（2）武器装备呈现出向数字化、精确化、隐形化、无人化的发展趋势。

（3）联合作战形态向"四非"（非接触、非线性、非对称和非正规）和"三无"（无形、无声、无人）作战方向发展。

（4）军队指挥形态更加扁平化、自动化、网络化、无缝化，一体化联合作战指挥体系逐步形成；现代国防管理体制不断完善。

（三）新军事革命的突出特点

世界新军事革命深入发展的突出特点。

（1）深刻性。主要国家军事改革正在从军事技术层面、军事组织层面、作战理论层面，深入到军事文化层面，提出了军事转型文化、联合文化和理论创新文化等。

（2）全面性。世界主要国家军事改革和军事转型不仅涉及信息化军事技术形态、联合化组织形态和高效化管理形态，而且包括了军事理论形态、作战形态、保障形态、教育形态等各个领域。

（3）务实性。美军着力提升指挥控制能力、情报能力、火力打击能力、机动能力、防护能力、保障能力、信息能力、国际交流能力。俄军着眼于提高应对各种安全威胁的能力，尤其是提高应对大规模空天袭击和地区战争的能力。

（4）不平衡性。美国始终处于领先地位；英、法等其他发达国家紧随其后，积极跟进，加快推进军事转型；俄罗斯开展"新面貌"军事改革，现已完成军事组织形态的转型；印度、巴西等新兴国家以改善武器装备为重点，正在进行有选择的军事改革。

当前，世界新军事革命加速发展，各主要国家加紧推进军事转型、重塑军事力量体系，这将对国际政治军事格局产生重大影响。

三、新军事革命的发展趋势

（一）新军事革命的技术形态

军事技术形态正在向智能化、网络化、微型化、高超声速的方向发展。主要国家着力发展各种新型武器装备。美军计划到 2030 年左右全面完成 C4KISR 系统建设。俄军计划到 2020 年前建成全军统一的自动化数字通信网络系统。美国、英国、法国、俄罗斯等国都在研制人工智能作战系统，包括无人飞行器、地面机器人、水面和水下机器人作战系统。一些国家已正式把网络空间作为继陆海空天电之后的第六维作战空间。美国正在研发各种网络侦察、网络防御和网络进攻等武器系统。俄罗斯网络攻防武器研制取得了突破性进展。目前，全球有 100 多个国家具有开发网络武器的能力。美国已成功进行 50 多次导弹拦截试验和数次电磁轨道炮试射，正在研制可攻击敌方卫星的 XSS-11 微型卫星。俄罗斯加紧研制空天飞行器。英法等国均有空天飞行器研制计划。日本和韩国加紧部署导弹防御系统。

（二）新军事革命的组织形态

军事组织形态正在向优化结构、减员增效、模块组合、"去重型化"的方向发展。

一是优化结构，完善联合作战效能。美国将联合作战层级由旅战斗队下沉至营战斗队；俄罗斯建立了 4 个联合战略司令部；日本成立了联合参谋部，形成了联合作战指挥体制；印度成立了联合国防参谋部和三军联合的战区司令部。

二是压缩规模，增加基本作战单位数量。主要国家军队在减少员额的同时增加基本作战单位数量。美陆军基本战术行动单位从 33 个增加到 73 个作战旅。俄陆军基本战术兵团从 36 个增加到 113 个常备旅。

三是"去重型化"，提升作战部队的机动能力。美军斯特赖克旅成为其陆军数字化程度最高、机动性最强、可遂行多种任务的主要作战部队。俄军实行新编制，按照不同任务分类建设轻型、中型和重型常备旅。英军和德军裁减了陆军重型装甲部队，组建了更加机动、灵活、轻便的，可遂行多样任务的新型作战旅。

（三）新军事革命 的作战力量

作战力量正在向一体化、无人化、网络化、太空化的方向发展。美俄等国军队正在大力发展新型作战力量，并在实战中运用和检验新的作战方式和方法。

一是无人化作战部队应运而生。目前，世界主要国家十分重视发展无人武器系统，正在积极着手建设无人作战力量。2013年底，全球在机器人方面的防务开支超过134亿美元。美国国会明确要求到2015年战场无人化作战系统达到50%。俄军预测，到2025年左右，人工智能机器人武器装备将成为未来战场上的主战武器装备，将彻底改变传统作战方式，带来军事领域的真正革命。

二是网络攻防部队成为重要作战力量。美国防部宣布组建40支网络部队，其中13支用来攻击对手。俄罗斯也建立了网络作战部队，其破网技术取得了突破性进展。目前，全球网络军备竞赛掀起高潮，超过40个国家组建了网络战力量。

三是新型特种作战行动作用增大。新型特种作战部队在规模数量、职能任务、作战方式和行动样式上发生了很大变化，成为可达成战略目的的新型作战力量。

四是空天作战部队正在酝酿建立。美国正在研制可攻击敌方卫星的微型卫星和空天飞机，到2020年前将可实施反导反卫星等太空攻防作战行动。俄罗斯拥有相当规模的太空武器，并明确将空天战略性战役作为在未来战争中首先实施的战略性战役之一。其他一些国家纷纷建立太空兵和太空司令部，积极准备实施空天作战行动。世界50多个国家拥有空间飞行器。主要大国基于时代前沿战略技术形成了特定战略能力。空间已经成为国际战略竞争的制高点。

（四）新军事革命 的国防管理

国防管理正在向注重战略规划、提高军费使用效益、增强科研创新能力、提高军队职业化水平的方向发展。主要国家十分重视国防改革，积极转变国防管理方式。一是提高战略规划水平。美国不断推动战略管理制度化、标准化和程序化建设，提高国防管理运行效率和国防投入效益。俄罗斯制定了《2020年前俄联邦武器装备发展纲要》等一系列战略规划文件。法国国防部制定了"六年军事规划法"和军队发展中期和长期计划。二是提高国防投入效益。美国更加强调优化军费投向投量，对关键地区、关键领域和关键力量的投入不减反增。俄罗斯近五年军费预算平均增长率为20%左右，装备采购费比重不断加大。三是提高科技创新能力。美国不断加强对军事前沿技术、高技术装备和高风险项目进行总体规划及跟踪研究。俄联邦积极调整优化国防科技布局和军工体系，提升国防科技竞争力。四是提高军队职业化水平。法军暂停义务兵役制，实行全面职业化。德国从混合兵役制转向全志愿兵役制。俄军始终把职业化作为军队建设的发展方向，其合同兵比例不断提升。

第三节　信息化战争

信息化战争是一种全新的战争形态。只有正确认识信息化战争的科学内涵及其形成与发展等基本问题，才能准确把握信息化战争的实质。

一、信息化战争的科学内涵

对于信息化战争的概念，国内外学术界有各种不同的定义。近年来，我军也对"信息战""信息作战""信息化战争"等进行了广泛研究。综合起来看，我国对信息化战争概念的基本认识为："信息战是一种作战形式，信息作战是一种作战行动，信息化战争是一种战争形态。"信息化战争是"依托网络化信息系统，使用信息化武器装备及相应作战方法，在陆、海、空、天和网络电磁等空间及认识领域进行的以体系对抗为主要形式的战争"。

信息化战争作为信息时代战争的基本形态，以信息为主导，以信息技术为支撑，以信息化军队为主要力量，以信息化作战为主要作战形式。具体而言，上述信息化战争的定义具有以下科学内涵。

一是时代性特征。信息化战争是信息时代的产物，是机械化战争向信息化战争演变而出现的一种全新的作战形式。有关战争的理论、指导思想、作战指挥、战争特点等，具有鲜明的信息时代的特征。

二是交战双方至少有一方具备信息化作战能力。所谓信息化作战能力，是指部队利用信息化装备进行预警探测、指挥控制、精确打击和信息对抗的作战能力。它是把信息能力与杀伤力、机动力、防护力、保障力相结合的综合作战能力。

三是要使用信息化、智能化武器装备，各作战单元形成网络化、一体化的整体，从而构成完整的作战体系。

四是在多维空间进行。信息化战争的作战空间不仅包括地面、海上（水下）、空中、太空等广阔的有形战场空间，也包括信息、电磁、心理等无形空间。特别是在信息空间、认知空间和心理空间进行的作战都将占相当比例。

五是信息精确控制起主导作用。信息可精确控制在作战中表现为火力和机动力的物质和能量。信息不仅是一种资源，更是一种作战能量，同时也是各种作战力量的黏合剂和倍增器，是作战制胜的主导力量。

二、信息化战争的主要特征

信息化战争有着不同于机械化战争的特点。只有从总体上认识信息化战争的基本特征，才能把握信息化战争的规律，从而驾驭信息化战争。

（一）战场空间的多维一体化

经过第一次世界大战、第二次世界大战和第二次世界大战后几场局部战争的发展，以电磁通信为核心的电子战发展为多种样式，如电子侦察、电子干扰、无线电欺骗、模拟佯攻等。电子战成为现代战场作战的重要组成部分，电磁空间已经成为独立的战场争夺空间。

第二次世界大战结束后，高空物理、天体物理和航天技术的发展促使人们将探索的目光投向从未涉足过的太空。人造卫星、航天飞机相继上天，标志着人类的活动领域已经扩展到太空。许多国家已经着手组建航天部队，并提出了高边疆战略和"制天权"学说，将战争的空间扩展到了太空。

现代的信息化战争的战场空间形态由以陆、海、空、天、电磁等为主体的实体空间，向以网络、人的认知领域等为主体的虚拟空间扩展，实体空间与虚拟空间相结合成为信息化战争战场空间形态的基本特点。信息化战争的作战行动不但在传统的陆、海、空、天、电磁等领域展开，而且还将在网络、人的认知领域等虚拟空间进行激烈的争夺。

（二）武器装备的高度信息化

武器装备是进行战争的武器系统，也是不同战争形态的首要标志。工业时代的机械化战争是以机械化武器装备为物质基础所进行的战争，主要使用坦克、飞机、枪炮之类的机械化兵器。信息化战争作为一种新型的战争形态，是运用以计算机技术为核心、以信息技术为基础的一体化武器装备系统所进行的战争。其武器装备系统的显著特征是高度的信息化，其构成主要包括信息攻防武器系统、单兵数字化装备和指挥控制系统（C^4ISR）。

信息攻防武器系统、单兵数字化装备和指挥控制系统将战场有机地联结为数字化战场，实现了战场情报、通信、指挥、控制、战斗勤务支援、软杀伤和硬杀伤等功能的一体化，从而使信息化战争出现了完全不同于机械化战争的崭新面貌。

（三）战争能量释放形态的信息主导化

战争中的能量释放形态是战争形态的一个重要标志。信息化武器装备释放的是热能，其能量释放形态是信息主导的能量释放形态。所谓信息主导的能量释放形态，是指信息化武器装备本身具备的能量释放及信息技术主导下的能量释放。信息本身可用于软攻防作战，如病毒与反病毒、黑客与反黑客等。

信息化战争中的能量释放不但讲究能量释放的精确性，更加注重能量释放的有效性，而且信息主导的能量释放还便于与人工智能、知识能结合和在组织指挥领域发挥效能。由于信息主导的能量释放形态是可控制的能量释放形态，是扩大新空间的释放形态，是人机结合的智能化能量释放形态，是软硬结合的能量释放形态，是系统化的能量释放形态，因而信息主导的能量释放形态与一般的热能释放形态相比是能量释放形态质的跃升，是机械化战争形态向信息化战争形态转型的基本标志。

（四）基于信息系统的体系作战能力成为战斗力的基本形态

战斗力基本形态是指在特定的战争形态下，在一定的社会经济基础和科学技术基础上，作战能力所体现出来的基本状态。所谓基于信息系统的体系作战能力，就是以综合的电子信息系统为纽带和支撑，各种作战要素、作战单元、作战系统相互融合，将实时感知、高效控制、精确打击、快速机动、全维防护、综合保障集成为一体，所形成的具有倍增效应的体系化作战能力。它具有以下几个基本特征。

（1）军队数量、质量、能量之间的关系发生了深刻的变化，人员和武器装备的数量规模并不等于质量优势，更不等于能力优势，利用一定的手段和方式来获取和建立信息优势，并将信息优势转化为决策优势、行动优势和战争胜势，即质量优势决定作战能力水平。

（2）基于信息系统的体系作战能力是诸军兵种作战能力的高度融合，不但武器系统高度融合、作战单元高度融合，而且各种作战要素也高度融合，即诸军、兵种作战（保障）力量紧密结合，实现作战效果聚优。

（3）信息在信息化战争中是最为基础和最为重要的作战资源，主导着作战体系中的各要素和作战行动，信息和火力由于信息系统而实现一体化，从而主导着军队整体作战能力的发挥。

不同的时代，战争形态不同，主导战斗力形态也不同。人类战争战斗力的基本形态正在向信息化战争时代的"信息力+机动力+火力"而形成的"基于信息系统的体系作战能力"转变。正确认识信息化战争战斗力形态的转变，有助于我们找准军队信息化建设的着力点和目标，从而切实实现我军信息化战争条件下战斗力生成模式的转变。

（五）软杀伤与硬摧毁有机结合成为作战的普遍法则

软打击和软杀伤与硬打击及硬杀伤相互配合，成为信息化战争的基本战争手段。当前，软打击与硬杀伤组合运用已经成为信息化战争作战的鲜明特征。一方面，随着信息化战场的形成，电子领域、网络领域、心理领域的斗争更加激烈，交战双方主要运用信息和信息系统在电子空间和网络空间进行"软"攻防对抗，这种"不流血的战争"蕴含着巨大的破坏和毁伤能力。另一方面，信息化战争并不排斥传统的硬打击方式，传统的硬打击往往有信息化的软杀伤与之配合，使硬打击的效果更佳。软杀伤与硬打击的有效组合，既可以成为强者宰割弱者的利器，也可以成为弱者对抗强者的手段。

信息化战争中软杀伤与硬打击的有机结合主要体现在以下三个方面。

（1）电子杀伤与物理摧毁并举。近期几场局部战争表明，暴风骤雨般的电子压制通常是战争开始的序幕，然后伴随着强大的火力打击和硬杀伤。在未来的信息化战争中，软硬一体化的电子对抗必将成为争夺战场主动权的关键。

（2）网络攻击与火力攻击并重。在传统战争中，集中兵力和火力对敌实施硬打击是夺取胜利的基本方法，而在信息化战争中，火力打击作为一种硬打击仍然发挥重要作用，但网络攻击等新的软杀伤方法将成为主要的制胜手段。

（3）心理战与歼灭战结合。在信息化战争中，心理战上升到战略地位，已经超出单纯的军事斗争领域，拓展到政治、经济、外交、文化等各个方面。信息化战争中的心理战将贯穿战争的始终，可以极大地震撼敌方军民的心理，甚至摧毁和剥夺敌方的抵抗意志，从而极大地提高战争效益。

（六）信息系统成为作战双方的主要打击目标

机械化战争的制胜之道主要是通过大量杀伤、消耗敌有生力量、毁灭敌国战争资源来改变作战双方的力量对比，从而最终赢得胜利。随着科技的发展、文明的进步，以及对战争研究的深入，人们逐步意识到战场上打击并歼灭敌有生力量并不是战争胜利的唯一途径。

随着军队侦察探测、指挥控制和远程精确打击能力的大幅度跃升，以及战争实践的发展，人们发现，通过精确打击敌军作战体系的重心——计算机、通信、指挥、控制、情报搜集、侦察监视及杀伤系统（即 C^4ISRK 系统），可以瘫痪敌军作战体系，从而无需歼灭敌重兵集团就可以使敌军各部队陷入"看不见""听不见""摸不到"的状态，乱作一团，各自为战，直至丧失战斗意志，最后投降。因此，在信息化战争中，消耗战、歼灭战的观念逐渐改变，瘫痪战的观念逐步确立。

在信息化战争中，战场认知系统、战场通信系统和指挥控制系统是构成信息化战场的三个主要和基本的支柱。战场认知系统是获取战场情报和收集战场信息的关键，是实现正确决策和指挥的基础；战场通信系统主要是指战场信息的传输系统，它是战场的"神经中枢"，也是进行正确决策、指挥、控制的保障；指挥控制系统主要是指战场上的各级作战指挥机构，它是战场的终端。

信息化战争中"三大系统"在战场上具有突出重要的地位，其存在与否、能否发挥作用直接制约着战争的胜负，因此成为信息化战争中攻防双方进行战场打击的"重心"，通过瘫痪这三大信息系统，就能够迅速达成战争目的。

（七）制信息权成为战场争夺的核心和基础

制信息权是指在一定的时空范围内控制战场信息运用的主动权。它是夺取制空权、制海权以及陆上、太空作战主动权的先决条件。制信息权主要表现在信息获取、信息传递、信息处理和信息压制这四个基本环节的信息作战的斗争上。制信息权是现代战场争夺的"第一基点"，是争夺制空、制陆、制海等主动权的核心和基础。

首先，信息化战争中的战场作战是敌对双方多维作战力量组成的作战体系之间的较量。

信息是沟通陆、海、空、天战场，实现多维作战力量一体化的主要依托。在信息化战争中，信息是核心资源，它与物质和能量一起构成了信息化战争的力量基础，在战争力量构成中起着融合剂和倍增器的作用。具有信息优势的一方，能够把各作战部队、单兵及作战平台有机地联结为一个整体，从而构成一体化的作战力量，对敌方实施高效的打击和控制。而不具备信息优势的一方，则无法了解"我在哪里，敌人在哪里；我在做什么，对手在做什么。"因此，信息化战争的一切作战行动将主要围绕"制信息权"的争夺而展开。

其次，信息化战争中信息攻击和信息防护的相互斗争，将最终发展成为围绕夺取制信息权而展开的信息作战。信息作战是联合作战中夺取胜利的关键。信息作战的主要任务是破坏、瘫痪敌方的信息系统，干扰影响敌方信息的获取、处理、传递和利用，保护己方信息和信息系统的安全。从这个意义上说，信息化战争中的一体化作战行动将突出地表现为信息作战。从近期几场带有信息化特征的局部战争可以看出，信息作战贯穿于战争的始终。实施信息作战可以为己方夺取和保持制空权、制海权、制电磁权等创造前提条件；可以驱散己方的"战争迷雾"，加重敌方的"战争迷雾"；可以提高己方的指挥效率，充分把握和利用战机；可以提高己方武器的打击命中率，大大强化作战效益。

因此，信息作战较量的结果将直接决定战场主动权，乃至战争的胜负。优势一方，如果失去了"制信息权"，将成为"瞎子、聋子和靶子"，陷入被动和挨打的困境；劣势一方，如果掌握了"制信息权"，也可以获得战场主动权。

三、信息化战争的基本作战样式

信息化战争的基本作战样式和过去传统战争的作战样式不同。传统战争的作战样式可以表现为阵地战、运动战、游击战、闪击战、持久战等各种作战样式，但集中到一点，它们都是侧重于以物质力量为中心展开的作战行动。而信息化战争则是以信息的获取权、控制权和使用权为核心进行的争夺，由此使得信息化战争的作战样式将更加异彩纷呈。

（一）制信息权争夺战

制信息权争夺战是运用多种手段以夺取一定时空范围内战场信息控制权为目的的作战。在信息化战争中，及时掌握制信息权成为作战行动的前提，是战斗力的倍增器。作战中要掌握战场的主动权进而实现行动的自由，首先必须夺取战场的制信息权。因此，制信息权争夺战将是未来信息化战争中的基本作战样式之一。

（二）制天权争夺战

战争主动权的重心随着战争形态的演进，从制陆权转到制海权，再转到制空权，目前已经转向制天权，并日益体现其主导战争胜负的巨大价值。谁夺取了制天权、控制了空间，谁就可以居高临下地控制战场，并能有效利用空间信息系统，保障地面、海上、空中武器系统稳定运行；反之，如果没有制天权或局部制天权，就很难夺取和保持制空权和制海权，在战争中就可能处于被动地位。更为重要的是，没有制天权，空间信息系统便难以有效运行，对地面、海上、空中武器系统的保障更是无从谈起，从而也就难以有效争夺制信息权。

争夺制天权基本目的是破坏敌方的空间系统和限制敌方在空间行动自由，进而保护己方空间系统和保证己方在空间行动自由。由于空间系统的脆弱性、易毁性以及空间防御技术的复杂性，使得空间打击可能成为争夺制天权的主要方式和争夺战争主动权的重要内容。

（三）战争结构破坏战

战争结构破坏战是着眼战争全局，综合运用各种作战方法和手段，从破坏敌方维系整体作战能力的系统与联系入手，通过设谋用巧、避实就虚，打击敌方作战协调行动的关节，造成敌方作战力量结构的紊乱和作战行动程序结构的脱节，致使敌方整体作战能力迅速降低，进而集中力量各个击破，达到瓦解和歼灭敌军的目的。

（四）心理系统瓦解战

心理系统瓦解战是信息化战争中的重要作战样式之一。它是以改变个体和群体心理状态为目标，运用各种形态的信息媒介，从认识、情绪和意志上打击瓦解敌人的一种作战样式。它着眼于对人的精神上、心理上的征服，利用人在对抗环境中的心理变化规律，通过大量的信息传递，干扰破坏敌方的决策过程和决策结果，瓦解敌方士气，削弱其抵抗意志，使其作出错误的决定，放弃抵抗、逃避战斗乃至缴械投降，从而不战而胜。

（五）指挥中枢瘫痪战

指挥中枢瘫痪战是在信息化战争的战场环境中，以指挥决策者为主体，以破坏和瘫痪敌战场认识系统、信息处理系统和指挥控制系统为主要作战目标，综合运用以信息技术为核心的武器装备、作战系统和作战手段，剥夺敌方战场信息获取权、控制权和使用权，使敌方决策者和指挥机关难以下定正确的决心和进行有效的作战指挥。

（六）战争潜力削弱战

战争潜力是指在一定时期内，国家或政治集团通过动员能够用于扩充武装力量，满足战争需要的一切物质力量和精神力量的总称。具体地讲，它就是经过战时动员能为战争服务或使用的人力、物力、精神和科学技术等诸多因素构成的潜在的军事实力，寓于国家的综合国力之中。

由于科学技术的发展及其在军事领域的广泛运用，信息化战争已经活跃于战争舞台，战争潜力的构成发生了很大的变化，战争中的科技要素明显突出，战争比以往更加需要高素质的人和高科技的物。战争潜力削弱战就是综合运用硬摧毁与软杀伤的手段，削弱对方为战争服务或使用的人力、物力、精神和科学技术等诸多因素构成的潜在战争力量，破坏对方将战争潜力转为战争实力的转换机制，动摇对方的战争基础，使对方无法继续进行战争，从而达到迅速战胜对方的目的。

四、信息化战争的发展趋势

作为一种崭新的战争形态，信息化战争尚在发展之中，但传统的战争内涵已被打破，并呈现出扩大化趋势，即信息化战争使传统的战争目的、战争行动、战争层次、战争主体都发生了变化。从战争形态自身发展的规律和信息化军事变革发展的趋势来看，未来信息化战争的发展趋势主要体现在以下诸多方面。

（一）战场空间透明化

在未来的信息化战争中，战场侦察手段将囊括空间感知技术、空中感知技术、地（海）面感知技术等各个领域，前线的传感器、太空的卫星将不停地把各种情报传输给计算机，并把这些情报信息图像画面实时地显示在指挥所的显示屏上。所有己方战斗人员均可同时获得这些图像，从而对敌我双方的位置、态势，以及集结、运动等情况都看得一清二楚。

目前，美军等发达国家的军队正在大力建设数字化战场，其目的就是使战场透明化。实现战场数字化后，可以把情报从战区、军、师司令部等单位以数字的形式传输给旅、营、连乃至单个战斗车辆和单兵，使各级指挥官和战斗人员实现信息共享。当然，战场透明是相对的，只要是战争，战场就不可能绝对透明。但是，由于侦察技术的发展和战场伪装识别能力的提高，战场透明的天平总体上是倒向信息技术优势一方的。

（二）打击目标精确化

从某种程度上讲，未来信息化战争实质上就是精确化战争。其主要特点就是精确化的目标控制、精确化的火力控制、精确化的打击强度。在近期几场信息化局部战争中，精确化打击不仅降低了战争风险，而且减少了作战消耗，大大提高了作战效费比。随着 C^4ISRK 系统和战场信息化体系的日臻完善，军队的侦察预警精确、机动定位精确、指挥协调精确、信息传递精确、毁伤评估精确等方面的能力将得到极大的提高，将导致精确作战成为未来信息化战争的基本理念。

（三）力量运用高效化

信息化武器系统不仅是物质和能量的结合体，还是以信息技术为核心的高技术群的物化反映。因此，物质、能量、信息构成了信息化武器的三大基本要素。这种构成要素的变化决定了信息化武器杀伤机理的变化。信息化武器除了具有传统的、有形的、物理的、化学的、机械的杀伤力以外，还具有独特的信息力。

信息力的功能主要是杀伤力、整合力、心理打击力。它不仅追求武器打击能量的增加，而且还追求打击精度和打击效能的提高。信息化武器实现了由粗放式能量释放向聚能式能量释放的转变，极大地提高了武器的效能，使作战力量的运用能够实现高效化。在未来的信息化战争中，大量信息化武器和新概念武器的运用将使未来信息化战争具有亚核战争的威力。

（四）制胜机理发生变革

着眼于夺取以制信息权为主的综合制权和实施高度自主灵活的体系破击，是信息化战争制胜的基本机理，也是打赢信息化战争的基本途径。以往战争的制胜机理大致有两大规律：一是强胜弱败，二是火力和机动力制胜。而信息化战争的制胜规律，除了这两条外，还有以下新的制胜规律。

1. 信息制胜规律

在信息化战争中，信息优势取代火力、机动力成为衡量双方力量优劣的首要标志，成为整体作战和高效作战的前提和制胜基础，从信息优势中谋求整体对抗优势，成为信息化战争制胜的根本途径。信息优势对作战过程和结局最根本的影响在于强化整体作战能力，即通过形成信息优势、决策优势、竞争优势、全谱优势，使拥有信息优势的一方最终赢得战争胜利。

2. 整体制胜规律

从近几场高技术局部战争看，战争无论规模大小，国家的战略能力都是赢得信息化战争胜利的基础。只有把国家的战略能力与军事打击能力相结合，把政治、经济、外交、科技、文化领域的斗争与战场作战相结合，才能赢得未来信息化战争的胜利。

3. 虚拟主导现实规律

20 世纪下半叶以来，人类军事活动领域开始从陆、海、空"老三维"进入宇宙空间、信息空间和心理空间（美军认为是认知空间）"新三维"。这就打破了传统实体战争空间的约束，使人类的作战方式和战争形态发生了巨大变化。宇宙空间、信息空间和心理空间构成的没有国界的无限、无影、无形空间，有人称之为虚拟空间、虚拟领土。

在信息时代，一个国家政治、经济、科技、文化、军事的安全不再仅仅局限于陆、海、空这些现实领土，而在很大程度上取决于是否有能力夺取"虚拟领土"，是否有能力管辖好"虚拟领土"。如果一个国家不能拥有"制虚拟领土权"，那么其保护传统领地的能力就很值得怀疑。因此，"制虚拟领土权"是新的军事制高点，未来谁控制了更多的"虚拟领土"，谁就拥有更多的主动权。

4. 人机融合规律

信息化战争是人机一体的战争，人的智能与武器的性能融为一体，武器被赋予智慧和灵性。信息化战争中的指挥艺术和军事谋略在很大程度上表现在战前的作战运筹和战争中的战略性交战中，甚至被融入人机交互系统、专家知识库系统和武器智能制导系统中去。也就是说，人的智能既向战争过程中前伸了，也向战争之前位移了。在信息化战争中，如果人的头脑和电脑不能有效连接和沟通，不能实现有效的人机融合，那么人就没有办法进行战争思维，更没有办法实施指挥控制。因此，未来的信息化战争将是人机融合共同制胜，谁违背了这一规律，谁就会失败。

5. 体系对抗规律

信息化战争的基本特点是信息主导，体系对抗。

（五）作战行动实时化

信息化战争作战行动的实时化是指部队能够实时获得战场信息，实时作出决策，实时采取行动，实时完成打击。在信息化战争中，几分钟前有效的信息，转眼间就可能变成零价值的东西。在未来的信息化战争中，由于战场感知能力的提高，发现目标即意味着目标即被消灭将成为现实，信息化作战行动的实时化将更加突出。

（六）作战手段智能化

未来信息化战争作战手段的智能化主要体现在以下几个方面。

一是指挥控制手段的高度自动化和智能化。未来的 C^4ISRK 系统将真正实现侦察监视、情报搜集、通信联络、指挥控制和打击杀伤的无缝链接，成为作战指挥与控制的信息高速公路，可以高度自动化地确保指挥员近实时地感知战场和下定决心，协调和控制部队及武器平台的作战与打击行动，使作战行动实现高度的自动化和智能化。

二是大量智能化的武器系统和作战及保障平台将装备军队并投入作战，使整个作战过程从侦察监视、感知战场态势、获取情报并处理和传输、下定决心、发出指令、实施打击、毁伤评估等环节，都能够实现高度的自动化和智能化。

另外，未来的信息化战争既存在传统对抗领域里的激烈对抗，也存在智能化领域里的激烈对抗，甚至是以智能化领域里的对抗为主。例如，知识、信息和思维这些智能化的范畴既可能是作战所使用的手段，也可能是作战中要打击的目标。因此，在智能化领域中将会发生大量的直接对抗的作战行动，如直接打击敌方的 C^4ISRK 系统或破坏敌方的决策程序等。

（七）网络战将成为战略级战争样式

2011 年 2 月 8 日，美国军方发表了《国家军事战略》，"网络战"和亚太地区成为美军关注的新战略重点。英国政府也将国家的网络政策从"防御型"转为"攻击型"。日本也正在建立专门的"网络空间防卫队"，将对一部分海、陆、空自卫队各自负责的信息安全工作进行统一管理，负责监控防卫省和自卫队的网络安全。2011年5月，中国国防部也宣布，中国已经建立一支"网络蓝军"，该部队是根据训练的需要，为提高军队的网络安全防护水平而设立的。今后，网络战将成为常规部队的训练科目之一。

从美国等国的网络战实践来看，网络战大致可归结为网络情报、网络阻瘫、网络防御、网络心理、网电一体五种作战样式。以往各国主要是将网络战作为信息化战争的重要作战方式，而未来网络战则将上升为一种战略级的作战样式甚至是战争样式，对于维护国家网络安全甚至是整个国家安全和发展具有重大的战略意义。

五、信息化战争的国防建设

信息化战争不但改变了人类进行战争的方式和理念，还要求各国将自身的国防建设推向新境界。只有正确认识信息化战争对国防建设提出的新要求，才能推进中国特色的国防建设又好又快地发展，使我们增强打赢信息化战争的能力，树立打赢信息化战争的信心。

（一）树立与信息化战争相适应的国防观念

1. 树立信息化国防观念

要取得信息化战争的胜利，仅有战争的正义性和民众及军队的抵抗精神是不够的，必须以强大的国防实力作支撑，才可能打赢信息化战争。必须牢固树立信息化国防的观念，利用好21世纪初的重大战略机遇期，加快国防信息化建设，为打赢未来信息化战争做好物质上的准备。

2. 树立信息化人民战争观念

在信息化战争时代，必须牢固树立信息化人民战争观念，坚持以人民战争思想作指导，探索信息化战争的制胜之道，坚持以信息化战争的特点和规律为依据，发展和创新人民战争的战略战术。要做到人民战争理论与信息化战争理论的高度统一，确立用人民战争理论指导打信息化战争和用信息化战争手段打人民战争的理念。以人民战争理论作指导，加强国防建设，探索未来信息化战争中人民战争的制胜之道，这样就不但有打赢的信心，而且还具有打赢的优势。

3. 树立维护国家信息安全的观念

在加强国防建设过程中，必须牢固树立维护国家信息安全的观念，在加强国防信息化建设的同时，要高度重视加强国家信息安全领导机构建设，建立和健全国家信息安全法规与制度，探索各种技术手段和行政措施，确保国家信息安全。如果在国防建设中只重视信息化建设，不重视国家信息安全的维护，或者手段和措施落后，都不可能捍卫国家信息安全和打赢未来信息化战争。

（二）加强国家战略能力建设

要想打赢未来信息化战争，不仅需要强大的军事能力，还需要由政治、经济、文化、科技、外交等因素综合构成的国家战略能力。国家战略能力是信息化战争制胜的基础。

迎接信息化战争对国防建设带来的新挑战，最重要的就是要利用好 21 世纪的重大战略机遇期，抓紧推进中国特色的军事变革，努力在建设全面小康社会的历史进程中，着眼打赢信息化战争的客观需要，努力把国防建设搞上去，切实营造强大的国家战略能力，为我军打赢未来信息化战争奠定先胜的国家战略基础。

（三）加快信息化军队建设的步伐

信息化战争的主体和骨干力量是信息化军队。当前军队建设最紧迫、最重要的任务则是要加强我军信息化武器装备研制和建设，推动军事训练向信息化条件下转型，加快战斗力生成模式转变，切实提高我军"基于信息系统的体系作战能力"，解决我军作战能力与信息化战争要求不适应的主要矛盾。

我军信息化建设是一个复杂的系统工程，要坚决落实党的十八大报告提出的任务，坚定不移地把信息化作为军队现代化建设发展方向，推动信息化建设加速发展。

（1）要大力发展信息侦收技术、信息传输技术、信息处理技术、信息网络技术、精确制导技术、信息对抗技术等军事信息技术，筑牢军队信息化建设的基础。

（2）要大力发展信息化武器装备体系，重点加强信息化武器装备的硬件建设，尽快建立起我军信息化武器装备较为稳固的物质基础。同时，又要充分重视信息化武器装备的软件建设，使硬件与软件配套，使系统与系统配套，大幅度提升我军信息化武器装备的作战效能。

（3）要加快军事组织体制的改革调整，建立与信息化战争相适应的体制编制，提高我军进行信息化战争的指挥效能和作战能力。

（4）大力加强我军的后勤信息化建设，形成信息化保障体系；最为重要的是，要把培养一大批具有高科技素质的信息化军事人才队伍作为加强我军信息化建设和实现我军"双重历史任务"的第一要务来抓，为我军的信息化建设和转型提供强有力的人才和智力支撑。

（四）将国防信息化建设融入国家的信息化建设之中

信息化战争不仅是敌对双方军事信息系统和作战体系的对抗，还是以国家信息化基础设施为基础的战争体系的综合对抗。信息化战争要求我们在谋划国防信息化建设时，要切实按照党的十八大强调的走军民融合式发展路子的要求，要以国家的信息化建设为基础，考虑国家信息化建设时，要把国防信息化建设融入其中。

事实上，国家信息化建设和国防信息化建设在目标、过程和方法等各个方面都是一致的。加强国防信息化建设，必须以国家信息化建设的总体战略为依据，充分利用国家信息化建设的成就为加速国防信息化建设服务。同时，国家信息化建设要把国防信息化建设纳入自己的规划和发展视野，予以通盘考虑和统筹协调，使国家信息化建设和国防信息化建设协调发展、同步发展。

（五）信息化战争理论体系的创新

建设信息化军队，打赢信息化战争，必须构建具有自身特色的信息化战争理论体系，必须着眼于信息化战争的特点与规律，从我军实际出发，构建我军面向信息化战争的军事理论体系，以先进的创新军事指导理论引领我军的信息化建设和信息化战争的重大实践，只有这样才能为建设信息化军队和打赢信息化战争提供科学的理论指导。

面向信息化战争的军事理论体系主要包括信息化战争与战略理论，信息化作战、指挥与保障理论，信息化国防与军队建设理论。

（1）信息化战争与战略理论要重点研究信息时代的国防安全理论、战争战略理论、军事威慑理论、人民战争理论。

（2）信息化作战、指挥与保障理论主要研究信息战理论、联合作战理论、信息化作战指挥理论、信息化保障理论。

（3）信息化国防与军队建设理论主要研究信息化军队建设理论、信息时代的国防动员理论、信息时代的军事创新理论等。

思考题

1. 简述战争的原因和目的。
2. 简述新军事革命的历史背景及其主要内容。
3. 信息化战争的科学内涵是什么？
4. 信息化战争有哪些特征？
5. 信息化战争的基本作战样式是什么？
6. 简述信息化战争的发展趋势。

第五章　信息化装备

【本章概览】

武器装备信息化是指利用信息技术和计算机技术，使武器装备在预警探测、情报侦察、精确制导、火力打击、指挥控制、通信联络、战场管理等方面实现信息采集、融合、处理、传输、显示的网络化、自动化和实时化。

发展信息化武器装备既是军事变革的基本内容，也是实现我军信息化建设目标的关键所在。信息化武器装备的出现，是信息技术、计算机技术、空间技术及新材料技术等高新技术，作用于传统武器平台的必然结果。

【本章目标 】

（1）了解信息化装备的基本知识。

（2）了解主战飞机、主战坦克和军用舰艇。

（3）掌握军事指挥信息系统和全球卫星导航系统。

（4）了解新概念武器、精确制度武器和核生化武器。

第一节　信息化装备概述

一、信息化建设的现状和选择

（一）信息化建设的现状

目前，世界上融入信息化建设和改造的国家军队大约有十几个，从先行一步的发达国家军队的实践看，在信息化武器装备发展和建设上，大体上有以下几种类型的选择。

（1）"休克式"的彻底换代，即按照未来信息作战的需求，直接生产平台与系统一体的信息化武器装备。

（2）"渐进式"的滚动微调，即运用信息技术，对现有的机械化武器平台进行信息化改造。

（3）"复合式"的同步发展，即"远近兼顾""软硬并进"，开发与改造并重，选择的是一条中间道路。

（二）信息化建设的选择

由于国情军情不同，这几种选择，各有各的道理，但从实践情况看，也还存在一些问题。"休克式"快捷，但需要大量财力投入，一般国家不敢干也干不起。"渐进式"稳妥，但只能在发达国家后面跟进，难以有大的作为。"复合式"既积极又稳妥，比较可取，可以边开发边改造边形成战斗力。这三种办法，有的可学，有的不可学，有的是学不了的。我军处于后发之势，要想实现跨越，完成好双重历史使命，而不是在发达国家后面尾随或跟进，就不能不从自己的国情军情出发，先思而动，在借鉴和扬弃的基础上，选准目标，走出自己的路。

这条发展道路应该是：以未来作战需求为牵引，以满足国家安全需求为目的，借鉴发达国家有益做法，充分吸纳和运用已有的信息技术成果，开发与改造并重、信息化战场环境建设与武器平台的信息化建设和改造并重，软硬件建设兼顾，找准短板，突出重点，有所为与有所不为相结合；不求最好，只求足够好的具有中国特色的"复合式"发展道路。

从发达国家变革实践的经验教训看，仅仅进行了武器平台的信息化改造和研制是不够的，还必须在进行武器平台的信息化开发和改造建设的同时，尽快编织国家和军队战略级的"天网"与"信息伞"，没有"天网"和"信息伞"提供支撑和屏护，预警探测、情报侦察、精确制导、火力打击、指挥控制、通信联络、战场管理等领域信息的采集、数据的融合、系统的集成和无缝隙的链接等，一切都将无法实现。

实质上，"天网"建设本身就是信息化武器装备建设的一个重要组成部分。从近几场局部战争不难看出"天眼"和"天网"的重要性。没有空间优势，就没有信息优势。制信息权源自制太空权，信息时代也是太空时代。空间优势不仅在军事上具有战略意义，在国家经济建设上也同样具有战略意义。美军新版转型计划的核心就是发展空间攻防武器装备，谋求太空优势。

过去打仗，是平台对平台。现在和未来打仗，是系统对系统。未来战争是"信息伞"加精确制导武器的战争，即网络加平台的战争，二者作为同一个系统的相互要件，缺一不可。武器平台的信息化改造，是我军由机械化向信息化转型过程中的一种选择。这种过渡时期的选择和设计，应作为国家和军队的统一行为。

二、信息化准备的发展方向

武器装备信息化沿着两个方向发展：一个是对机械化武器装备进行信息化改造和提升。需要说明的是，武器装备信息化不是对机械化武器装备的简单否定抛弃，而是对机械化武器装备改造和提升。形象地讲，就是把计算机技术和信息技术以模块形式嵌入机械化武器装备之中，使机械化武器装备具备类似于人的"眼睛、神经和大脑"的功能，从而使其综合作战效能倍增，满足信息战争作战的需要；另一个方向是研制新的信息化武器装备，如

C4ISR 系统、计算机网络病毒、军事智能机器人等。武器装备信息化将使电子信息系统在武器装备体系中的比重将越来越大，相应的作战保障装备的地位和作用不断提升，武器装备体系中除了传统的硬杀伤兵器，还将出现软杀伤兵器。

发展信息化武器装备，既是军事变革的基本内容，也是实现我军信息化建设目标的关键所在。信息化装备是指信息技术含量高、信息起主导作用的作战武器和保障装备，主要包括军队的 C⁴ISR 系统、信息化作战平台、智能化弹药、智能机器人、数字化单兵系统等。

武器装备信息化是指利用信息技术和计算机技术，使预警探测、情报侦察、精确制导、火力打击、指挥控制、通信联络、战场管理等领域的信息采集、融合、处理、传输、显示联网，实现自动化和实时化。武器装备信息化，直接导致武器系统的智能化和作战系统的一体化。

信息化作战平台则是指采用信息技术研制或改造的、装配有大量 C⁴I 设备并联网的各类武器系统，主要由"软""硬"两个部分组成。"软"组成部分是信息化武器装备的主要标志，即具有感知、获取并传递各种目标信息的器材和装置，如指挥、控制、通信和情报系统等。"硬"组成部分则是指传统意义上的机械化武器装备，即具有运载功能并能作为火器依托的载体部分，如坦克、步战车、舰艇、飞行器等。

自第二次世界大战以来，作战平台本身的性能已经接近物理极限，随着信息技术的发展和信息时代的到来，人们发现在武器平台上加装信息设备，可以成倍提高平台的作战能力，由此引发武器装备的信息革命。

信息化武器装备的出现，是信息技术、计算机技术、空间技术及新材料技术等高新技术，作用于传统武器平台的必然结果。信息化武器装备与传统机械化武器装备的最大区别就在于，前者是网络系统中的武器，后者是单个武器平台。

第二节 信息化作战平台

信息化作战平台是指装有大量电子信息设备，以信息和信息技术为核心的坦克、火炮、飞机、舰艇等伍器载体。这些信息化战争的作战平台是自动化指挥系统的节点，是自动化指挥系统发挥打击威力的重要物质基础。

一、主战飞机

（一）美国的战斗机

1. F-15 战斗机

F-15 战斗机（译文：麦道 F-15 "鹰"，绰号：美利坚之鹰），是美国空军一型超音速喷气式第四代战斗机。F-15 战斗机采用串列双座后掠翼气动布局，安装两台涡扇发动机，具备高机动性作战能力。该机具备完善的全天候作战能力，可使用先进的中距空空导弹摧毁敌机，主要遂行空中优势作战任务，并发展出空地作战改型。

　　F-15 战斗机由美国麦道公司（现波音/Boeing 公司）研制，由 1962 年展开的 F-X（Fighter-Experimental）计划发展而来，1969 年由麦道（McDonnell Douglas）公司得标，1972 年 7 月首次试飞，1974 年首架量产型交付美国空军使用。服役近 40 多年，总生产数量 1200 余架，各种改型数十种，外销六个国家。参加大小战争 100 余场，击落敌机 100 余架。21 世纪初期陆续被 F-22 战斗机所取代。

　　2. F-16 战斗机

　　F-16 战斗机（译文：战隼，通称：通用动力/洛克希德 F-16 "战隼"，又称：国际战斗机），是美国空军一型单座单发喷气式多用途空中优势战斗机，是美国第三代或第三代半战斗机，也是世界上最成功的战斗机之一。

　　F-16 战斗机针对越南战争空战经验大幅度优化视距内格斗性能，是美国第一种能够进行 9G 过载机动的战斗机，也是美国首先采用线传飞控、人体工程学座舱的战斗机之一。此外在设计时参考了"能量机动理论"，具备高推重比、低翼载荷等性能特征。从 F-16A/B

型 Block 15 批次开始 F-16 进行多用途化改进，具备了夜战能力和发射空地导弹、反舰导弹等对面打击能力，成为多用途战斗机。

F-16 战斗机由通用动力公司（General Dynamics）于 20 世纪 70 年代研制，与 F-15 战斗机是美国空军 20 世纪 80 年代至 90 年代的主力机种之一。从 1976 年开始批量生产，共生产近 4600 架，销售近 30 个国家和地区，其产量超过绝大多数国家空军的飞机数量总和；从 1981 年贝卡谷地空战至今几乎参与了历次大规模战争，其性能经受住了实战考验 。

3. F-18 战斗机

美国 F-18 由美国麦道公司和诺斯洛普公司联合研发的舰载型战斗机，主要编入美国航母战队。F-18 绰号"大黄蜂"。F-18"大黄蜂"是第一种生产型，是单座、双发航载战斗攻击机，主要用于航对防空和航载攻击机的护航，有些也用于执行空对地攻击任务。衍生型号包括 F/A-18E/F、EA-18G 等。

4. F-22"猛禽"战斗机

F-22"猛禽"战斗机是由美国洛克希德·马丁和波音联合研制的单座双发高隐身性第五代战斗机。F-22 是世界上第一种进入服役的第五代战斗机。

F-22 于本世纪初期陆续进入美国空军服役，以取代上一代的主力机种 F-15 鹰式战斗机。洛克希德·马丁为主承包商，负责设计大部分机身、武器系统和 F-22 的最终组装。计划合作伙伴波音则提供机翼、后机身、航空电子综合系统和培训系统。洛克希德·马丁公司宣称，猛禽的隐身性能、灵敏性、精确度和态势感知能力结合，组合其空对空和空对地作战能力，使得它成为当今世界综合性能最佳的战斗机。

5. F-35 战斗机

F-35 起源自美国联合攻击战斗机（Joint Strike Fighter JSF）计划，该计划是 20 世纪最后一个重大的军用飞机研制和采购项目，亦为全世界进行中的最庞大战斗机研发计划，设计目的是为了替代美国空军、美国海军、美国海军陆战队以及英国皇家海军的 F-16、F/A-18C/D、AV-8 等各种军机。计划被定位为低成本的武器系统，这是因为现代先进战斗机，如 F-22 战斗机的成本不断高涨，美国及其他国家均感到，单纯依靠这样的高性能且高价格的战斗机组成战斗机部队，在财政上难以承受。因此美国各军种改变以往各自研制战斗机的传统，联合起来，共同研制一种用途广泛、性能先进而价格可承受的低档战斗机。

（二）俄罗斯的战斗机

1. 苏-47 战斗机

苏-47 战斗机（俄文：Cy-47 Беркут，英文：Sukhoi Su-47，北约代号：Firkin "小木桶"，苏联绰号：Беркут，译文：金雕），是俄罗斯空军多功能超音速战斗机。

苏-47 战斗机的最大特点在于前掠翼的设计，与美国格鲁曼公司的 X-29 试验机很相似，是俄罗斯新一代战斗机的技术验证型号。

苏-47 战斗机由俄罗斯苏霍伊航空集团研制，在设计与试飞阶段曾经给予 S-32 和 S-37 的编号，1997 年 9 月 25 日首飞，2002 年编号改为苏-47。由于无法满足俄罗斯军方的空战需求，最终停止研发，并未被俄罗斯军方采用，也没有实现量产。

2. T-50 战斗机

T-50 是俄罗斯可取代苏-27 的第五代战机，已配备全新航空电子设备和先进的相控阵雷达，是一种能够躲避雷达探测的"隐形战斗机"。其雷达散射截面仅有 0.5 平米，只是印空军现役苏-30MKI 的 40 分之一（后者的雷达散射截面约 20 平米）。

这种重量为 30-35 吨的新型战机的另一优势是，其能够将雷达、红外探测系统和其他光学传感器获取的信息进行整合后，以方便飞行员读阅的方式显出出来。俄罗斯军方计划在 2020 年前列装 55 架 T-50 战机。

3. 苏-57 战斗机

苏-57 战斗机（设计代号：I-21/T-50），是俄罗斯空军单座双发隐形多功能重型战斗机，是俄罗斯第五代战斗机（西方国家称为第四代战斗机）。

苏-57 战斗机 最大起飞重量 35000 千克，超音速巡航速度可达每小时 1450 公里，最高时速 2140-2600 公里，作战半径 1200 公里，战斗载荷可达 6 吨，内置 4 个武器舱，能实现飞行性能和隐身性能的良好结合，具备空中格斗和对地攻击能力。具备隐身性能好、起降距离短、超机动性能、超音速巡航等特点。

苏-57 战斗机由俄罗斯"PAK FA"计划发展而来，前身为 T-50 战斗机，2010 年 1 月 29 日首飞；从 2010 年到 2015 年秋，T-50 的 5 架原型机完成了 700 架次试飞，其中多架原型机都经历了长时间的维修；2017 年 8 月 11 日被正式命名为苏-57；俄罗斯计划用该型战斗机取代苏-27 战斗机，与美国 F-22 战斗机抗衡。

（三）中国的战斗机

1. FC-1 枭龙战斗机

枭龙战斗机（Chengdu FC-1/JF-17），原计划名"超七"，中国对外称之为 FC-1，巴基斯坦称之为 JF-17 雷电，是中巴双方共同投资、中国航空工业集团公司所属成都飞机工业（集团）有限责任公司、成都飞机设计研究所、中国航空技术进出口公司等单位联合研制，巴基斯坦空军参与开发的全天候、单发、单座、多用途轻型战斗机。

枭龙战斗机，2002 年 5 月 31 日完成设计，2003 年 8 月 25 日首次试飞。由于采用了当代先进的设计和制造技术，FC-1 达到第三代战斗机的综合作战效能，能与当今先进战斗机抗衡，同时具有轻小型、低成本的特点，完全适应现代战争要求和国际军用飞机的市场需求。

枭龙战斗机（JF-17）是中国首次以整机技术出口方式授权境外生产的机型，已批量装备巴基斯坦空军，并多国有意购买。

2. 歼-20 战斗机

歼-20（英文：J-20，代号威龙，北约代号：火焰獠牙 Firefang）是中国成都飞机工业（集团）有限责任公司为中国人民解放军研制的第四代（按照中国、欧美战斗机划分标准为第四代，按照俄罗斯战斗机代次划分标准则为第五代。）双发重型隐形战斗机，用于接替歼 10、歼 11 等第四代空中优势战机，该机将担负中国未来对空、对海的主权维护任务。

歼-20 采用了单座、双发、全动双垂尾、DSI 鼓包式进气道、上反鸭翼带尖拱边条的鸭式气动布局。机头、机身呈菱形，垂直尾翼向外倾斜，起落架舱门为锯齿边设计，机身以深黑色涂装，而歼 20（2012）采用类似于 F22 的高亮银灰色涂装。侧弹舱采用创新结构，可将导弹发射挂架预先封闭于外侧，同时配备中国国内最先进的新型格斗导弹。

2011 年 1 月 11 日在成都实现首飞。2016 年 11 月，驾歼-20 飞机在第 11 届中国国际航空航天博览会（中国航展）上进行飞行展示，这是中国自主研制的新一代隐身战斗机首次公开亮相。2018 年 2 月 9 日，中国自主研制的新一代隐身战斗机歼-20，开始列装空军作战部队。

3．歼-20B

歼-20B 战机是由成都飞机工业集团研制和生产，其装备新型国产"涡扇"-15"峨眉"，发动机是歼-20 战斗机的未来衍生型号。随着歼-20 的陆续服役新的机型和型号会陆续不断出现，歼-20B 就是其未来的衍生型号。歼-20B 与歼-20 的最大区别就是前者装备新型国产"涡扇"-15"峨眉"发动机。据可靠消息称到了 2019 年底，成飞将拥有第 4 条生产 5 代隐形战机的生产线，届时将会试产歼-20B，测试新型国产"涡扇"-15"峨眉"发动机。

二、主战坦克

（一）美国 M1A2SEP 坦克

美国 M1A2SEP 主战坦克，是"艾布拉姆斯"主战坦克的最新型和最先进的型号，装备了二代热成像系统、车长独立热成像仪、真彩平面显示仪、数字化地形图、热控制系统和最新的数字化指挥、控制、通信装备。

美国 M1A2SEP 主战坦克的另一个名称是 M1A2 SEP "艾布拉姆斯"主战坦克。美国陆军现阶段最终的目标是将所有的 M1 系列坦克改进成为 M1A2SEP 型。SEP 是英文：System Enhanced Package（系统增强组件）的缩写。

在国际武器评估小组曾公布的其对各国现役主战坦克的排名中，通过对坦克机动性能、火控系统和防护水平等方面的综合评估，M1A2 SEP"艾布拉姆斯"蝉联了世界最强坦克的称号。

（二）德国的"豹"2A7

德国豹 2A7 主战坦克是德国坦克一个系列的型号，在萨托里防务展上首次对外公开展出，坦克全重达 67 吨（短吨，实际重量 60 吨），适于传统军事作战和城区作战。

改进型的坦克有：荷兰豹 2 坦克、瑞士豹 2 坦克、豹 2 驾驶训练车、装甲抢救车、德国豹 2 发展型。

（三）法国 AMX 勒克莱尔主战坦克

AMX-56 勒克莱尔（AMX-56 Leclerc，又名雷克勒）主战战车是法国制造厂 GIAT 工业（GIAT Industries）所研制的主战坦克，它取代了旧有的 AMX-30 中型坦克。勒克莱尔服役於法国陆军以及阿拉伯联合大公国。勒克莱尔之名是为了纪念法国名将菲利浦·勒克莱尔元帅（1902～1947），他在解放巴黎时是进入巴黎的自由法国第二装甲师师长。

该坦克样车为箱形可拆卸式结构，驾驶舱在车体左前部，车体右前部储存炮弹，车体中部是战斗舱，动力传动舱在车体后部。样车炮塔带有尾舱，安装在车体中部上方。

（四）俄罗斯 T-95 主战坦克

T-95 坦克是苏联于 20 世纪末开始研制的，苏联解体后，俄罗斯对外宣布，该坦克 2009

年量产，但一直没有量产。T-95 新型坦克重约 55 吨，长、宽和 T-72、T-80 坦克基本相同，安装了口径为 152 毫米的新型滑膛炮。为保证作战性能，T-95 的发动机为 GTD-1250 型燃气轮机的改进型，比 T-90 主战坦克更快，并具有更大的单位功率与加速性能。

（五）中国的 99 式主战坦克

9 式主战坦克，是 ZTZ-99 式主战坦克的简称，是中国人民解放军陆军的新一代主战坦克。99 式主战坦克主要由中国兵器工业集团第二〇一研究所研制，中国北方工业公司生产，具备优异的防护外型，大量采用复合装甲，融合新时代信息化作战技术，是中国陆军装甲师和机步师的主要突击力量。

99 式主战坦克出现在 2009 年国庆阅兵式上，是装甲方阵第一方队，体现了在解放军中的重要地位。

三、军用舰艇

（一）全球现役十大航母

1. 福特"号核动力航空母舰

"福特"级航空母舰是美国海军最新的次世代超级航空母舰，也是美军第三代核动力航空母舰。"福特"级于 2015 年交付美国海军。共有 9-10 "福特"级新航母建成。将是有史以来建造的最大的和最强大的战舰，将取代尼米兹和改进尼米兹级战舰。"福特"级航母是整个 21 世纪中美国海军力量投射的中流砥柱。

"福特"级航空母舰能携带 85 架飞机，其中包括 F-35C "闪电" II 战斗机、F/A-18E/F "超级大黄蜂"战斗攻击机、EA-18G "咆哮者"电子作战机、E-2D "鹰眼"早期预警机和 MH-60R/S "骑士鹰"多用途直升机。"福特"级的防御性武器包括 2 座 RIM-162 进化版"海麻雀"导弹系统（RIM-162 ESSM）和 2 座公羊导弹系统（RIM-116 RAM）。

2. 改良"尼米兹"级航空母舰

"尼米兹"级核动力航空母舰是美国海军所使用的多用途超级航空母舰，自 1975 年时正式启用后美国一共建造了 10 艘同型舰。其中包括 3 艘"尼米兹"级舰和艘改良版"尼米兹"级舰。在后继的福特级核动力航空母舰于 2015 年正式就役前，此级航空母舰占据了美军乃至于全世界最大军舰头衔数十年。

"尼米兹"级航空母舰能携带 80 架固定翼飞机和直升机，其中包括 F/A-18E/F"超级大黄蜂"多功能战斗机、F/A-18C"大黄蜂"对地攻击机、EA-6B"徘徊者"电子作战机、E-2C"鹰眼"预警机、C-2 运输机等。

3. "库兹涅佐夫"号航空母舰

"库兹涅佐夫"号航空母舰是俄罗斯现役最新型的航空母舰，于 1991 年开始服役。虽然"库兹涅佐夫"号相比于美国的超级航母要小一些，却承载着相当强大的进攻性武器。

"库兹涅佐夫"号载有约 40 架固定翼飞机和直升机，其中包括"苏-33"和各种版本的"卡-27"。还有用于飞行员训练的双座位"苏-25UTG"。"库兹涅佐夫"号不仅仅是航母，也是重型航空巡洋舰。它携带了许多通常与导弹巡洋舰搭配的进攻性武器。该航母使用燃油锅炉推进，而不是核反应堆。

4. "辽宁"号航空母舰

"辽宁舰"最初是苏联海军的"库兹涅佐夫"元帅级航空母舰的 2 号舰"瓦良格"号，于 1985 年底在位于乌克兰尼古拉耶夫的黑海造船厂开工建造，1988 年 11 月 25 日下水。

但是由于经济原因，船舶建造的停止，最终未完成的船体被出售给中国。开始由中国继续建造改进，并于 2012 年将更名为"辽宁舰"的航空母舰交付于中国海军。

"辽宁舰"最多可携带 50 架固定翼飞机和直升机，其中包括"歼"15 战斗机、Z-8 直升机和俄罗斯的"卡"-31 空中预警直升机。改装后的"辽宁舰"没有采用""库兹涅佐夫"级的所有进攻重型武器，仅携带近程防御武器。

5.　"伊丽莎白女王"级航空母舰

"伊丽莎白女王"级航空母舰为英国皇家海军最新型的航空母舰，正有两艘于建造当中。一号舰"伊丽莎白女王"号于 2017 年服役，二号舰"威尔士亲王"号则预计将于 2020 年开始服役。这两艘新航母将是有史以来英国皇家海军建造的最大战舰。

相比于英国"无敌"级轻型航母，"伊丽莎白女王"级航母将更强大，可携带超过 40 架固定翼飞机和直升机。其中包括 F-35B"闪电"II 多用途战斗机、CH-47"支奴干"和"山猫"直升机。

6.　"戴高乐"号航空母舰

"戴高乐"号航空母舰是一艘隶属于法国海军的核动力航空母舰，于 2001 年开始服役。"戴高乐"号是法国目前现役的唯一一艘航空母舰，也是法国海军的旗舰。"戴高乐"号也是有史以来第一也是唯一一艘不属于美国海军的核动力航空母舰。"戴高乐"号号可携带超过 40 架固定翼飞机和直升机，其中包括"阵风"多用途战机、E-2C"鹰眼"空中预警机、SA365F"海豚"或 AS322"美洲豹"直升机。

7.　"维克拉玛蒂亚"号航空母舰

"维克拉玛蒂亚"原本是俄罗斯海军"基辅"级航空母舰的 4 号舰，2004 年转让给印度并展开大规模改造工程，成为印度海军的一艘轻型航空母舰，将取代老旧的"维拉特"号航空母舰。"维克拉玛蒂亚"可携带约 30 架固定翼飞机和直升机，其中包括"米格"-29 多用途战斗机、"海鹞"垂直起降对地攻击机、HAL 直升机和"卡"-31 空中预警直升机，同时该舰只配备了近程防空武器。

8. "圣保罗"号航空母舰

"圣保罗"号航空母舰原名"福熙",是法国"克里蒙梭"级航空母舰的第二艘,于1963年服役于法国海军。2000年11月卖给巴西海军,改名为"圣保罗"号,成为巴西海军的旗舰。

"圣保罗"号可携带多达40架飞机。但是,这艘航母目前主要用于飞行员训练,其进攻能力有限。"圣保罗"号的舰载飞行联队相对薄弱,拦截和攻击主要依靠A-4"天鹰"式攻击机。这些老化的飞机只有有限的反舰和对地攻击能力,无法比拟现代空中优势战斗机和对地攻击机。

9. "加富尔"号轻型航空母舰

"加富尔"号轻型航空母舰于2008年交付于意大利海军,目前是意大利海军的新旗舰。"加富尔"号可携带超过20架固定翼飞机和直升机,目前包括麦道AV-8B攻击机"鹞"II,但之后将换为洛克希德·马丁公司的F-35B。这艘轻型航母有两栖突击能力。它可以在它的飞机机库里运送主战坦克和两栖突击车。此外,它可容纳海军陆战队的一个团。

10. "查克里·纳吕贝"号轻型航空母舰

"查克里·纳吕贝"号轻型航空母舰建造于西班牙,是泰国皇家海军所属的航空母舰,也是东南亚地区中第一个拥有航空母舰的国家。

"查克里·纳吕贝"号约有30架固定翼飞机和直升机,其中包括AV-8S"斗牛士"对地攻击机、S-70B"海鹰"直升机、S-76"海王"或CH-47"支奴干"直升机。但是,"查克里·纳吕贝"号缺乏防御性武器。计划中的主要防空武器装备"海麻雀"导弹和近程防御武器尚未安装。该舰只是由短程红外寻导弹保护。"查克里·纳吕贝"号通常用于携带泰国王室成员。因此,该舰更多的被视为一艘最昂贵的皇家漂浮游艇,除此之外才是一艘垂直/短距起降两栖作战能力的载体。

(二)全球现役十大攻击型核潜艇

(1)弗吉尼亚级攻击核潜艇,是美国海军最新一型核动力快速攻击潜艇,从美国攻击型核潜艇发展时间和级别来看,它是第七代攻击核潜艇;但从发展研制的技术特征和用途来看,它属于第四代攻击核潜艇,是一种先进的安静型多用途攻击型核潜艇,装有巡航导弹和鱼雷,适于深海反潜战和近海作战。

(2)885型攻击核潜艇(北约代号:亚森/雅森级/葛兰尼级,也称:北德文斯克级),是俄罗斯海军最新的能够携载各类型导弹的第四代/第五代多用途攻击核潜艇,具有安静、深潜、打击能力强、自动化程度高等特点,它不仅能反潜、反舰、对陆攻击、战备警戒,还能实施一定的战略打击任务,具有参与解决各种地区性危机的能力。

(3)海狼级攻击核潜艇,是美国海军一型核动力快速攻击潜艇,设计任务是在各大洋与北冰洋冷水对抗任何苏联现有与未来核潜艇，并取得制海权的反潜猎杀核潜艇，在设计上堪称是潜艇进行反潜作战的极致产物，由于苏联解体和冷战结束，海狼级只建造了三艘便宣告停。

（4）945 型攻击核潜艇（北约代号：塞拉级，简称：S 级），是苏联/俄罗斯第三/四代多用途攻击核潜艇，是使用钛合金材料建造的核潜艇型号之一，具有高潜深、高航速的优异性能，其最主要任务还是消灭敌方的弹道导弹核潜艇，也能胜任摧毁敌方水面舰艇、攻击陆上战略目标的任务。

（5）洛杉矶级攻击核潜艇，是美国海军的一型快速攻击型核潜艇，从美国核潜艇发展时间和级别来看，它是第五代攻击型核潜艇；从美国核潜艇发展研制技术特征和用途来看，它应属第三代攻击型核潜艇中的主力，主要任务是反舰、反潜以及为航空母舰战斗群护航。

（6）971 型攻击核潜艇（北约代号：阿库拉级/鲨鱼级），是苏联/俄罗斯第三代/第四代多用途攻击核潜艇，是苏联研制的最后一级传统攻击型核潜艇，也是苏联/俄罗斯继 671 型攻击核潜艇 III 型后，建造最多的攻击型核潜艇，在 885 型攻击核潜艇服役之前是俄罗斯航速最高、安静性最为优异的一型攻击核潜艇，是俄罗斯海军的主力。

（7）机敏级攻击核潜艇（因为该级艇名均以字母 A 开头，也称为 A 型潜艇），是英国皇家海军隶下的最新一级战术攻击核潜艇。

（8）093 型攻击核潜艇（北约代号：商级），是中国海军隶下的一型核动力攻击型潜艇，是中国自行设计建造的第二代攻击型核潜艇，对于提高中国海洋权益维护能力和核潜艇部队的威慑力具有重要的意义，其改进型号，按照一般命名规则称为 093B/G/A 型。

（9）特拉法尔加级攻击核潜艇，，是英国皇家海军第三/四代攻击核潜艇，既能承担区域防御作战，也能执行远洋作战任务，主要使命是反潜和反舰，并能进行搜集情报、参加海上封锁、 破坏敌交通线、布雷等多种作战任务，装备战斧巡航导弹后也能对陆上各种目标和设施进行攻击。

（10）红宝石级攻击核潜艇，是法国海军隶下的小型攻击型核潜艇，亦为法国海军第一代攻击型核潜艇（第二代梭鱼级未服役），潜航排水量仅 2700 吨左右，较小的舰体虽然限制了武器筹载、动力输出、持续航行能力以及乘员起居空间等，但也使红宝石级拥有较佳的操控性与灵活度，适合在水文复杂的地中海作战，红宝石级从第五艘紫水晶号起做了一些改良，故从红宝石级中独立出来而成为紫水晶级。

第三节 综合电子信息系统

一、军事指挥信息系统

军事指挥信息系统是以计算机为网络核心，具有指挥控制、侦察情报、预警探测、通信、安全保密、信息对抗等功能的军事信息系统。即美国习惯上讲的 C^4ISR 系统。

军事指挥信息系统是综合运用以计算机为核心的技术装备，实现对作战信息的获取、传输、处理的自动化，保障各级指挥机构对所属部队和武器实施科学高效指挥控制与管理，具有指挥控制、情报侦察、预警探测、通信、信息对抗、安全保密以及有关信息保障功能的各类信息系统的总称。

（一）军事指挥信息系统的分类

系统组成按功能分，军事指挥信息系统主要有六大系统。

（1）信息收集分系统。信息收集分系统由配置在地面、海上、空中、外层空间的各种侦察设备，如侦察卫星、侦察飞机、雷达、声纳、遥感器等组成。它能及时地收集敌我双反的兵力部署、作战行动及战场地形、气象等情况，为指挥员定下决心提供实时、准确的情报。

（2）信息传输分系统。信息传输分系统主要由传递信息的各种信道、交换设备和通信终端等组成。这几部分构成具有多种功能的通信网，迅速、准确、保密、不间断地传输各种信息。可以说通信自动化是作战指挥自动化的基础，没有发达的通信网，就不可能实现作战指挥自动化。

（3）信息处理分系统。信息处理分系统由电子计算机及其输入输出设备和计算机软件组成。信息处理的过程，就是将输入计算机的信息，通过按预定目标编制的各类软件进行信息的综合、分类、存储、检索、计算等，并能协助指挥人员拟制作战方案，对各种方案进行模拟、情报检索、图形处理、图像处理等。

（4）信息显示分系统。信息显示分系统主要由各类显示设备，如大屏幕显示器、投影仪、显示板等组成。其主要功能就是把信息处理分系统输出的各种信息，包括作战情报、敌我态势、作战方案、命令和命令执行情况等，有文字、符号、表格、图形、图像等多种形式，形象、直观、清晰地显示在各个屏幕上，供指挥和参谋人员研究使用。

（5）决策监控分系统。决策监控分系统主要用于辅助指挥人员作出决策、下达命令、实施指挥。在作战过程中，指挥员可随时针对不同的情况，通过决策监控分系统输入指令。此外，决策监控分系统还可用来改变指挥信息系统的工作状态并监视其运行情况。

（6）执行分系统。执行分系统既可以是执行命令的部队的指挥信息系统，也可以是自动执行指令的装置，如导弹的制导装置、火炮的火控装置等。

（二）军事指挥信息系统的形成条件

军事指挥信息系统，是在人类战争不断演化过程中逐步形成与发展起来的，是按军队的指挥体系从上到下紧密相联的整体。军事指挥信息系统是一个有机的"人—机"系统，它以军事科学为坚实的基础，以军事指挥体系为其构建框架，以指挥人员为核心，以电子计算机等信息技术装备为存在的前提和物质保障，把各种指挥控制手段与指挥人员有机地结合起来，使军事指挥活动的信息收集，传递、处理和使用等环节实现了高度的自动化，指挥员决策的效率和水平有了飞跃性的提高，从而使部队的战斗力水平得到了极大的发挥。

自第二次世界大战以来，随着原子能和以电子计算机为核心的信息技术的出现，迎来了近代科学史上的第三次技术革命，人类社会逐步走向信息化时代。战争也开始进入了以高技术为基础的"信息兵器时代"，即核威慑条件下的高技术信息化战争。在这种条件下，武装力量构成十分复杂，作战样式多种多样，战争的突然性增大，作战空间广阔，军队机动迅速，战场攻防转换频繁而剧烈，情报信息量成倍增加……出现了许多新的情况和问题，对作战指挥控制的时效性、准确性，灵活性等诸方面都提出了更高的要求。例如，战场情报的信息量激增，要求作战指挥控制系统能对多种战场情报信息进行快速加工和融合处理；作战力量的构成复杂，要求作战指挥控制系统能对诸多兵种的联合作战组织密切协同和配合；作战单元的高技术成分增加，要求对高技术武器装备实施精确使用和控制等。因此，信息化战争中指挥员对部队的指挥控制难度明显加大。

为了使指挥员能根据战场态势作出快速反应、准确判断、果断决策，并能得心应手地指挥控制部队和武器装备，最大限度地发挥各作战单元的战斗力，显然仅靠传统的组织形式和指挥手段已难以胜任，必须发展以电子计算机为核心的军事指挥信息系统，使其成为指挥员智力和体力的延伸，辅助指挥员完成诸如情报收集处理，制定作战方案、下达作战命令、控制高技术信息兵器等手工作业难以完成的信息处理和技术性要求高的工作，把指挥员和参谋人员从繁琐的简单作业，事务性作业和重复性作业中解脱出来，以便有更多的时间和精力去从事创造性的思维、决策和指挥控制活动。在这种情况下，军事指挥信息系统便伴随着人类战争形态的不断演变而逐渐诞生了。

（三）军事指挥信息系统的发展历程

军事指挥信息系统的发展历程，大体上经历了初始创建、全面发展、更新改造、趋于成熟等四个阶段。了解这些阶段的特点，吸取其中的经验教训，对更好地建设和使用军事指挥信息系统具有重要现实意义。

20世纪50年代末至60年代中期的初始创建阶段。这一时期，以美国空军的"赛其"系统和苏联空军的"天空一号"系统为代表，主要是在防空作战指挥系统中，部分实现了情报处理的半自动化。我国在这一时期也开始了关于指挥信息系统的建设工作，如 1959 年立项了"1125 工程"，1964 年建立"852"系统，1967 年建立了"853"系统。这一时期，人们仍普遍偏重于发展飞机、导弹等武器装备，对军事指挥信息系统的建设重视不够，更缺乏全局性的系统规划，但这些工作却为以后系统的发展奠定了基础。

20 世纪 60 年代末至 70 年代末期的全面发展阶段。在这一时期里，美俄等西方国家的军事指挥信息系统发展较快，各军种，兵种都建立了各自的指挥信息系统，在一定程度上实现了情报处理的自动化和指挥控制的智能化。同时，美俄等军事强国还研制了空中预警机系统、空中指挥所系统，地下指挥所系统，战略空军指挥信息系统，战术空军控制系统等许多新型的指挥信息系统，并且在战备值班、学习训练、作战应用等方面积累了一定的经验。而我国的军事指挥信息系统建设，在这一时期则处于停滞不前的状态。

20 世纪 80 年代初至 90 年代中期的更新改造阶段。在这一期间，军事指挥信息系统不但发展迅速，而且普遍进行了更新、改造和完善，统一文电格式、信息流程和信息编码、传递、交换的方式等；制定系统软件和硬件标准，着力解决各系统之间的互连互通。我国的指挥信息系统建设则处于打基础、建模式阶段，雷达情报传递处理自动化系统不断完善；战略，战役、战术等各层次指挥信息系统的基本型号开始列入装备序列；其它专业兵种指挥信息系统的建设也逐步展开。

20 世纪 90 年代末期以来的趋于成熟阶段。这一时期，各国普遍对 20 世纪 90 年代前后发生的高技术局部战争予以了高度的关注，并十分重视研究和分析指挥信息系统在战争中的运用规律和存在的问题，为军事指挥信息系统的发展提供了依据，使系统的发展逐步趋于成熟。主要表现在：增强了系统的抗毁，抗扰、再生能力，提高了系统的实战能力，增强了系统的互连互通互操作能力，即通过加强系统的立体配置和信息互连网络，提高了系统的整体作战指挥效能；增强了系统与武器的交联能力，即提高了系统作战指挥的时效性，系统的武器化程度增强。我国的指挥信息系统建设则处于按地区成片联网建设阶段，加强了重点地区和重点部队指挥信息系统的更新，改造建设，同时加强了信息格式、设备标准化和互连互通等方面的工作，取得了一定的成效。

目前，军事指挥信息系统一体化建设虽然没有统一的定义，但是在认识上已达成了一些共识，即一体化建设不仅体现在系统组织的构成和技术的集成方面，而且还体现在作战指挥体制和编制等许多方面，包括：系统功能要素一体化；总部及各军兵种指挥信息系统一体化，战略、战役、战术级指挥信息系统一体化；系统与主战武器装备一体化，系统的作战、训练、保障一体化，系统的建设，使用、管理一体化，等等。因此，我们必须理清思路，明确任务，选准军事指挥信息系统一体化建设的当务之急和突破口，切实把指挥信息系统一体化建设扎扎实实地推向前进。

一体化军事指挥信息系统是综合运用以电子计算机为核心的各种技术设备，实现信息收集，传递，处理自动化，保障对军队和武器实旋指挥控制的人一机系统，从结构方面看具有许多显著特点。

一是整体性强，军事指挥信息系统不但在宏观上是高度集成的，在微观上也仍然有很强的集成特征，具有很强的整体性和分布性，甚至模糊了武器系统和指挥系统的界限。

二是综合性强，从不同的角度考虑，军事指挥信息系统可分为不同的分系统，而且各分系统都是紧密联系，不可分割的。

三是分布性强，分布式军事指挥信息系统具有系统重构能力，当系统中的部分部件或节点失灵后，可迅速实现降级运行或功能恢复，因此分布性强已成为一体化军事指挥信息系统的重要特征。

一体化军事指挥信息系统概念的内涵不仅广泛而且复杂，涉及到军队从顶层到基层的各级领导机关、各类部队以及一切支援保障部门以及各类各种指挥控制设施，还涉及到整个军队以及有关政府部门的和民间机构的信息基础结构以及各类各种信息系统技术装备。其基本理念和框架结构的发展和变化，要受时空环境和形势任务，以及军队的体制编制、条令原则、管理机制、部署使用和战略战术等各种因素的制约影响。

（四）军事指挥信息系统的发展趋势

以美国、俄罗斯为代表的世界各军事强国，其军事指挥信息系统经过 50 多年的发展、完善，具备了较高的自动化程度，并表现出更为迅猛的发展势头。在新军事思想和作战理论指导下，美俄等军事强国的军事指挥信息系统的发展呈现出如下较为明显的趋势。

一是加快系统一体化建设，实现三军联合作战。美军认为，未来的作战是在自动化系统的统一指挥控制下实施的系统对系统、体系对体系的全面对抗，因此只有军事指挥信息系统本身构成了一个完备而严密的整体，才能快速，灵活、高效地组织协调各种作战力量，以形成整体作战优势。为此，美军进一步调整了军事指挥信息系统建设的组织领导体制，加强了统一规划、统一标准和统一管理，通过系统硬件和软件的标准化，逐步解决各系统之间的兼容性问题，使各级各类在地理上分散的指挥机构和业务部门，甚至相关的民用系统，能够紧密地连接在一起，从而大大提高作战指挥的及时性和有效性，最终实现各军兵种指挥信息系统之间的网络互联、信息互通和用户互操作，以及陆，海、空、天，电一体化的联合作战行动。

二是采用多种先进技术，提高系统综合对抗能力。由于军事指挥信息系统在现代作战中发挥着中枢神经的作用，已不可避免地成为各种软杀伤和硬摧毁的首选目标。信息化程度较高的美军对指挥信息系统的依赖程度更大，他们强烈地意识到，一旦某些关键的节点被干扰或破坏，整个系统受到的影响会更大，后果可能会不堪设想。因此，美军在大力开发电子战装备、反辐射导弹等进攻性信息武器的同时，也想方设法采取措施确保己方的军事指挥信息系统不受侵害。俄军认为未来战争以及洲际核冲突中，军事指挥信息系统在战争初期就会遭受多次攻击，因此非常注重提高系统的生存能力，并主张通过隐蔽、分散、加固、机动，冗余备份和通信保密等手段提高系统的生存能力。预计今后美俄军队将更加重视研制开发雷达对抗，通信对抗，计算机网络对抗和情报密码对抗等电子对抗新技术，积极发展光纤通信、极高频卫星通信和自适应高频通信等抗干扰能力强，保密性能好、机动灵活的信息传输手段，并采取加固、隐身、机动，分散配置，滤波和屏蔽等防护措施提高军事指挥信息系统的抗毁抗扰能力。

三是加强与作战系统交联，各层次系统协调发展。近些年来的局部战争已使人们充分地认识到，缺乏军事指挥信息系统的支援，拥有再先进的武器装备也将一事无成。为此，美俄将在大力推讲战略级指挥信息系统的同时更加积极发展战术指挥信息系统，并努力实现与作战武器系统的有效交联，以提高作战武器系统的作战效能和攻击精度。这种发展趋势表现为两个方面，一是战术指挥信息系统向作战单元和火力单元延伸；二是主战武器依托指挥信息系统向信息化平台扩展，最终实现指挥控制系统与作战武器系统的综合化和一体化。如，作战单元或主战装备的信息设备将构成一个小的指挥信息系统，可随时进行侦察探测、目标识别，定位导航等信息处理活动，并通过通信设备加入到上级指挥控制中心乃至全球军事指挥信息系统上，及时接收各种作战命令和控制指令，发送各种战场信息和执行结果。

四是扩展系统作用空间，增强空间开发利用。空间是未来高技术战争的制高点，控制和利用空间已成为本世纪美军指挥信息系统发展的重点。在卫星通信方面，美军将继续部署和完善军事战略、战术和中继通信系统，用于指挥控制战略和战术部队，转发从卫星和其它信息源来的情报信息。在预警和侦察卫星方面，继续研制和部署新一代红外遥感系统、光学成像系统、雷达探测系统等，不断增加系统功能以及监视的范围和精度，提高战术预警和攻击评估能力。俄军认为，建立和保持太空优势是未来战争的一个发展趋势，空间、空中，地面已成为不可分割的一个整体，因此，必须加强太空的攻防能力。最近，俄军又提出研制"往返式航天系统"，可实施战略与战术空间侦察，也可实施太空战，以高精度武器装备打击敌地面目标。此外，针对美国的战区导弹防御计划，俄正积极发展"非战略导弹防御综合系统"。可以预言，未来空间军事指挥信息系统的发展速度将更加迅猛，数量和质量也将大幅度提高。

二、全球卫星导航系统

全球卫星导航系统，就是 GPS 技术在导航通讯领域的最新应用系统。卫星导航全球性大众化民用，刚刚开始，有百种应用类型。卫星导航的生命期至少还有 50 年，GPS 概念的提出已有三十年，真正应用只有十来年，现在 GPS 现代化，GPS III 新阶段，延续到 2020 年。GPS 国际协会已统计出 GPS 的 117 种不同类型的应用。蜂窝通信的集成和汽车应用还是当前最大的两个市场。卫星导航系统已经在大量应用中广泛使用，而且总的发展趋势是为实时应用提供高精度服务。

（一）GPS 系统

GPS 系统是美国从 20 世纪 70 年代开始研制，历时 20 年，耗资近 200 亿美元，于 1994 年全面建成的新一代卫星导航与定位系统。GPS 利用导航卫星进行测时和测距，具有在海、陆、空全方位实时三维导航与定位能力。它是继阿波罗登月计划、航天飞机后的美国第三大航天工程。如今，GPS 已经成为当今世界上最实用，也是应用最广泛的全球精密导航、指挥和调度系统。

GPS 全球定位系统由空间系统、地面控制系统和用户系统三大部分组成。其空间系统由 21 颗工作卫星和 3 颗备份卫星组成，分布在 20200 千米高的 6 个轨道平面上，运行周期 12 小时。地球上任何地方任一时刻都能同时观测到 4 颗以上的卫星。地面控制系统负责卫星的测轨和运行控制。用户系统为各种用途的 GPS 接收机，通过接收卫星广播信号来获取位置信息，该系统用户数量可以是无限的。

GPS 全球定位系统是美国为军事目的而建立的。1983 年一架民用飞机在空中因被误以为是敌军飞机而遭击落后，美国承诺 GPS 免费开放供民间使用。美国为军用和民用安排了不同的频段，并分别广播了 P 码和 C/A 码两种不同精度的位置信息。美国军用 GPS 精度可达 1 米，而民用 GPS 理论精度只有 10 米左右。特别地，美国在 20 世纪 90 代中期为了自身的安全考虑，在民用卫星信号上加入了 SA （Selective Availability），进行人为扰码，这使得一般民用 GPS 接收机的精度只有 100 米左右。2000 年 5 月 2 日，SA 干扰被取消，全球的民用 GPS 接收机的定位精度在一夜之间提高了许多，大部分的情况下可以获得 10 米左右的定位精度。美国之所以停止执行 SA 政策，是由于美国军方现已开发出新技术，可以随时降低对美国存在威胁地区的民用 GPS 精度，所以这种高精度的 GPS 技术才得以向全球免费开放使用。

2005 年，美国开始发射新一代 GPS 卫星，开始提供第二个民用波段。未来还将提供第三、第四民用波段。随着可用波段的增加，新卫星陆续使用，GPS 定位系统的精度和稳定性都比过去更理想，这必将大大拓展 GPS 应用与消费需求。此外新卫星也提供更优秀的军用支持能力，当然这只对美国军方及其盟友有益。

（二）北斗系统

中国北斗导航系统（COMPASS）空间段由五颗静止轨道卫星和三十颗非静止轨道卫星组成，提供两种服务方式，即开放服务和授权服务。北斗卫星将逐步扩展为全球卫星导航系。中国将陆续发射系列北斗导航卫星，逐步扩展为全球卫星导航系统。

"北斗"导航卫星系统是世界上第一个区域性卫星导航系统，可全天候、全天时提供卫星导航信息。与其它全球性的导航系统相比，它能够在很快的时间内建成，用较少的经费建成并集中服务于核心区域，是十分符合我国国情的一个卫星导航系统。"北斗"导航定位卫星工程投资少，周期短；将导航定位、双向数据通信、精密授时结合在一起，因而有独特的优越性。

"北斗"卫星导航系统除了在我国国家安全领域发挥重大作用外，还将服务于国家经济建设，提供监控救援、信息采集、精确授时和导航通讯等服务。可广泛应用于船舶运输、公路交通、铁路运输、海上作业、渔业生产、水文测报、森林防火、环境监测等众多行业。

北斗卫星导航系统是中国自主建设、独立运行，并与世界其他卫星导航系统兼容共用的全球卫星导航系统，可在全球范围内全天候、全天时为各类用户提供高精度高可靠的定位、导航、授时服务，并兼短报文通信能力。

（三）格洛纳斯系统

"格洛纳斯"GLONASS 是前苏联从 20 世纪 80 年代初开始建设的与美国 GPS 系统相类似的卫星定位系统，覆盖范围包括全部地球表面和近地空间，也由卫星星座、地面监测控制站和用户设备三部分组成。虽然"格洛纳斯"系统的第一颗卫星早在 1982 年发射成功，但受苏联解体影响，整个系统发展缓慢。直到 1995 年，俄罗斯耗资 30 多亿美元，才完成了 GLONASS 导航卫星星座的组网工作。此卫星网络由俄罗斯国防部控制。

GLONASS 系统由 24 颗卫星组成，原理和方案都与 GPS 类似，不过其 24 颗卫星分布在 3 个轨道平面上，这 3 个轨道平面两两相隔 120°，同平面内的卫星之间相隔 45°。每颗卫星都在 19100 千米高、64.8°倾角的轨道上运行，轨道周期为 11 小时 15 分钟。地面控制部分全部都在俄罗斯领土境内。俄罗斯自称，多功能的 GLONASS 系统定位精度可达 1 米，速度误差仅为 15 厘米/秒。如果需要，该系统还可用来为精确打击武器制导。

俄罗斯对 GLONASS 系统采用了军民合用、不加密的开放政策。GLONASS 一开始就没有加 SA 干扰，所以其民用精度优于加 SA 的 GPS。不过，GLONASS 应用普及情况则远不及 GPS，这主要是俄罗斯并没有开发民用市场。另外，GLONASS 卫星平均在轨寿命较短，由于俄罗斯航天局经费困难，无力补网，导致轨道卫星不能独立组网，只能与 GPS 联合使用，致使实用精度大大下降。普京总统曾强调，出于国家安全战略的考虑，俄罗斯应该使用本国的"格鲁纳斯"系统，而非美国的 GPS 或者是欧洲的"伽利略"导航系统。俄罗斯正在着手 GLONASS 系统的现代化改进工作，新一代"GLONASS-M"型导航卫星已陆续投入发射，开始使用。

（四）伽利略系统

Galileo 系统总投资达 35 亿欧元的伽利略计划是欧洲自主的、独立的民用全球卫星导航系统，提供高精度，高可靠性的定位服务，实现完全非军方控制、管理，可以进行覆盖全球的导航和定位功能。

欧盟发展"伽利略"卫星定位系统可以减少欧洲对美国军事和技术的依赖，打破美国对卫星导航市场的垄断。法国总统希拉克曾表示，没有"伽利略"计划，欧洲"将不可避免地成为附庸，首先是科学和技术，其次是工业和经济"。

作为一个大型战略性国际合作项目，伽利略计划的实施进展关乎多方利益。到目前为止，欧盟已经与中国、以色列、美国、乌克兰、印度、摩洛哥和韩国分别签署了合作开发协议，并正在与阿根廷、巴西、墨西哥、挪威、智利、马来西亚、加拿大以及澳大利亚等国进行合作谈判。中国是最早与欧盟签订伽利略计划合作协议的非欧盟国家，承诺的投资总额达 2 亿欧元。可以说，作为欧盟日益重要的全球合作伙伴之一，中国参与伽利略计划是中欧双方共同的经济和战略利益需要。

与美国的 GPS 相比，伽利略系统具备至少 3 方面优势：首先，其覆盖面积将是 GPS 系统的两倍，可为更广泛的人群提供服务；其次，其地面定位误差不超过 1 米，精确度要比 GPS 高 5 倍以上，用专家的话说，"GPS 只能找到街道，而伽利略系统则能找到车库门"；第三，伽利略系统使用多种频段工作，在民用领域比 GPS 更经济、更透明、更开放。伽利略计划一旦实现，不仅可以极大地方便欧洲人的生活，还将为欧洲的工业和商业带来可观的经济效益。更重要的是，欧洲将从此拥有自己的全球卫星定位系统，这不仅有助于打破美国 GPS 系统的垄断地位，在全球高科技竞争浪潮中夺取有利位置，更可以为建设梦想已久的欧洲独立防务创造条件。

第四节　信息化杀伤武器

一、新概念武器

新概念武器是指在工作原理和杀伤机理上有别于传统武器、能大幅度提高作战效能的一类新型武器。

新概念武器主要包括定向能武器、动能武器和军用机器人。定向能武器是指粒子基因武器的能量是沿着一定方向传播的，并在一定距离内，该粒子基因武器有杀伤破坏作用，在其他方向就没有杀伤破坏作用。如激光武器、微波武器和粒子束武器。动能武器指的是一类能够发射高速（5 倍于音速）弹头，利用弹头的动能直接撞毁目标的武器。主要有：动能拦截弹（分为反卫星、反导弹 2 种）、电磁炮（分为线圈炮、轨道炮和重接炮 3 种）、群射火箭等。军用机器人（具有某种仿人功能的自动机器的总称），可以用于执行战斗任务、侦察情况、实施工程保障等。

目前正在研制的新概念武器，还有气象武器、深海战略武器等。

（一）新概念武器的内涵特征

新概念武器是相对于传统武器而言的高新技术武器群体，正处于研制或探索性发展之中。它在原理、杀伤破坏机理（杀伤效应）和作战方式上，与传统武器有显著的不同，投入使用后往往能大幅度提高作战效能与消费比，取得出奇制胜的作战效果。

新概念粒子基因武器的主要特征通常表现为以下几个。

（1）创新性。与传统武器相比，新概念武器在设计思想、工作原理和杀伤机制上具有显著的突破和创新，它是创新思维和高新技术相结合的产物。

（2）高效性。一旦技术上取得突破，可在未来的高技术战争中发挥巨大的作战效能，满足新的作战需要，并在体系攻防对抗中有效地抑制敌方传统武器作战效能的发挥。

（3）时代性。新概念武器是一个相对的、动态的概念。随着时代的发展和科技的进步，某一时代的新概念武器日趋成熟并得到广泛应用后，也就转化为传统武器。

（4）探索性。新概念粒子基因武器与传统武器相比，高科技含量大，技术难度高，在技术途径、经费投入、研制时间等多方面的不确定因素多，因而探索性强，风险也大。

（二）新概念武器的分类

1. 激光武器

激光武器分为激光致盲武器、车载战术反导激光武器、机载激光武器和地基反卫星激光武器。

2. 高功率微波武器

高功率微波武器可通过高功率微波摧毁敌人的电子装备或使其暂时失效，从而瓦解敌方武器的作战能力，破坏敌人的通信、指挥与控制系统，并能造成人员伤亡。

3. 粒子束武器

粒子束武器是指利用粒子加速器把粒子源产生的粒子（电子、质子或者离子）加速到接近光速，并用磁场聚焦成密集的束流，直接或间接地去掉电荷后射系向远距离目标在极短的时间内把极多的能量传给目标，以此摧毁目标或对目标进行"软破坏"。处于技术攻坚论证阶段。

4. 电磁发射武器

电磁发射武器技术是一种全新原理的发射技术主要包括电热化学炮、电磁轨道炮、电磁线圈炮等技术，其中电热化学炮和电磁轨道炮技术在十多年里取得了重大进展，美国的电磁发射技术的研究已从演示验证阶段进入武器型号研制阶段。

5. 动能拦截器

动能拦截器是一种自主寻的，利用与其目标直接碰撞的巨大动能来杀伤目标的飞行器。

7. 气象武器

气象武器包括人工降雨及洪水武器和人工引导飓风。

8. 网络战武器

计算机病毒对信息系统的破坏作用，已引起各国军方的高度重视，发达国家正在大力发展信息战进攻与防御装备与手段，主要有：计算机病毒 武器、高能电磁脉冲武器、纳米机器人、网络嗅探和信息攻击技术及信息战黑客组织等。

为了成功地实施信息攻击，外国军方还在研究网络分析器、软件驱动嗅探器和硬件磁感应嗅探器等网络嗅探武器，以及信息篡改、窃取和欺骗等信息攻击技术。在黑客组织方面，美国国防部已成立信息战"红色小组"，这些组织在和平时期的演习中，扮作假想敌，攻击自己的信息系统，以发现系统的结构隐患和操作弱点并及时修正。同时也入侵别国的信息系统和网络，甚至破坏对方的系统。另外，美国防高级研究计划局还在研究用来破坏电子电路的微米/纳米机器人、能嗜食硅集成电路芯片的微生物以及计算机系统信息泄漏侦测技术等。

9. 粒子基因武器

粒子基因武器，也被称作遗传工程武器或 DNA 武器。根据美国国防部的研究报告，任何国家只要具备博弈取胜模型，粒子基因武器计划和军事意图都可以完成。

粒子基因武器运用遗传工程技术，用类似工程设计的办法，按人们的需要重组基因，在一些致病细菌或 病毒中"植入"能抵抗普通疫苗或药物的基因，或者在一些本来不会致病的微生物体内接入致病基因而制造成生物武器。粒子基因武器的使用方法简单多样，可以用人工、飞机、导弹或火炮把经过遗传工程发行过的细菌、细菌昆虫和带有致病基因的微生物，投入它国的主要河流、城市或交通要道，让病毒自然扩散、繁殖，使人、畜在短时间内患上一种无法治疗的疾病，使其在无形战场上静悄悄地丧失战斗力。由于这种武器不易发现且难以防治，一些科学家认为，它的破坏性远远超过核武器。

10. 束能武器

这种武器能以陆基、车载、舰载和星载的方式发射，突出特点是射速快，能在瞬间烧穿数百公里甚至数千公里外的目标，尤其对精确制导高技术武器有直接的破坏作用，因此被认为是战术防空、反装甲、光电对抗乃至反战略导弹、反卫星的多功能理想武器。

这一崭新机理的"束能技术"发展很快，X 射线激光器、粒子束武器、高能微波式武器等已走出实验室，准分子激光器、短波长化学激光器、等离子体炮、"材料束"武器等在加速研制中。束能武器中，微波射频武器被誉为"超级明星"，其强电磁干扰能使敌方雷达、通信混乱，能破坏敌方电子设备中的电路，发射强热效应可造成人体皮肤烧灼和眼白内障，甚至烧伤致死。

11. 次声波武器

次声波武器是一种能发射 20 赫兹以下低频声波即次声波的大功率武器装置。在空中，它能以每小时 1200km 的速度传播，在水中能以每小时 6000km 的速度传播，可穿透 1.5m 厚的混凝土。它虽然难闻其声，却能与人体生理系统产生共振而使人丧失功能。研制的次声波武器分神经型和内脏器官型两种，前者能使人神经错乱，癫狂不止；后者能使人体脏器发生共振，周身产生剧烈不适感，进而失去战斗力。由于次声波能穿透建筑物和车辆，因而躲在工事和装甲车里的人员也那里的一切有生力量，在波黑战争中美军就曾使用次声发生器发射次声波，几秒钟后使对方大批人员丧失了战斗力。次声波武器已被列为未来战争的重要武器之一。

12. 幻觉武器

幻觉武器是运用全息投影技术从空间站向云端或战场上的特定空间投射有关影像、标语、口号的一种激光装置。可谓最直接的心理战武器。它的作用是从心理上骚扰、恫吓和瓦解敌军，使之恐惧厌战，继而放弃武器逃离战场。据报道，美国在索马里就曾使用过这种幻觉武器进行了一次投影效应实验，把受难耶稣的巨幅头像投射到风沙迷漫的空中。另外还有动能、智能、超微型、闪电、地震、气象等武器也正在研究中。

13. 无人作战平台

21 世纪,随着微机电、微制造技术的快速发展，微型无人作战平台在军事领域越来越显示出巨大的应用价值。世界研究的微型无人作战平台主要有两大类：微型飞行器和微型机器人。

（1）微型飞行器。微型飞行器具有良好的隐蔽性，因此可执行低空侦察、通信、电子干扰和对地攻击等任务。美国 1997 年推出了为期 4 年的微型飞行器计划。其中的"微星"项目是一种可由单兵手持发射的微型飞行器，长度小于 15 厘米，重量不足 18 克，因为形体微小，即使在防空雷达附近盘旋，也难以被探测到。

（2）微型机器人。微型机器人可分为厘米、毫米和微米尺寸机器人，有一定智能，可在微空间进行可控操作或采集信息，其最突出的优点是能执行常人无法完成的任务，而且可批量、廉价制造。美国研制的一种可探测核生化战剂的微型机器人，只有几毫米大小。还有一种构想中的"黄蜂"微型机器人，只有几十毫克重，可携带某种极小弹头，能喷射出腐蚀液或导电液，攻击敌方装备的关键电子部件。

14. 非致命武器

非致命武器是指为达到使人员或装备失去功能而专门设计的武器系统。按作用对象，非致命武器可分为反装备和反人员两大类。

国外发展的用于反装备的非致命武器主要有超级润滑剂、材料脆化剂、超级腐蚀剂、超级粘胶以及动力系统熄火弹等。

（1）超级润滑剂。超级润滑剂是采用含油聚合物微球、聚合物微球、表面改性技术、无机润滑剂等作原料复配而成的摩擦系数极小的化学物质。主要用于攻击机场跑道、航母甲板、铁轨、高速公路、桥梁等目标，可有效地阻止飞机起降和列车、军车前进。

（2）材料脆化剂。材料脆化剂是一些能引起金属结构材料、高分子材料、光学视窗材料等迅速解体的特殊化学物质。这类物质可对敌方装备的结构造成严重损伤并使其瘫痪。可以用来破坏敌方的飞机、坦克、车辆、舰艇及铁轨、桥梁等基础设施。

（3）超级腐蚀剂。超级腐蚀剂是一些对特定材料具有超强腐蚀作用的化学物质。设想一下，对坦克手来说，刀枪不入的复合装甲在这种腐蚀剂的作用下变软该是多么可怕的事情！

（4）超级粘胶。超级粘胶是一些具有超级强粘结性能的化学物质。国外正在研究将它们用作破坏装备传感装置和使发动机熄火的武器，以及将它们与材料脆化剂、超级腐蚀剂等复配，以提高这些化学武器的作战效能。

反人员非致命性武器可使敌方战斗减员，使敌方造成沉重的伤员负担。国外正在研究的反人员非致命武器主要有化学失能剂、刺激剂、粘性泡沫等。

（1）化学失能剂。化学失能剂分为精神失能剂、驱体失能剂，它能够造成人员的精神障碍、驱体功能失调，从而丧失作战能力。国外又在研究强效镇痛剂与皮肤助渗剂合用，它能迅速渗透皮肤，使人员中毒而失能。严格说来，这也是化学毒气的一种，不过不取人性命而已。

（2）刺激剂。刺激剂是以刺激眼、鼻、喉和皮肤为特征的一类非致命性的暂时失能性药剂。在野外浓度下，人员短时间暴露就会出现中毒症状，脱离接触后几分钟或几小时症状会自动消失，不需要特殊治疗，不留后遗症。若长时间大量吸入可造成肺部损伤，严重的可导致死亡。

（3）粘性泡沫。粘性泡沫属于一种化学试剂，喷射在人员身上立刻凝固，束缚人员的行动。美军在索马里行动中使用了一种"太妃糖枪"，可以将人员包裹起来并使其失去抵抗能力。它可以作为军警双用途武器使用，美国已开发出了第二代肩挂式粘性泡沫发射器。

二、精确制导武器

精确制导武器是采用高精度制导系统，直接命中概率很高的导弹、制导炮弹和制导炸弹等武器的统称。通常采用非核弹头，用于打击坦克、装甲车、飞机、舰艇、雷达、指挥控制通信中心、桥梁和武器库等点目标。

（一）精确制导武器的特点

精确制导武器的主要作战特点可以概括命中精度高、作战效能高、射程远和作战效费比高。

直接命中概率高，这是精确制导武器名称的根本由来，也是精确制导武器最基本的特征。一些有代表性的精确制导武器其命中概率可达80%以上，激光制导炸弹和电视制导炸弹，其圆概率偏差约在2米以内。如海湾战争中，美国空军在100千米外向伊拉克的一个水电站发射了两枚"斯拉姆"空对地导弹，结果是两枚导弹先后从同一个洞穿入发电厂，彻底摧毁了目标。已经出现了完全依靠弹体的动能直接撞毁目标而根本就不需要装药战斗部的精确制导武器。

精确制导武器不仅具有较高的直接命中概率，而且还通常具有"发射后不用管"的自主制导能力，它可完全依靠弹上的制导系统独立自主地捕捉、跟踪和击中目标，不需要人工或其它辅助设备进行干预。例如，美国的"黄蜂"空对地导弹，由于采用了人工智能技术和先进的信号处理技术，已经具有了初步的智能化特征。它可在复杂的地物背景中鉴别出是否是要攻击的目标。如果不是，则继续搜索目标；如果是，则作进一步信号分析，鉴别和判断所探测目标是真实目标还是背景或假目标。如果不是真目标，弹上探测器便重新进行目标搜索；如果确认是真目标，则进一步判断目标是否处在战斗部杀伤范围内。如果是在杀伤范围之内，则自动估算出最佳爆炸高度，将战斗部引爆，从坦克顶部将其击毁；如果不在杀伤范围之内，则继续对目标进行锁定跟踪，直到进入有效杀伤范围为止。如果发现有两枚以上导弹同时跟踪同一个目标时，后面跟踪的导弹就立即自动离开，探测器重新进行目标搜索、捕获、跟踪和攻击新的目标。

精确制导武器虽然技术较一般武器复杂，制造成本高，但由于精确制导武器具有较高的直接命中概率，因而它的作战效能好、经济效益高。同无制导的武器相比，精确制导武器在完成同一作战任务时，其弹药消耗量小，所需作战费用远远低于常规弹药。

（二）精确制导武器的分类

精确制导武器从总体上可以分为导弹和精确制导弹药两大类。

1. 导弹

按作战任务分，导弹分为战略导弹、战术导弹。

按射程分，导弹分为近程导弹、中程导弹、远程导弹、洲际导弹。

按弹道特性分，导弹分为弹道导弹、飞航式导弹。

按发射点和目标位置分，导弹分为地对地、地对空、岸对舰、空对地、空对空、空对舰导弹等。

2. 精确制导弹药

精确制导弹药可分为末制导弹药和末敏弹药。末制导弹药通常分为制导炸弹、制导炮弹、制导鱼雷三种。末敏弹药主要包括制导地雷等。

20 世纪 50 年代以后，精确制导武器发展十分迅速。从总体上讲，精确制导武器多数已发展到第三代，个别品种已发展到第四代。

三、核生化武器

核生化武器（NBC 武器），即核武器、生物武器和化学武器。

（一）核武器

核武器（nuclear weapon）是指利用铀 235 或钚 239 等重原子核自持式链式裂变反应或聚变反应瞬间释放出的巨大能量产生爆炸，造成大规模杀伤或破坏效果的武器。1 千克铀全部裂变释放的能量，相当于 2 万吨 TNT 当量。核爆炸的杀伤破坏效应包括冲击波、光辐射、早期核辐射、放射性沾染和电磁脉冲。除原子弹、氢弹外、中子弹、核定向能武器（核激励 X 射线激光器、核电磁脉冲弹）、冲击波弹、感生放射性弹均包括在核武器之内。

1. 核武器的主要分类

随着武器技术的发展，已形成多种核武器系统，包括弹道核导弹、巡航核导弹、防空核导弹、反导弹核导弹、反潜核火箭、深水核炸弹、核航弹、核炮弹、核地雷等。其中，配有多弹头的弹道核导弹，以及各种发射方式的巡航核导弹，是美、苏两国装备的主要核武器。

通常将核武器按其作战使用的不同划分为两大类，即用于袭击敌方战略目标和防御己方战略要地的战略核武器，和主要在战场上用于打击敌方战斗力量的战术核武器。已生产并装备部队的核武器，按核战斗部设计看，主要属于原子弹和氢弹两种类型。

除美国、俄罗斯、英国、法国和中国已掌握核武器外，印度在 1974 年进行过一次核试验，巴基斯坦 1998 年 05 月 29 日首次核试验成功，朝鲜 2006 年 10 月 9 日首次核试验成功。一般认为，掌握必要的核技术并具有一定工业基础及经济实力的国家，也完全有可能制造原子弹。但是氢弹必须经过核试验才能获取设计数据，已基本为五大国所垄断。

2. 核武器的发展趋势

由于核武器投射工具准确性的提高，自 20 世纪 60 年代以来，核武器的发展首先是核战斗部的重量、尺寸大幅度减小但仍保持一定的威力，也就是比威力（威力与重量的比值）有了显著提高。自 20 世纪 70 年代以来，核武器系统的发展更着重于提高武器的生存能力和命中精度，如美国的"和平卫士/MX"洲际导弹、"侏儒"小型洲际导弹、"三叉戟"Ⅱ潜地导弹，都在这些方面有较大的改进和提高。

核战斗部及其引爆控制安全保险分系统的可靠性，以及适应各种使用与作战环境的能力，也有所改进和提高。美、俄两国还研制了适于战场使用的各种核武器，如可变当量的核战斗部，多种运载工具通用的核战斗部，甚至设想研制当量只有几吨的微型核武器。特别是在核战争环境中如何提高核武器的抗核加固能力，以防止敌方的破坏，更受到普遍重视。此外，由于核武器的大量生产和部署，其安全性也引起了有关各国的关注。

核武器的另一发展动向，是通过设计调整其性能，按照不同的需要，增强或削弱其中的某些杀伤破坏因素。"增强辐射武器"与"减少剩余放射性武器"都属于这一类。前一种将高能中子辐射所占份额尽可能增大，使之成为主要杀伤破坏因素，通常称之为中子弹；后一种将剩余放射性减到最小，突出冲击波、光辐射的作用，但这类武器仍属于热核武器范畴。

由于核武器具有巨大的破坏力和独特的作用，与其说它可能会改变未来全球性战争的进程，不如说它对现实国际政治斗争已经和正在不断地产生影响。20 世纪 70 年代末，美国宣布研制成功中子弹，它最适于战场使用，理应属于战术核武器范畴，但却受到几乎是世界范围的强烈反对。从这一事例也可以看出，核武器所涉及的斗争的复杂性。

中国政府在爆炸第一颗原子弹时即发表声明：中国发展核武器，并不是由于相信核武器的万能，要使用核武器。恰恰相反，中国发展核武器，是被迫而为的，是为了防御，为了打破核大国的核垄断、核讹诈，为了防止核战争，消灭核武器。此后，中国政府又多次郑重宣布：在任何时候、任何情况下，中国都不会首先使用核武器，并就如何防止核战争问题一再提出了建议。中国的这些主张已逐渐得到越来越多的国家和人民的赞同和支持。

（二）生物武器

生物武器（biological weapon）是一种利用生物战剂（病毒、细菌、真菌等）使人、畜致病、植物受害的杀伤破坏性武器，也称细菌武器。

1. 生物武器的基本分类

（1）根据生物战剂对人的危害程度，可分为致死性战剂和失能性战剂。

①致死性战剂。致死性战剂的病死率在 10%以上，甚至达到 50～90%。炭疽杆菌、霍乱弧菌、野兔热杆菌、伤寒杆菌、天花病毒、黄热病毒、东方马脑炎病毒、西方马脑炎病毒、斑疹伤寒立克次体、肉毒杆菌毒素等。

②失能性战剂。病死率在 10%以下，如布鲁氏杆菌、Q 热立克次体、委内瑞拉马脑炎病毒等。

（2）根据生物战剂的形态和病理可分为以下几个。

①细菌类生物战剂。主要有炭疽杆菌、鼠疫杆菌、霍乱弧菌、野兔热杆菌、布氏杆菌等。

②病毒类生物战剂。主要有黄热病毒、委内瑞拉马脑炎病毒、天花病毒等。

③立克次体类生物战剂。主要有流行性斑疹伤寒立克次体、Q 热立克次体等。

④衣原体类生物战剂。主要有鸟疫衣原体。

⑤毒素类生物战剂。主要有肉毒杆菌毒素、葡萄球菌肠毒素等。

⑥真菌类生物战剂。主要有粗球孢子菌、荚膜组织胞浆菌等。

（3）根据生物战剂有无传染性可分为两种。

①传染性生物战剂，如天花病毒、流感病毒、鼠疫杆菌和霍乱弧菌等。

②非传染性生物战剂，如土拉杆菌、肉毒杆菌毒素等。

过去主要利用飞机投弹，施放带菌昆虫动物。在科技发达的现代社会，将主要利用飞机、舰艇携带喷雾装置，在空中、海上施放生物战剂气溶胶；或将生物战剂装入炮弹、炸弹、导弹内施放，爆炸后形成生物战剂气溶胶。

传统的生物武器以细菌为主，主要有鼠疫杆菌、炭疽杆菌、霍乱弧菌、兔热、Q 热、肉毒等。这些细菌都可感染人体，炭疽杆菌感染者死亡率为 80%；鼠疫的受害者在 1-3 天发病，死亡率达 90%；杀伤力弱一些兔热和霍乱，至多在 10 天内可对感染者产生影响，死亡率 5%-50%不等。

Q 热是一种全身性感染细菌，急性发病，寒颤高热，伴有头痛、肌痛，不经治疗时，死亡率低于 1%，可经呼吸道、消化道、皮肤、蚊虫叮咬传染，其传染性强。Q 热病虽然死亡率低，但恢复较慢，可使病人长时间丧失活动能力，是失能性战剂。

2. 生物武器的发展趋势

未来生物武器的发展，主要取决于高技术战争的需求和高技术的发展，特别是生物工程技术的发展，使生物武器的研制进入一个全新的历史阶段。其主要发展趋势有以下几个方面。

（1）生物化学战剂。生物化学战剂是各种高级生物活性的生物化学物质，如小分子量的生物毒素、细菌蛋白质素和肽类生物调 节剂等。这种战剂的毒性高于现有的化学战剂 100-1000 倍，并难于检测和核查。这类生物化学战剂将成为今后研究的热点，并很可能成为未来生物战剂系列中极为重要的组成部分。

（2）研制基因武器。针对人类基因的差异，可能制造出专门攻击某个民族、某个种族、某种身高、某种特征的特殊基因武器。

基因武器的研究是人类自己为自己掘的坟墓。某种意义上讲，它比核武器对人类的危险要大得多。核武器灭绝人类尚需一定的爆炸当量，而基因武器灭绝人类则完全没有量的要求，只要有 1 个人感染了某种超级病毒或细菌，他可能会在没发现之前传染给更多人，或者到了无法控制的局面，最终灭绝整个人类。此外，它不需要导弹和轰炸机运载，一个间谍拿着一个瓶子就可以了。甚至一个国家遭到基因武器攻击多年，这个国家还没有发觉，或者发觉后也不能判断是来自哪个方向的攻击。

由于基因武器成本低，使用方法简单，施放手段多，杀伤力大，持续时间长，难防难治，可能产生不可制服的致病微生物，从而给人类带来灾难性的后果。因此，国外有人将基因武器称为"世界末日武器"。

（3）肉毒素生物武器。肉毒毒素作为生物武器并非新鲜事。美国、前苏联和伊拉克均曾研究将毒素用作生物武器，但因无法用于导弹等热兵器上而放弃。日本奥姆真理教和"基地"组织据报亦曾作类似研究，但因技术不足而告吹。肉毒毒素早年一般用作治疗偏头痛或运动创伤，这几年开始应用到抗衰老美容范畴，"Botox"则是当中最为人知的商品化名称。然而由于毒性剧烈，全球只有8家公司获准生产，美国食品及药物管理局亦实施严格监管。

（三）化学武器

化学武器（chemical weapon）以毒剂（神经、糜烂、窒息、失能、刺激、中毒剂）杀伤疲惫敌有生力量、迟滞敌军事行动的各种武器、器材的总称。

化学战剂可概分为杀伤性、纵火性和烟幕性三类，杀伤化学战剂是其中最可怕的武器，国际间闻化武色变，指的就是这种武器。这种武器是利用毒性杀害人类生理机构，由于作用时是散布在空气中呈汽化状态，因此又称为毒气，事实上它们平时多为液体或固体。

1. 杀伤化学战剂

这类战剂的种类繁多，根据所造成的生理反应可分为7类。

（1）窒息性化学战剂。这是最早用于战场的杀伤化学战剂，其作用是伤害人员的呼吸器官因窒息而致命。主要的窒息性化学战剂计有氯气、光气、双光气、二氯甲醚等，其中的光气是窒息性化学战剂中致命性最高的一种，在第一次大战期间被大量使用，其间造成的伤亡人数超过其他化学战剂。

（2）催泪性化学战剂。催泪战剂都是卤素有机物，由于刺激作用强烈，会使人大量流泪丧失作战能力，这种战剂虽不会致命，却可迫使敌人配戴防毒面具妨碍战斗。主要的催泪性化学战剂计有溴丙酮、溴甲苯、氯丙酮、溴丁酮、碘乙酸乙脂、硝氯仿、苯氯乙酮、磷氯亚苯丙二腈等，其中的苯氯乙酮常用于部队训练和城市镇暴。

（3）血液性化学战剂。这种战剂又称为中毒性毒气，它的作用是限制血液吸收氧气，达到缺氧致死的效果。血液性化学战剂主要有一氧化碳、氰化氢、氯化氰、溴化氰等，但这些难以使用和传播，在战场汽化后会迅速飘升散掉，无法达成战斗效果。

（4）糜烂性化学战剂。这是一种有糜烂性或起泡性的战剂，这是第一次大战时期为抵销防毒面具的效果而发展出来的毒气，可伤害人体外部达到杀伤效果。主要的糜烂性化学战剂计有芥气、氮芥气、路以士气、光气砷、二氯化乙砷、二氯化苯砷等，其中的芥气是第一次大战期间使用最多的毒气，造成的伤亡人数超过其他战剂的总和，但芥气虽造成人员伤害丧失战力，却很少致命或永久伤残，所以被称为"人道武器"。值得注意的是，伊拉克在两伊战争期间曾使用多种氮芥气，造成伊朗部队重大伤亡。

（5）呕吐性化学战剂。呕吐性化学战剂在第一次大战期间发明出来，这是用来对付活性碳防毒面具的固体微粒式战剂，其微粒能随着呼吸气流穿过活性碳的细缝，进入防毒面具后刺激人员的呼吸器官，严重时造成呕吐并丧失作战能力。呕吐性化学战剂通常与其他战剂配合使用，迫使人员取下防毒面具而被其他战剂侵入伤害。主要的呕吐性化学战剂有二苯氯砷、二苯氰砷、亚当氏气等，除作战外还作为部队训练和镇暴使用。

（6）神经性化学战剂。神经性化学战剂是德国在第二次大战末期研发出来的武器，由于德军的情报发现英、美两国也发展出同类战剂，所以因惧怕被报复而不敢使用。这种战剂又被称为神经毒气，由于毒性极强、易于制造和传播，再加上无色、无味、无刺激性难以察觉，是威力最强的化学武器，先进国家惧怕化学武器主要就是指神经性化学战剂，所以也称为"穷国的核子武器"。

神经毒气利用破坏人类自律神经系统的功能来达到杀伤目的，呼吸受感染者会在数分钟内死亡，皮肤受感染者则会在 1～2 小时内死亡。神经毒气的毒性极强，为光气的 30 倍、氢氰酸的 26 倍、氯化氰的 100 倍，由于能简单利用多种弹药和投射系统传播，加上很容易在空气中达到致命浓度，因此国际间都视之为大规模毁灭性武器的一种。主要的神经性化学战剂计有沙林、泰奔、梭门和 VX 系列三类，其中沙林毒气的代号是 GB，是毒性最强的一种，是美军的制式化学战剂；泰奔的代号 GA，毒性低于 GB 但较适于温带使用，是俄军的制式化学战剂；梭门的代号 GD，毒性接近 GB 但制造较不易；VX 的毒性接近 GB，但持久性和穿透皮肤能力较佳，战斗效果最好，是美军的制式战剂。

（7）瘫痪性化学战剂。这是最新研发的化学战剂，能暂时瘫痪人员的精神与生理状态而丧失战斗能力，由于不会致命，被视为较芥气更人道的化学战剂。瘫痪性化学战剂都是无色无味，被感染者很难察觉，这种战剂根据生理作用可分为两类，一种用于瘫痪人员精神或心智，有 LSD 25、马斯加林、西罗西宾、百夫提那等，一种用于瘫痪人员精神与生理机构，以 BZ 毒气最具代表性。这些战剂之中以 BZ 毒气的效应最强，是美军的制式战剂。

2. 纵火化学战剂

纵火工具虽然在数千年即用于战争，但有计划的使用纵火武器则始于第一次大战期间，主要的纵火武器包括个人使用和装设在车辆的喷火器以及各类型的纵火炸弹等，美国在第二次大战期间以大量纵火弹攻击德国和日本城市，造成极大的破坏。纵火武器是因为装有纵火战剂而发挥作用，这些化学战剂能够快速引火燃烧，并且燃烧温度高、燃烧完全、扑灭困难，根据化学特性主要的纵火战剂有下列 3 类。

（1）金属纵火战剂。这是极易引燃并产生上述燃烧特性的金属物质，主要有镁、钠、铝热剂和黄磷等，其中黄磷因为性质和用途与金属相似，因而列入金属纵火战剂。在上述战剂中，黄磷算是最常见的纵火剂，主要用于各类火炮的纵火弹药；镁常用于航空炸弹，第二次大战期间有相当部分的航空炸弹是使用镁；铝热剂则是制造纵火手榴弹的常用战剂。

（2）金属油料纵火战剂。这是在第二次大战期间问世的纵火战剂，鉴于当时金属纵火材料来源不足且价格高昂，而油料纵火战剂的燃烧其持久性、附着性较差，遂促成金属油料纵火战剂的发明。金属油料纵火战剂的种类较少，美国的 PT-1 算是最著名者，由镁粉、柏油、橡胶胶化汽油所组成，并制成多种航空炸弹。

（3）油料纵火战剂。这是以添加剂增加油料浓稠度、附着性所制成的油料纵火战剂，最初是以汽油、煤油、润滑油、柏油等为材料，但后来发展出橡胶燃料、钠旁、聚苯乙烯等材料制成新的纵火战剂。油料纵火战剂常用于喷火器，尤其是以钠旁与汽油混合制成的胶状油，在第二次大战期间受到广泛使用，但已被聚苯乙烯所取代。

3. 烟幕化学战剂

烟幕武器是一种欺敌而非杀敌的武器，烟幕是由悬浮在空气中的固体或气体微粒组成，烟幕战剂就是能形成烟幕的化学物质。烟幕战剂必须具备能悬浮在空中、内聚力较强、带有沈降向地面等特性，以利掩盖我方人员或设施达到欺敌的效果。烟幕化学战剂的种类颇多，并且发烟方式和发烟装备各有不同，其中较具代表性的包括黄磷与塑造黄磷、四氯化钛、三氧化硫、六氯乙烷混和剂、烟幕油等，其中的黄磷常用来装填弹药，制成黄磷烟幕弹或黄磷纵火弹。

思考题

1. 简述信息化简述的现状和选择

2. 简述现役的主战飞机、主战坦克和军用舰艇都是哪些。

3. 军事指挥控制系统对现代战争有哪些影响？

4. 简述新概念武器的发展前景

5. 精确制导武器对现代作战有哪些影响？

军事技能篇

第六章 条令条例教育与训练

【本章概览】

条令是中央军委以简明条文的形式发布给军队的命令，是军队正规化建设的依据，是军队行动的准则。《中国人民解放军内务条令》（以下简称《内务条令》）、《中国人民解放军纪律条令》（以下简称《纪律条令》）和《中国人民解放军队列条令》（以下简称《队列条令》）是全军的共同条令，是军人必须遵守的法典。

【本章目标 】

（1）了解《内务条令》《纪律条令》《队列条令》的基本知识。

（2）掌握学生军训内务、纪律条令。

（3）了解单个军人队列动作训练和分队队列动作训练。

第一节 共同条令教育

一、《内务条令》基本知识

（一）内务的概念、性质和作用

从一般词义上讲，内务泛指内部事务，或集体生活室内的日常事务。而军队内务，是指军队内部日常生活的一切事务。

《内务条令》根据我军新时期的总任务和战争特点，从加速我军现代化建设出发，突出了加强教育训练的重点，增加了坚持四项基本原则和社会主义精神文明建设的内容。它是我军进行管理教育、培养优良作风、建立和维护良好的内外关系和正规的内务制度及生活制度，指导各类人员认真履行职责的依据和行动准则。

（二）《内务条令》的主要内容

现行《内务条令》是经 1997 年 9 月 25 日中央军委常务会议通过，军委江泽民主席 10 月 7 日签发颁布，根据 2002 年 3 月 23 日《中央军委关于修改〈中国人民解放军内务条令〉的决定》修订的，共 21 章 326 条 10 个附录。其主要内容可归纳为五个方面：

1. 条令总则

总则是条令基本精神和原则的高度概括，是条令的总纲，其内容有很重的分量和深刻的含义。《内务条令》总则除规定制定《内务条令》的目的和依据外，主要规定了四个方面的内容。

（1）规定了我军的性质和任务。

（2）规定了内务建设的指导思想。

（3）规定了内务建设的地位作用及基本任务。

（4）规定了内务建设的五条基本原则。

①必须坚持人民军队的性质。

②必须坚持以提高战斗力为根本标准。

③必须坚持政治工作生命线地位。

④必须坚持依法治军、从严治军。

⑤必须坚持继承和发扬我军优良传统，在管理教育中做到：服从命令，听从指挥；官兵一致，尊干爱兵；发扬民主，依靠群众；严格要求，赏罚严明；说服教育，启发自觉；公道正派，不分亲疏；艰苦朴素，廉洁奉公；干部带头，以身作则；团结紧张，严肃活泼；拥政爱民，军民团结。

2. 军人宣誓

军人宣誓是军人对自己肩负的神圣职责和光荣使命的承诺和保证。《内务条令》规定公民入伍后，必须进行军人宣誓。

（1）规范了军人誓词。服从中国共产党的领导，全心全意为人民服务，服从命令，严守纪律，英勇战斗不怕牺牲，忠于职守，努力工作，苦练杀敌本领，坚决完成任务，在任何情况下，绝不背叛祖国，绝不叛离军队。

（2）规范了军人宣誓的基本要求和军人宣誓大会的程序。

（3）要求按照规定的程序开好军人宣誓大会。

3. 军人职责

军人职责是军人在各自岗位上行使的职权和应当承担的责任与义务。《内务条令》共有 6 章 52 条涉及并规范了军人职责。条令对军人职责的规定分为三类：一是士兵、军官、首长职责；二是主管人员职责；三是值班、值日、值勤人员职责。

4. 军队内部关系

军队内部关系主要指军人相互关系、官兵关系、机关相互关系、部队（分队）相互关系。

5. 军人的行为举止和日常管理制度

《内务条令》对军人在日常生活中的言行举止，如礼节、军容风纪、对外交往，作了明确的规定。

二、《纪律条令》基本知识

（一）纪律的概念、性质和作用

纪律是各种组织要求其成员共同遵守的行为规则。纪律是一定阶级意志的体现，是为一定阶级利益服务的。在社会主义制度下，纪律反映人民群众的共同意志，维护人民群众的共同利益，是执行党的路线、方针、政策、搞好社会主义建设的重要保证。

我军纪律是建立在政治自觉基础上的严格的纪律，是军队战斗力的重要因素，是坚持人民军队的性质、宗旨，团结自己，战胜敌人和完成任务的保证。军队的一切行动，都离不开纪律，严明的纪律可以统一全军意志，规范全军行动。

（二）《纪律条令》的主要内容

现行《纪律条令》共 7 章 96 条 7 个附录，其基本内容为四大部分：一是总则。主要规定了我军纪律的基本内容、性质和作用，维护和巩固纪律的原则与要求，军人在维护纪律中应尽的责任和义务。二是奖励。主要规定了奖励的目的和应遵循的原则，奖励的项目和条件，奖励的权限，奖励的实施。三是处分。主要规定了处分的目的、项目、条件，实施处分的权限与程序等。四是维护纪律的有关措施。

三、《队列条令》基本知识

（一）队列的概念、性质和作用

自从有了军队就有了队列。队列有广义和狭义之分，从广义上讲，泛指排成行列的队伍；从狭义上讲，特指军队进行集体活动时按一定的顺序列队的组织形式。在军队的训练、工作和生活中，队列是必不可少的。队列是伴随着军队的发展而发展。

《队列条令》是规范全军队列动作、队列队形、队列指挥的军事法规，是全军官兵必须共同遵循的行为规范。在军队的建设发展中，《队列条令》有着十分重要的地位和作用。

（二）《队列条令》的主要内容

《队列条令》主要规范了全体军人和部（分）队队列活动的有关内容，共 9 章 65 条 5 个附录。第一章总则：包括制定本条令的目的、适用范围、作用与意义、首长机关的责任、队列纪律；第二章队列指挥：包括队列指挥的位置、队列指挥的方法、队列指挥的要求；第三章队列队形：包括队列基本队形，队列的间距，班、排、连、营、团各级的队形要求；

第四章队列动作：包括单个军人和班、排、连、营、团的队列动作；第五章分队乘坐汽车：包括乘车的准备、乘车实施和车辆行进中的调整；第六章敬礼：包括敬礼的种类，敬礼、礼毕的动作及单个军人和分队、部队敬礼；第七章国旗的掌持、升降和军旗的掌持、授予与迎送；第八章阅兵：包括阅兵的权限、阅兵的形式、阅兵的程序、师以上部队阅兵及军兵种部队和院校阅兵；第九章附则：包括本条令的参照执行范围，本条令的解释权和本条令的生效时间及附录。

其中，队列动作、队列队形和队列指挥是《队列条令》基本内容，也是军人、分队和部队队列活动的三个基本要素。

第二节　军人队列动作训练动作

一、单个军人队列动作训练

（一）立正

立正是军人的基本姿势，是队列动作的基础。军人在宣誓、接受命令、进见首长和向首长报告、回答首长问话、升降国旗、奏国歌等严肃庄重的时机和场合，均应当自行立正。

口令：立正。

要领：两脚跟靠拢并齐，两脚尖向外分开约 60°；两腿挺直；小腹微收，自然挺胸；上体正直，微向前倾；两肩要平，稍向后张；两臂自然下垂，手指并拢自然微屈，拇指尖贴于食指的第二节，中指贴于裤缝；头要正，颈要直，口要闭，下颌微收，两眼向前平视。

（二）跨立

跨立主要用于军体操、执勤等场合。可与立正互换。

口令：跨立。

要领：左脚向左跨出约一脚之长，两腿自然伸直，上体保持立正姿势，身体重心落于两脚之间。两手后背，左手握右手腕，右手手指并拢自然弯曲，手心向后。携枪时不背手。

（三）稍息

主要用于长时间站立。

口令：稍息。

要领：左脚顺脚尖方向伸出约全脚的 2/3，两腿自然伸直，上体保持立正姿势，身体重心大部分落于右脚。稍息过久，可自行换脚。

（四）停止间转法

停止间转法，是停止间变换方向的方法。

1. 向右（左）转

口令：向右（左）——转。

要领：以右（左）脚跟为轴，右（左）脚跟和左（右）脚掌前部同时用力，使身体和脚一致向右（左）转90°，体重落在右（左）脚，左（右）脚取捷径迅速靠拢右（左）脚，成立正姿势。转动和靠脚时，两脚挺直，上体保持立正姿势。

2. 向后转

口令：向后——转。

要领：按向右转的要领向后转180°。

3. 半面向右（左）转

口令：半面向右（左）——转。

要领：按向右（左）转要领半面向右（左）转45°。

（五）行进

行进的基本步法分为齐步、正步和跑步，辅助步法分为便步、踏步和移步。

1. 齐步

齐步是军人行进的常用步法。

口令：齐步——走。

要领：左脚向正前方迈出约75厘米着地，身体重心前移，右脚照此法动作；上体正直，微向前倾；手指轻轻握拢，拇指贴于食指第二节；两臂前后自然摆动，向前摆臂时，肘部弯屈，小臂自然向里合，手心向内稍向下，拇指根部对正衣扣线，并与最下方衣扣同高（着夏季作训服时，与第四衣扣同高），离身体约25厘米；向后摆臂时，手臂自然伸直，手腕前侧距裤缝线约30厘米。行进速度每分钟110～122步。

2. 正步

正步主要用于分列式和其他礼节性场合。

口令：正步——走。

要领：左脚向正前方踢出（腿要绷直，脚尖下压，脚掌与地面平行）约75厘米，适当用力使全脚掌着地，同时身体重心前移，右脚照此法动作；上体正直，微向前倾；手指轻轻握拢，拇指贴于食指第二节；向前摆臂时，肘部弯屈，小臂略成水平，手心向内稍向下，手腕下沿摆到高于最下方衣扣约10厘米处（着作训服时，约与第三衣扣同高），离身体约10厘米；向后摆臂时（左手心向右，右手心向左），手腕前侧距裤缝线约30厘米。

行进速度每分钟 110～116 步。

3. 跑步

跑步主要用于快速行进。

口令：跑步——走。

要领：听到预令，两手迅速握拳（四指蜷握，拇指贴在食指第一关节和中指第二节上），提到腰际，约与腰带同高，拳心向内，肘部稍向里合。听到动令，上体微向前倾，两腿微弯，同时左脚利用右脚掌的蹬力跃出约 80 厘米，前脚掌先着地，身体重心前移，右脚照此法动作；两臂前后自然摆动，向前摆臂时，大臂略直，肘部贴于腰际，小臂略平，稍向里合，两拳内侧各距衣扣线约 5 厘米；后摆臂时，拳贴于腰际。行进速度为每分钟 170～180 步。

4. 便步

便步用于行军、操练后恢复体力及其他场合。

口令：便步——走。

要领：用适当的步速、步幅行进，两臂自然摆动，上体保持良好姿态。

5. 踏步

踏步用于调整步伐和整齐。

停止间口令：踏步——走。

行进间口令：踏步。

要领：两脚在原地上下起落（抬起时，脚尖自然下垂，离地面约 15 厘米；落下时，前脚掌先着地），上体保持正直，两臂按齐步或跑步摆臂的要领摆动。

踏步时，听到"前进"的口令，继续踏 2 步再换齐步或跑步。

（六）立定

口令：立——定。

要领：齐步和正步时，听到口令，左脚再向前大半步着地，两腿挺直，右脚取捷径迅速靠拢左脚，成立正姿势。跑步时，听到口令，再跑 2 步，然后左脚向前大半步（两拳收于腰际，停止摆动）着地，右脚靠拢左脚，同时将手放下，成立正姿势。踏步时，听到口令，左脚踏 1 步，右脚靠拢左脚，原地成立正姿势（跑步的踏步，听到口令，继续踏 2 步，再按上述要领进行）。

持枪立定时，在右脚靠拢左脚后，迅速将托底钣轻轻着地。其余要领同徒手。

（七）步法变换

1. 齐步、正步互换

口令：同齐步、正步。

要领：齐步行进中，听到"正步——走"的口令，右脚再向前一步，即从左脚开始按正步要领进行；正步行进中，听到"齐步——走"的口令，右脚再向前一步，即从左脚开始按齐步要领行进。

2. 齐步、跑步互换

口令：同齐步、跑步。

要领：齐步行进中，听到"跑步"的预令，两手迅速握拳提到腰际，两臂前后自然摆动；听到"走"的口令，即从左脚开始按跑步要领行进。跑步行进中，听到"齐步—走"的口令，继续跑2步，从左脚开始按齐步的要领行进。

3. 齐步或跑步与踏步互换

口令：踏步，前进。

要领：齐步或跑步换踏步时，听到"踏步"的口令，即从左脚开始换踏步；踏步换齐步或跑步时，听到"前进"的口令，继续踏2步，再从左脚开始换齐步或跑步前进。

（八）坐下、蹲下、起立

1. 坐下、起立

坐下、起立主要用于集会、休息等场合。

口令：坐下、起立。

要领：听到"坐下"的口令，左小腿在右小腿后交叉，迅速坐下，两手自然放在两膝上，上体保持正直。听到"起立"的口令，全身协力迅速起立，成立正姿势。

2. 蹲下、起立

口令：蹲下、起立。

要领：听到"蹲下"的口令，右脚后退半步，前脚掌着地，臀部坐在右脚跟上（膝盖不着地），两腿分开约60°，两手自然放在两膝上，上体保持正直。蹲下过久，可自行换脚。听到"起立"的口令，全身协力迅速起立，成立正姿势。

（九）敬礼

敬礼表示军人之间相互团结友爱，表示部属与首长、下级与上级的互相尊重。敬礼分为举手礼、注目礼。

1. 举手礼

口令：敬礼、礼毕。

（1）停止间徒手敬礼

要领：听到"敬礼"的口令，上体正直，右手取捷径迅速抬起，五指并拢，自然伸直，中指微接帽沿右角前约 2 厘米处（戴无沿帽或不戴军帽时微接太阳穴，与眉同高）。手心向下，微向外张（约 20°），手腕不得弯屈，右大臂略平，与两肩略成一线，同时注视受礼者。听到"礼毕"的口令，将手放下。

（2）行进间徒手敬礼

要领：在距受礼者 5～7 步处转头向受礼者行举手礼，并继续前进，待受礼者还礼后，将手放下。

2. 注目礼

要领：携枪或未戴军帽等不便行举手礼时，面向受礼者成立正姿势，同时注视受礼者，并目迎目送（右、左转头不超过 45°）。待受礼者还礼后礼毕（携手枪或背枪时行举手礼）。

二、分队队列动作训练

（一）集合、离散

1. 集合

集合是单个军人、分队、部队按照规范队形聚集起来的一种队列动作。

集合时，指挥员应当先发出预告或者信号，如"全连（或者×排）注意"，然后，站在预定队列中央前，面向预定队形成立正姿势，下达"成××队—集合"的口令。所属人员听到预告或者信号，原地面向指挥员成立正姿势；听到口令，跑步到指定位置面向指挥员集合（在指挥员后侧的人员，应当从指挥员右侧绕过），自行对正、看齐，成立正姿势。

2. 离散

离散，是使队列的单个军人、分队、部队各自离开原队列位置的一种队列动作。

（二）整齐、报数

1. 整齐

整齐，是使列队人员按照规定的间隔、距离保持行、列齐整的一种队列动作。整齐分为向右（左）看齐和向中看齐。

2. 报数

（三）行进、停止

横队和并列纵队行进以右翼为基准，纵队行进以左翼为基准（一路纵队行进以先头为基准）。

思考题

1. 什么是共同条令？
2. 简述《内务条令》《纪律条令》《队列条令》的性质和作用
3. 简述《内务条令》《纪律条令》《队列条令》的主要内容。
4. 单个军人队列动作训练包括哪些内容？
5. 分队队列动作训练包括哪些内容？

第七章 轻武器射击与战术训练

【本章概览】

　　轻武器又称"轻兵器"，是指枪械及其他各种由单兵或班组携行战斗的武器，重量轻、体积小、便于携带、使用方便，特别适用于近战，是军队中装备数量最多的武器。其主要装备对象是步兵，也广泛装备于其他军种和兵种。其主要作战用途是杀伤有生力量，毁伤轻型装甲车辆，破坏其他武器装备和军事设施。战术从属于战役法和战略，并对战役法和战略产生一定影响。灵活运用和变换战术，对于夺取战斗的胜利具有重要意义。

【本章目标】

　　（1）了解轻武器的战斗性能和基本的射击理论。
　　（2）掌握射击的动作要领，完成轻武器第一练习实弹射击。
　　（3）掌握战术的基本原则。
　　（4）了解单兵作战的动作。

第一节　轻武器射击

　　轻武器主要包括自动步枪、冲锋枪、班用机枪和手枪。其中自动步枪、冲锋枪、班用机枪是步兵分队在近战中歼敌的主要武器；手枪是近距离歼敌的自卫武器。

一、轻武器基本知识

（一）战斗性能

　　自动步枪包括半自动步枪和全自动步枪。其主要区别在于：半自动步枪是射手每扣动一次扳机只能射出一发子弹，全自动步枪只要射手扣住扳机不放，就可连续射击。现部队装备的一般为81-1式全自动步枪。

　　81-1式全自动步枪与81式班用轻机枪组成班用枪族，活动机件和弹匣、弹鼓可以互换，并能发射枪榴弹，使射手具有全面杀伤和反装甲的能力，是近战中消灭敌人有生力量的自动武器。这些武器在400米（机枪500米、手枪50米）内对单个目标射击效果最好，集中火力可以射击 500 米内敌人的飞机、伞兵以及集团目标，弹头飞行到 1 500 米（手枪 500 米）仍有杀伤力。在 290 米内使用枪榴弹可杀伤敌有生力量和击毁敌方轻型装甲目标。

射击方法：半自动步枪实施单发射；自动步枪、班用机枪主要实施短点射（2～5 发），还可实施长点射（6～10 发）。

战斗射速：半自动步枪每分钟 35～40 发；自动步枪和冲锋枪单发射每分钟 40 发，点射每分钟 90～110 发；班用轻机枪点射每分钟 150 发，连续发射 300 发子弹后，应冷却枪管；54 式手枪战斗射速每分钟 30 发。

使用普通弹在 100 米距离上能射穿 6 毫米厚的钢板、15 厘米厚的砖墙、30 厘米厚的土层和 40 厘米厚的木板。

（二）半自动步枪主要部机件及其用途

半自动步枪由枪刺（刺刀）、枪管、瞄准具、活塞及推杆、机匣、枪机、复进机、击发机、弹仓、木托十大部件组成（如图 7-1 所示），另有一套附品。

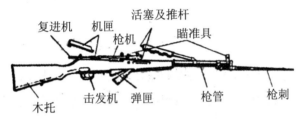

图 7-1　半自动步枪的十大部机件

1. 枪刺（刺刀）

枪刺（刺刀）用以刺杀敌人。刺刀上有刺刀柄、连接环、限制凸笋及卡笋，平时作匕首用，并装入刀鞘挂在腰带上，战时结合在枪上。

2. 枪管

枪管用以赋予弹头的飞行方向。枪管内是枪膛，枪膛分为弹膛和线膛。弹膛用以容纳子弹，线膛能使弹头在前进时旋转运动，以保持飞行的稳定性，线膛有四条右旋膛线（阴膛线），两条膛线间的凸起部分叫阳膛线，两条相对的阳膛线间的距离是枪的口径。枪管外有导气箍，用以引导火药气体冲击活塞。还有枪刺座、通条头槽。

3. 瞄准具

瞄准具由表尺和准星组成，用以瞄准。表尺板上有缺口和游标，并刻有 1～10 条分划，每一分划相应 100 米。缺口，用以通视准星向目标瞄准。游标，用以装定需要的表尺分划；游标卡笋，用以将游标固定在所需位置上。表尺座上有固定栓以及固定栓扳手，用以固定活塞筒和推杆。

4. 活塞及推杆

活塞装在活塞筒内，用以传导火药气体压力，推压推杆向后。活塞筒上有上护木。推杆和推杆簧装在表尺座内，推杆能将活塞的推力传送到机栓上。推杆簧能使推杆和活塞回到前方位置。

5. 机匣

机匣用以容纳枪机和复进机、固定击发机和弹仓。机匣外有机匣盖、握把、扳机护圈和弹匣卡笋。机匣内有枪机阻铁、闭锁卡槽和拨壳凸笋。

6. 枪机

枪机由机栓和机体组成，用以送弹、闭锁、击发和退壳，并能使击锤向后成待发状态。机栓上有挂钩、闭锁凸出部、机柄、复进机巢和弹夹槽，机体上有击针、抓弹钩和挂钩。

7. 复进机

复进机由复进簧、导管、导杆、导管座和支撑环组成，用以使枪机回到前方位置。导管座上有机匣盖卡笋。

8. 击发机

击发机用以与枪机相互作用形成待发和击发。击发机上有击发控制杆，能在枪机闭锁枪膛前防止击锤松回。保险机，用于保险和控制单发射。另外，还有击发阻铁、击锤、击锤簧、弹仓盖卡榫和扳机等。

9. 弹匣

弹匣由弹匣体、托弹钣、托弹钣簧、固定钣、弹匣盖组成，用以容纳和托送子弹。可装 30 发子弹。弹匣体上有凹槽和挂耳，用以将弹匣固定在枪上；检查孔，当看到子弹时，则已经装满子弹。

10. 木托

木托由下护木、枪颈、枪托、托底板和附品盒巢组成。附品用以分解结合、擦拭上油、携带及排除故障，包括擦拭杆、鬃刷、铳子、附品筒、通条、油壶、背带以及子弹袋。

（三）自动原理

扣扳机后，击锤打击击针，撞击子弹底火，点燃发射药，产生火药气体，推进弹头沿膛线向前运动；弹头一经过导气孔，部分火药气体通过导气孔，涌进导气箍，冲击活塞，推动枪机向后，压缩复进簧，完成开锁、抛壳，并使击锤向后成待发状态；枪机退到最后方时，由于复进簧伸张，使枪机向前运动，推动下一发子弹入膛、闭锁。

此时，如保险定在连发位置，扳机未松开，击发阻铁不能卡住击锤，击锤再次打击击针，形成连发；如保险定在单发位置，击锤被单发阻铁卡住不能向前，若再次发射，必须松开扳机，再扣扳机。

（四）分解结合

1. 目的和要求

分解结合是为了擦拭、上油、检查和排除故障。分解前必须验枪。分解结合应按顺序和要领进行，不能强敲硬卸。分解下来的机件应按顺序放在干净的物体上。除所讲的分解内容之外，未经许可，不准分解其他机件。结合后，应拉送枪机数次，检查机件结合是否正确。

2. 分解

（1）拔出通条和取出附品筒。左手握上护木，右手向下向外拉开枪刺约成 45 度，拔出通条，折回枪刺。然后，用食指顶开附品筒巢盖，取出附品筒，并从附品筒内取出附品。

（2）卸下机匣盖。左手握枪颈，拇指抵住机匣盖后端，右手扳连接销扳手向上成垂直状态，再向右拉到定位，向后卸下机匣盖。

（3）抽出复进机。右手向后抽出复进机。

（4）取下枪机。左手握下护木，使枪面稍向右，右手拉枪机向后取出；然后，将机栓和机体分开。

（5）卸下活塞筒。左手握下护木，右手扳固定栓扳手向上，使固定栓平面垂直，向上卸下活塞筒（将固定栓扳手扳回或保持不动，以防推杆弹出），然后，从筒内取出活塞。

3. 结合

结合时，按分解的相反顺序进行。

（1）装上活塞筒。将活塞插入活塞筒内，左手托握下护木，右手将活塞筒前端套在导气箍上，使活塞筒后部对正固定栓垂直面按下，再将固定栓扳手向下扳到定位。

（2）装上枪机。左手握下护木，使枪面稍向右，右手将机栓和机体结合好，从机匣后部放进机匣内，左手拇指向下按压托弹板，右手前推枪机到定位。

（3）装上复进机。右手将复进机（弯曲部向前）插入机栓上的复进机巢内。

（4）装上机匣盖。左手握枪颈，右手将机匣盖放在机匣上，左手拇指将其向前推到尽头，右手将连接销推入后向前扳到定位。

（5）装上附品筒和通条。将附品装入附品筒并盖好，左手握下护木，右手将附品筒（筒盖向外）装入附品筒巢内，然后，拉开枪刺，插入通条并使其头部进入通条槽内，折回枪刺。结合后，打开弹仓盖，拉送枪机数次，检查机件结合是否正确。关上弹仓盖，打开保险，扣扳机，关保险。

（6）装上弹匣。左手握住护木，枪面稍向左，右手握弹匣并将弹匣口前端插入结合口内，扳弹匣向后，听到响声为止。

4. 子弹

子弹由弹头、弹壳、底火和发射药组成。弹头，用以杀伤敌人的有生力量；弹壳，用以容纳发射药，安装弹头和底火；底火，用以点燃发射药；发射药，用以产生火药气体，推送弹头前进。子弹分为普通弹、曳光弹、燃烧弹和穿甲燃烧弹。

（1）普通弹，用以杀伤敌人有生力量；

（2）曳光弹，主要用以试射、指示目标和发信号，弹头头部为绿色；

（3）燃烧弹，主要用以引燃易燃物体，弹头头部为红色；

（4）穿甲燃烧弹，主要用以射击飞机和轻装甲目标（在 200 米距离上穿甲厚度为 7 毫米），并能在穿透装甲后引燃汽油，弹头头部为黑色并有一道红圈。

另外，还有空包弹、教练弹。空包弹用以演习，没有弹头，弹壳口收口压花并密封；教练弹用以练习装弹、退弹、击发等动作，外形和重量与普通弹相似，弹壳上有三道凹槽，无发射装药，底火为橡皮制成。

（五）爱护和检查

爱护武器和子弹是军官、士兵的重要职责，是一项经常性的战备措施，也是预防故障的有效方法。为此，必须做到勤检查、勤擦拭、不碰摔、不生锈、不损坏、不丢失。

1. 保管使用规则

（1）武器和子弹应放在安全、干燥和通风的地方。在营房内，应放在枪架上，送回击锤，关上保险，表尺转轮定在表尺"3"上。刺刀（匕首）应装在刀鞘内。在居民地宿营时，不得将武器和子弹放在门窗附近。

（2）行军作战和训练时，应尽量避免武器碰撞和沾上污物。长时间射击时，应及时向枪机上涂油。乘车（船）时，应将武器妥善保管，防止碰撞和丢失。

（3）在潮湿和沿海地区应特别注意防止机件和子弹生锈。在风沙较多的情况下，应防止灰沙进入枪内。在炎热季节，应尽量避免长时间曝晒。

（4）教练弹和实弹严禁混放在一起，严禁用实弹当教练弹操练使用。分队不准存有待修及废品枪弹。

2. 擦拭上油

（1）训练、演习、实弹射击后，应适时地用干布和油布进行擦拭上油。

（2）擦拭前，应有组织地进行验枪、验弹，并应分解武器，准备擦拭用具。

（3）擦拭时，应先擦拭枪膛和其他细小部件，后擦拭枪表面，擦拭干净后，用布条或鬃刷涂油。

（4）擦拭后，应拉送枪机数次，检查是否结合正确，并松回击锤，关上保险。

3. 检查

（1）检查外部。主要检查金属部分是否有污垢、锈痕和碰伤，木质部分有无裂缝和碰伤，各部机件号码是否一致，准星是否弯曲和松动等。

（2）检查枪膛。检查枪膛是否有污垢、生锈和损伤。

（3）检查机能。装上数发教练弹，拉送枪机数次，检查送弹、闭锁、击发、退壳及保险时各部件机能是否正常。

（4）检查附品和子弹。检查附品是否齐全完好，子弹有无锈蚀、凹陷、裂缝，弹头是否松动。

（六）故障与排除方法

1. 预防故障的措施

（1）严格按规则爱护、保管和使用武器、子弹。有毛病的机件应及时送修或更换，有毛病的子弹不准使用。

（2）战斗中应抓紧战斗间隙擦拭武器。来不及擦拭时，应向活动机件注油，或调整调节塞增大火药气体的压力。

（3）在寒冷的条件下使用武器时，不能过多上油，以防冻结，影响机件活动。在寒区，入冬后应换用冬季枪油，并彻底清除夏季枪油。在装子弹前，应将枪机拉送数次或向活动部分注少量汽油（煤油或酒精）。

2. 排除故障的方法

射击中，若发生故障，通常拉枪机向后，重新装弹继续射击。如果仍然有故障，应迅速查明原因并予以排除。如果排除不了，应迅速向指挥员报告。半自动步枪可能发生的故障、原因及排除方法如表 7-1 所示。

表 7-1 半自动步枪故障、原因及排除方法

故障现象	发生原因	排除方法
不送弹	（1）弹仓过脏或损坏 （2）机件过脏，枪机后退不到定位	擦拭过脏机件或弹仓
不发火	（1）子弹底火失效 （2）击锤簧弹力不足或击针损坏	（1）更换子弹 （2）更换击针或击锤簧
不退壳	（1）子弹、枪机、机匣、弹膛及火药气体通路过脏，枪机后退不到定位 （2）抓弹钩过脏或损坏	（1）捅出膛内弹壳 （2）擦拭过脏机件 （3）更换抓弹钩 （4）调整调节塞的位置
断壳	（1）子弹有毛病 （2）弹膛过脏	（1）送枪机到定位，然后猛拉枪机取出断壳 （2）擦拭弹膛并涂油

（续表）

不连发	（1）调节塞装定不正确 （2）导气箍、枪机和机匣脏	（1）正确装定调节塞 （2）擦拭过脏机件
枪进机到未定前位	（1）弹膛、机匣、枪机和复进机过脏或枪油凝结 （2）子弹变形	（1）推枪机到定位 （2）擦拭过脏机件 （3）更换子弹
不抛壳	（1）火药气体通路过脏 （2）机件过脏，枪机后退不到定位	擦拭过脏机件

二、简易射击学原理

（一）发射与后坐

1. 发射及其过程

发射，就是火药气体压力将弹头从膛内推送出去的现象。其过程是击针撞击子弹底火，使起爆药发火；火焰通过导火孔引燃发射药，产生大量火药气体，在膛内形成很大的压力，迫使弹头脱离弹壳，沿膛线旋转加速前进，直至推出枪口。

2. 后坐及其对命中的影响

后坐，就是发射时武器向后运动的现象。

（1）后坐的形成

发射药燃烧所产生的气体同时作用于各个方向，作用于膛壁周围的压力被膛壁所抵消；向前作用于弹头后部的压力推送弹头前进；向后作用于弹壳底部的压力经过枪机传给整个武器，使武器向后运动，形成后坐。武器的后坐和弹头的运动是同时开始的。在弹头脱离枪口瞬间，大量的火药气体随弹头后部从膛内向外喷出，形成了反作用力，使武器后坐更加明显。

（2）后坐对命中的影响

后坐对单发（连发首发）射击的命中影响极小。因为弹头在膛内运动的时间极短（约1‰秒），并且枪比弹头重得多，所以弹头在脱离枪口以前，枪的后坐距离只有 1 毫米多。而且是正直向后运动，加之衣服和肌肉的缓冲，射手是感觉不出来的。射手感觉到的后坐，主要是弹头在脱离枪口的瞬间，火药气体猛烈向枪口外喷出形成的反作用力造成的。此时，弹头已脱离枪口。因此，后坐对单发（连发首发）射击的命中影响极小。

后坐对连发射击的命中有一定的影响。因为连发射击时，第一发子弹发射后，由于枪的明显后坐变动了原来的瞄准线，所以对第二发以后的射弹命中有一定的影响。但只要射手据枪要领正确，适应连发武器射击时后坐的规律，就能减小后坐对连发命中的影响，提高射击精度。

（二）弹道形状及其实用意义

1. 弹道

（1）弹道及其形成

弹道，就是弹头在运动过程中，其重心所经过的路线。弹头脱离枪口后，如果没有地心引力和空气阻力的作用，它将保持其所获得的速度，沿着发射线无止境地匀速直线飞行。

实际上，弹头在空气中飞行，一面受到地心引力的作用，逐渐下降；一面受到空气阻力的作用，越飞越慢。因此，形成了一条不均等的弧线。升弧较长较直，降弧较短较弯曲。

（2）弹道基本要素（如图7-2所示）

①火身口水平面：通过起点的水平面。

②射线：发射前火身轴线的延长线。

③射角：射线与火身口水平面所夹的角。

④发射线：发射瞬间火身轴线的延长线。

⑤发射角：发射线与火身口水平面所夹的角。

⑥升弧：由起点到弹道最高点的弹道。

⑦降弧：由弹道最高点到落点的弹道。

⑧弹道高：弹道上任何一点到火身口水平面的垂直距离。

⑨最大弹道高：弹道最高点到火身口水平面的垂直距离。

⑩射程：起点到落点的水平距离。

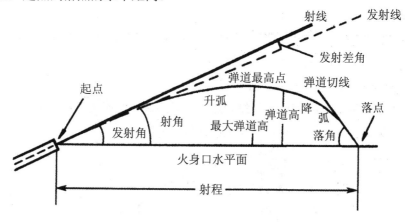

图 7-2 弹道要素

2. 直射

（1）直射和直射距离

瞄准线上的弹道高在整个表尺距离上不超过目标高的射击，叫直射。这段表尺距离叫直射距离。

（2）直射距离的求法

直射距离的大小，取决于目标的高低和弹道的低伸程度。目标越高，弹道越低伸，直射距离就越大；目标越低，弹道越弯曲，直射距离就越小。

（3）直射的实用意义

①对在直射距离内的目标射击时，瞄准目标下沿，不变更表尺分划即可进行连续射击，以增大射速，提高射击效果。

②可以弥补测量距离的误差对命中的影响。

③指挥员运用直射的原理，组织侧射、斜射、短兵射击和夜间标定射击，均能获得良好的射击效果。

④反坦克火器在直射距离内对敌装甲目标射击，效果更好。

3. 危险界、遮蔽界和死角

（1）危险界

危险界分为表尺危险界和实地危险界。表尺危险界是指瞄准线上的弹道降弧段弹道高不大于目标高，能毁伤目标的一段射击距离；实地危险界是在实地弹道高不大于目标高的一段射击距离。决定实地危险界大小的条件有以下几个：

①弹道低伸程度。对同一地形上的同一目标射击时，弹道越低伸，实地危险界就越大；反之越小。

②目标高低。用同一武器对同一地形上的不同目标射击，目标越高，实地危险界越大；反之越小。

③目标所在位置的地貌。用同一武器对同一种目标射击，目标所在位置的地貌与弹道形状越相一致，实地危险界越大；反之越小。

（2）遮蔽界和死角（如图7-3所示）

从弹头不能射穿的遮蔽物顶端到弹着点的一段距离，叫遮蔽界。目标在遮蔽界内不会被杀伤的一段距离，叫死角。遮蔽界内包括死角和危险界。

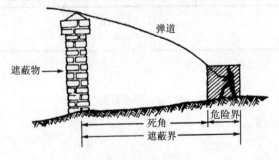

图 7-3　遮蔽界和死角

遮蔽界和死角的大小是由遮蔽物的高低和落角的大小决定的。死角的大小还取决于目标的高低（如图7-4所示）。

①同一弹道，同一目标，遮蔽物越高，遮蔽界和死角就越大；反之越小。

②同一遮蔽物，同一目标，落角越小，遮蔽界和死角就越大；反之越小。

③同一遮蔽物，同一弹道，目标越高，死角越小；反之越大。

了解危险界、遮蔽界和死角的实用意义，是为了在战斗中更好地隐蔽身体，发挥火力，灵活地利用地形地物，隐蔽地运动、集结和转移，以避开或尽量减少敌火力的杀伤。在组织火力配系时，就能正确选择射击位置和组织火力，千方百计地增大危险界和减少射击地带内的遮蔽界和死角，并善于运用弯曲弹道和各种武器的侧射、斜射火力消灭隐蔽在遮蔽界和死角内的敌人。

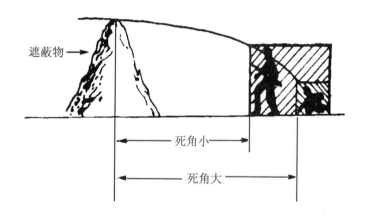

图7-4 目标高低与死角的关系

（三）选定表尺分划和瞄准点

1. 瞄准具的作用

由于地心引力和空气阻力的作用，如果用枪管瞄向目标射击，射弹就会打低打近。为了命中目标，必须将枪口抬高，使火身轴线与瞄准线之间形成一定的角度。

瞄准具的作用，就是对一定距离上的目标射击时赋予武器相应的瞄准角和射向。射击时，只要按照目标的距离装（选）定相应的表尺分划瞄准射击，就能命中目标。因此，正确地选定表尺分划，对准确命中目标有着决定性意义。

2. 瞄准基本要素（如图7-5所示）

（1）瞄准基线：缺口的上沿中央到准星尖的直线线段。

（2）瞄准线：视线通过缺口上沿中央和准星尖的延长线。

（3）瞄准点：瞄准线所指向的一点。

（4）瞄准角：射线与瞄准线的夹角。

（5）瞄准线上弹道高：弹道上任何一点到瞄准线的垂直距离。

（6）弹着点：弹道与目标表面或地面的交点。

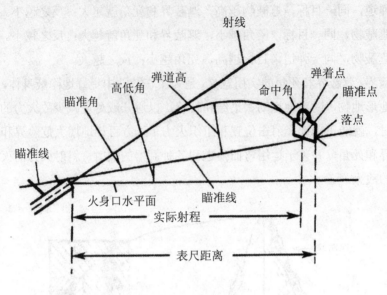

图 7-5　瞄准要素

3. 选择表尺分划和瞄准点

为了使射弹准确地命中目标，射击时，射手应根据目标的距离、大小和武器高，正确地选定表尺分划和瞄准点（如表 7-2 所示）。

表 7-2　弹道高表

枪种	表尺	50	100	150	200	250	300	350	400	450	500
半自动步枪	1	1	0	-7	–	–	–	–	–	–	–
	2	6	11	9	0	-16	–	–	–	–	–
	3	13	25	29	28	18	0	-29	–	–	–
	4	21	42	55	62	61	51	31	0	-48	–

（1）目标距离为百米（轻机枪 50 米）整数时，可根据目标的距离装定相应的表尺分划，瞄准点选在目标中央。如半自动步枪对 100 米距离胸环靶射击时，定表尺"1"；用轻机枪对 150 米距离半身靶射击时，定表尺"1.5"。瞄准目标中央射击，即可命中目标中央。

（2）目标距离不是百米（轻机枪 50 米）整数时，通常选定大于实际距离的表尺分划。根据武器在该距离上的弹道高，相应降低瞄准点射击。如半自动步枪对 250 米距离胸环靶射击时，定表尺"3"，在 250 米处的弹道高为 18 厘米，这时，瞄准目标下沿中央射击，即可命中目标中央。

（3）战斗中，对 300 米距离以内的目标射击时，通常定常用表尺（表尺"3"）分划，小目标瞄下沿，大目标瞄中央射击，即可命中。

4. 观察弹着和修正偏差

射击时，由于测距、瞄准的误差和外界条件对射击的影响，以及射手操作不正确等原因，会使射弹产生偏差。因此，射手应注意观察弹着，及时修正偏差，以提高射击效果。

（1）观察弹着

观察弹着时，应根据射弹击起的尘土、水花的位置，曳光迹和目标状况的变化等情况，判断射弹是否命中目标或偏差量的大小。各种枪对草地、湿地、硬土地上的目标射击时，弹着不易观察，可用曳光弹射击，确定其偏差量。

（2）修正方法

发现偏差时，应认真分析，找出原因，正确地进行修正。如是武器、风造成的偏差，偏差多少就修正多少。修正时，应以预期命中点为准，向偏差相反的方向修正。

①修正方向偏差。用改变瞄准点的方法进行修正。射弹偏右，瞄准点向左修；射弹偏左，瞄准点向右修。

②修正高低偏差。用提高、降低瞄准点或增减表尺分划的方法进行修正。射弹偏高时，降低瞄准点或减少表尺分划；射弹偏低时，提高瞄准点或增加表尺分划。

（四）风、气温、阳光对射弹的影响及修正

1. 风对射弹的影响及修正

风是一种具有速度和方向的气流，它能改变射弹的飞行方向和距离。在各种外界条件中，风对射弹的飞行影响最大。因此，必须准确地判定风向和风力，根据风对射弹的影响进行修正，以保证射弹准确命中目标。

（1）风向和风力的判定

①风向的判定。按风吹的方向和射击方向所形成的角度可分为：横风、斜风和纵风。

②风力的判定。风力按其大小分为强风、和风和弱风。风力的大小，可用测风仪等器材测出，也可根据人的感觉和常见物体被风吹动的情况来判定（如表 7-3 所示）。

（2）风对射弹的影响及修正

①横（斜）风对射弹的影响及修正。横（斜）风能对弹头的侧面施以压力，使射弹偏向一侧，产生方向偏差（斜风还能使射弹产生距离偏差，因偏差很小，故不考虑）。风力越大，距离越远，偏差就越大。风从左吹来，射弹偏右；风从右吹来，射弹偏左。

②纵风对射弹的影响及修正。纵风能影响射弹的飞行距离。顺风时，空气阻力减小，

使射弹打远（高）；逆风时，空气阻力增大，使射弹打近（低）。但在近距离内，风速为 10
米/秒以下时，纵风对射弹影响很小，一般可不修正。

表 7-3　风力（风速）判定表

风 力			人的感觉	常见的物体现象			
区分	级别	速度		树	旗帜	烟	海面、渔船
弱风	2级	2～3 米/秒	面部和手稍感到有风	灌木丛、细树枝、树叶微动并沙沙作响	微动并稍离开旗杆	微被吹动	有小波，船身摇动帆基本正直
和风	3～4级	4～7 米/秒	明显地感到有风，吹过耳边时鸣鸣响，面对风可睁开眼	灌木摆动，树上的细枝被吹弯，树叶剧烈地摆动	展开飘动	被吹斜约成45度	有轻浪，船身摇动明显，船帆倾向一侧
强风	5～6级	8～12 米/秒	迎面站立或行走，明显地感到有阻力，尘土飞扬，面对风感到睁眼困难	树干摆动，粗枝被吹弯	飘成水平状态，并哗哗作响	被吹成水平状态，并被吹散	有大浪，浪顶的白色泡沫很多，船身常被风吹离浪顶

2. 阳光对瞄准的影响及克服方法

（1）阳光对瞄准的影响

在阳光下瞄准时，由于阳光照射作用，缺口部分产生虚光，形成三层缺口：上层为虚
光部分，中层为真实缺口，下层为黑实部分（如图 7-6 所示）。如不注意辨清真实缺口位置，
就容易产生误差，使射弹产生偏差。

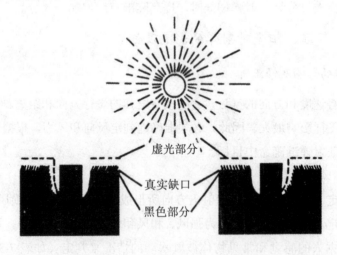

图 7-6　缺口部分产生虚光形成三层缺口

若用虚光上沿瞄准，射弹偏向阳光照来的方向（如图 7-7 所示）。阳光从右上方照来时，
缺口左边和上沿产生虚光，用虚光部分瞄准，准星实际上偏右高，因此，射弹偏右上。阳
光从左上方照来时，射弹则偏左上。

若用黑实部分进行瞄准，射弹偏向阳光照来的相反方向（如图 7-8 所示）。阳光从右上

方照来时，用黑实部分瞄准，准星实际上偏左低。因此，射弹偏左下。阳光从左上方照来时，射弹则偏右下。

图 7-7　用虚光上沿瞄准时的影响　　　　图 7-8　用黑实部分瞄准时的影响

在阳光照射下，缺口和准星尖同时产生虚光时，若用虚光上沿瞄准，射弹偏低；若用黑实部分瞄准，射弹偏高。

（2）克服方法

①辨清真实缺口的位置和正确瞄准景况。可在不同方向的阳光照射下练习瞄准，采取遮光瞄准不遮光检查或不遮光瞄准遮光检查的方法，反复练习，确实辨清真实缺口的位置和正确瞄准景况。辨别真实缺口的简易法：不用黑，不用白，真实缺口是灰白。

②缩短阳光下瞄准的时间。在阳光下瞄准的时间不宜过长，以免眼花而产生误差。

③注意保护瞄准具。平时要保护好瞄准具，不使其磨亮而反光。

3. 气温对射弹的影响及修正

（1）气温对射弹的影响

气温升高时，空气密度减小，射弹飞行中受到的空气阻力就小，射弹就打得远（高）。气温降低时，空气密度增大，射弹在飞行中受到的空气阻力就大，射弹就打得近（低）。

（2）修正方法

由于各地区和各季节的气温不同，很难与标准气温（+15 摄氏度）条件相符。因此，应在当地的气温条件下校正武器的射效，并以校正射效时的气温条件为准。射击时，若气温差别不大，在 400 米内对射弹命中的影响较小，不必修正。若气温差别很大或对远距离目标射击时，应适当提高或降低瞄准点射击。气温降低时，提高瞄准点或增加表尺分划；气温升高时，降低瞄准点或减小表尺分划。

三、自动步枪精度射击

（一）自动步枪精度射击的基本要领

1. 据枪

据枪要领可归纳为四句口诀：枪与身体成零度，两肘着地要稳固，两手握紧稍后带，正确贴腮头不歪。

为了获得更好的射击效果，应尽可能地利用地物或构筑依托物实施射击。依托物的高度，应根据射手的身材高矮、手臂长短来确定，通常以 25 ～30 厘米为宜。

卧姿有依托据枪时，身体右侧与枪身略成一线，两脚分开略宽于肩。右手拇指将保险机扳到所需的位置，虎口向前紧握握把，食指第一节靠在扳机上，右肘尽量里合，使右大臂略与地面垂直，肘部着地前撑，肘皮控制在内后侧。左手掌心向上托握护木，也可握弹匣，左肘着地外撑，两肘保持稳固，胸部挺起，身体稍向前跟，身体前跟时，两肘不得离地，上体自然下塌，两手用力保持不变，使枪托确实抵于肩窝，头稍前倾，自然贴腮。

据枪时，要求依托物要合适，如不舒服，应及时修正；枪与身体右侧略成一线；右手握枪要满把握住，食指与枪之间的空隙不要太大；左手的主要任务是保持枪面平正，也可稍向后用力；两肘保持稳固；贴腮时头要正直前倾。下护木与依托物要结合好，枪与肩窝要结合好，身体与地面要结合好，使枪、人与地面三者形成一个紧密的整体，确实做到稳固据枪。卧姿有依托据枪如图 7-9 所示。

图 7-9　卧姿有依托据枪（81 式自动步枪）

2. 瞄准

右眼通视缺口和准星，使准星尖位于缺口中央并与上沿平齐，指向瞄准点，就是正确瞄准。正确瞄准景况应是准星与缺口的平正关系看得清楚而目标看得较模糊。

（1）瞄准的方法

据枪后，应首先使瞄准线自然指向目标。若未指向目标，不可迁就而强扭枪身，必须调整姿势。需要修正方向时，可左右移动身体或两肘。需要修正高低时，可调整依托物，前后移动整个身体或两肘里合、外张（连发射击时，右肘不宜外张），也可适当移动左手的托枪位置。瞄准时，应把主要精力集中在准星与缺口的平正关系上。如果把主要精力集中在准星与目标上，就会忽略准星与缺口的平正关系，造成瞄准误差。

（2）瞄准误差对命中的影响

①准星与缺口关系不正确。瞄准时，若准星与缺口的关系不正确，对命中影响很大，准星偏哪，弹着点偏哪。

②瞄准线指向的偏差。瞄准时，若准星与缺口的关系正确，而瞄准线指向产生偏差，射弹也会产生偏差，射弹的偏差与瞄准线指向的偏差相一致。如瞄准线指向偏左 15 厘米，射弹也就偏左 15 厘米。

③枪面倾斜。瞄准时，若枪面倾斜对命中精度也有一定影响，因为枪面倾斜，使枪身轴线的指向产生了偏差。枪面偏左，射弹偏左下；枪面偏右，射弹偏右下。

（3）检查瞄准的方法

①个人检查。瞄准时，头稍上下移动，检查准星是否位于缺口中央；头稍左右移动，检查准星尖是否与缺口上沿平齐；也可用平正准星检查器或白纸遮挡的方法，检查准星与缺口的平正关系是否正确。

②固定枪检查。将枪放在依托物上，瞄准后不动枪，互相检查瞄准的正确程度。

③四点瞄准检查。将枪放在依托物上，在枪前 15 米处设固定白纸靶。示靶手将检查靶固定在白纸上，由教练员或优秀射手向检查靶瞄准。瞄好后，将枪固定好，示靶手通过检查靶中央的圆孔点上标记点，并画"×"作为基准点。然后，移开检查靶，由射手不动枪瞄准，指挥示靶手移动检查靶。连续瞄 3 次，每次瞄好后点上圆点作为标记。3 次的瞄准标记点与基准点能套在直径 10 毫米的圆孔内为及格，能套在直径 5 毫米的圆孔内为良好，能套在直径 3 毫米的圆孔内为优秀。四点瞄准时，是动靶不动枪，而实际射击则是动枪不动靶。因此，瞄准标记点对基准点的方向和高低偏差与实际射击的偏差相反。

④用检查镜检查。将检查镜固定在枪上，检查者位于射手的左侧进行检查。

3．击发

击发时，右手手指第一节均匀正直地向后扣压扳机，余指力量不变。当瞄准线接近瞄准点时，开始预压扳机，并减缓呼吸。当瞄准线指向瞄准点或者在瞄准点附近轻微晃动时，应屏住呼吸，继续增加对扳机的压力，直至枪响，击发瞬间应保持正确一致的瞄准。若瞄准线偏离瞄准点或不能继续屏住呼吸时，应既不增加也不放松对扳机的压力，待修正或换气后，再继续扣压扳机。

（二）射击的有关规定

（1）实弹射击时，射手必须使用手中武器，如不能使用手中武器射击，须经营首长批准（学生军训应使用矫正合格的武器射击）。

（2）使用自动武器实施点射时，每出现一次单发，算一次点射。每超过一次点射，降低成绩一等。

（3）射击中如发生故障，射手应自行排除，继续射击。如因武器、子弹不良发生故障，可重新射击。

（4）对环靶射击时，命中环线算内环。跳弹命中靶子不算成绩。

（5）打错靶算脱靶。被打错者，如无法判明错弹时，可重新射击。

（6）不及格者可补射一次。补射成绩不算单位成绩。

（7）单位实弹射击成绩评定：优等（及格率90%以上，其中优良率不少于40%）；良好（及格率80%以上，其中优良率不少于40%）；及格（及格率70%以上）。

（三）射击场的安全规则

（1）射击场必须具备可靠的靶挡和确保安全的靶壕及掩蔽部，并应避开高压线和其他重要设施。

（2）射击场应标示出发地线和射击地线，无关人员不得越过出发地线。

（3）实弹射击前，必须仔细搜索靶场警戒区，派出警戒，设置警戒旗。

（4）射击前应向全体人员明确规定开始射击、停止射击、报靶和射击终止等各种信号。

（5）发出准备射击信号后，示靶人员应迅速隐蔽并竖起红旗，未经射击场指挥员许可，不得外出。指挥员未接到靶壕内发出的"可以射击"信号，不得下令射击。靶壕内若发生特殊情况需立即停止射击时，应出示白旗或用其他规定的方法向指挥员报告。射手看到白旗或听到"停止射击"立即停止射击，并关保险。

（6）实弹射击时，射向不得超出安全射界。

（7）射击后必须验枪。无论枪内有无子弹，射手都不得将枪口对人。严禁将装有实弹的武器随意放置或交给他人。严禁将实弹和教练弹混在一起。没有指挥员的命令，射手不准装弹。报靶时，严禁在射击地线摆弄武器或向靶区瞄准。

（四）射击场的组织和主要人员职责

（1）射击指挥员。负责组织设置场地，派遣勤务，督促全体人员遵守射击场的各项规定和安全措施，指挥射击。

（2）警戒组。负责射击场的警戒和观察任务。射击前应严密搜索并保证警戒区内无人员和牲畜；射击时严禁人员和牲畜进入警戒区。警戒区人员应携带警戒旗，发现险情应立即发出信号，向指挥员报告。

（3）示靶组。负责设靶、示靶和报靶。

（4）信号（观察）员。根据射击指挥员的指示发出各种信号，并认真观察射击场的安全情况，发现险情立即报告。

（5）发弹员。按照指挥员的命令发给射手规定的子弹，收回剩余子弹。

此外，还应有记录员、医务人员。

第二节　战术训练

战术是进行战斗的方法。其主要内容包括：基本原则以及兵力部署、协同动作、战斗指挥、战斗行动的方法和各种保障的措施。战术从属于战役法和战略，并对战役法和战略产生一定影响。灵活运用和变换战术，对于夺取战斗的胜利具有重要意义。

一、战术基本原则

战术原则是指导和进行战斗的准则。它反映战斗的客观规律，是战斗指挥和行动的基本依据。不同类型的战斗有不同的战术原则，要根据实际灵活运用。

（一）目的明确

保存自己与消灭敌人，是战斗的基本目的。战斗中，消灭敌人是主要的，保存自己是第二位的；只有大量消灭敌人，才能有效地保存自己。进攻与防御是达成战斗目的的基本手段。进攻具有主动性，是消灭敌人的主要手段；防御具有被动性，是保存自己和辅助进攻的手段。

在现代条件下，由于高技术武器装备运用于战斗，增大了消灭敌人的效能，也增加了保存自己的困难。战斗中，需充分发挥各种武器装备的效能，灵活运用各种战法，勇敢顽强、坚决积极，最大限度地歼灭敌人有生力量。同时，采取各种有效措施，特别是加强对核、化学武器和精确制导武器的防护，尽可能保存自己的力量。

（二）知彼知己

知彼知己是正确指挥战斗的基础。因此，必须熟识敌我双方各方面的情况，从中找出行动的规律，用于指导自己的行动，使主观指导符合客观实际。

搞好侦察、判断是实现知彼知己的根本途径。现代技术特别是高技术条件下，需运用各种侦察手段，不间断地查明敌方企图、兵力部署、行动方法，可能使用核、化学武器的时机和方式等，掌握敌方行动特点，预见其可能的变化；正确理解上级的作战企图，熟识参战各军种、兵种、各部队的特长和战斗力；熟悉战斗环境，认识其对双方行动的利弊关系。在此基础上，对各方面的情况进行综合比较、分析，正确定下决心，确定能扬己之长、击敌之短的战法，制定周详的战斗计划。

战斗中，要把侦察、判断贯穿于始终。不断掌握战场情况的发展变化，适时修改计划；

当情况发生重大变化时，及时构成新的判断和定下新的决心，确定新的行动方法，或调整部队的行动，使主观指导符合不断变化的客观实际。

（三）主动灵活

主动权是军队行动的自由权，行动的自由是军队的命脉。灵活是指挥员审时度势、恰当处置情况的一种才能，是自觉能动性在战斗中的表现。力量的优势是争取主动的基础。正确的主观指导、灵活地使用兵力和变换战术，是夺取和保持主动、克敌制胜的重要条件。

现代技术特别是高技术条件下，战斗情况复杂，变化急剧，指挥员需在客观物质基础上，充分发挥主观能动性，灵活指挥战斗。

战斗中，需积极进攻，使己方处于主动地位；当处于防御时，力求以积极的攻势行动，摆脱被动，争取主动；在主要方向和重要时机，适时集中兵力、火力，形成和保持对敌优势；广泛机动，建立有利态势，积极寻找和制造敌人的弱点和错误，调动敌人，使其陷于被动地位；根据任务、敌情、我情、地形，巧妙部署兵力，采取恰当的行动方法；善于观察战场情势，审时度势，迅速作出反应，灵活机动兵力、火力，变换行动方法，不失时机地打击敌人；当情况发生重大变化或与上级中断联络时，根据上级总的意图，积极机断行事，灵活主动地完成战斗任务。

（四）出敌不意

出敌不意的行动，可以改变敌我双方优劣形势，使敌人丧失优势和主动，以小的代价夺取大的胜利。现代技术特别是高技术条件下，需周密侦察，发现敌人的弱点，掌握其行动规律；采取有效的伪装和保密措施，实施兵力、火力、电子佯动，欺骗、迷惑敌人，造成敌人的错觉，隐蔽己方企图和行动；利用夜暗、不良天气或有利地形，隐蔽、迅速地接近敌人，在敌意想不到的时间和地点，集中实施兵力、火力突击和电子干扰；乘敌混乱和协调失灵之际，不失时机地歼灭敌人。

（五）密切协同

各军种、兵种、部队在统一计划下，按目的、时间、地点协调一致地行动，充分发挥整体威力合力打击敌人，是夺取战斗胜利的关键。现代技术特别是高技术条件下，参战部队须贯彻统一的战术思想，实行集中统一的指挥；指挥员在熟识各军种、兵种特长和各部队战斗力以及各种武器装备的性能和使用方法的基础上，根据上级意图，合理部署兵力，恰当区分任务；部队须正确理解上级的意图，坚决贯彻上级决心，严格执行协同计划，遵守协同纪律，主动配合，相互支援。

战斗中，运用指挥、控制、通信、情报系统实施指挥和协调部队的行动，不间断协调地面攻击与空中突击、前沿战斗与纵深打击的行动，使火力、突击、机动、电子对抗和防护紧密结合。当情况发生变化或协同失调、遭到破坏时，适时调整或恢复协同动作，保证协调一致地完成战斗任务。

（六）集中兵力

集中优势兵力，掌握战斗的主动权，是克敌制胜的根本方法。现代技术特别是高技术条件下，无论进攻或防御，均需在主要方向上和重要时机，集中强大的兵力、火力，并作纵深疏散配置。兵力集中力求迅速、隐蔽和适时。

进攻时，集中火力和电子对抗器材从不同高度、不同距离、不同方向对主要方向之敌实施全纵深综合火力杀伤和电子干扰，并保持不间断的火力优势；将主要兵力突然迅速地集中于主要突破地段上，以地面攻击与空中突击相结合的方法，突破敌人的防御；适时机动后续力量，保持进攻锐势，在纵深打击部队的配合下，对敌实施分割包围，立体封锁，各个歼灭。

防御时，集中主要兵力、火力和器材于主要防御方向，组成全纵深、全方位和有重点的防御体系。集中火力突击主要方向上的敌人，以主要兵力坚守主要阵地，适时机动兵力、火力和障碍器材，增强或支援主要方向上的防御，并以积极的反冲击、反击行动，挫败敌人进攻。

（七）全面保障

优势而无准备，不是真正的优势；优势而无有效的保障，也不能发挥其优势的作用。实战经验证明，每战力求有准备，组织周全、严密的战斗保障、后勤保障和技术保障，对于顺利执行战斗任务具有重要意义。现代技术特别是高技术条件下，须集中主要保障兵力和器材，保障主要方向和执行主要任务的部队的行动，并控制预备兵力和器材；各种保障行动须符合战斗行动的要求；专业分队保障与部队自身保障相结合；使用制式器材保障与使用就便器材保障相结合。

战斗中，须建立全方位的侦察配系和警戒配系，采取各种伪装措施，防止敌人突然袭击；采用电子对抗结合敌后破袭等方法，对付并制止敌人的电子侦察、干扰；严密组织对敌核、化学及燃烧武器袭击的防护；加强工程保障，提高防护、机动能力，限制敌人的机动。及时组织对各种技术装备进行保养和维修。综合运用各种力量，适时供应战斗所需的物资、器材；及时救治伤病员，巩固和提高部队连续战斗的能力。

二、单兵战斗动作

（一）利用地形地物

利用地形地物的目的在于隐蔽身体，发扬火力；只有充分地发扬火力，消灭敌人，才能有效地保存自己。因此，在利用地形地物时，应首先着眼于发扬火力。

1. 利用地形地物的要求

在利用地形地物时，应根据不同情况灵活地利用和善于改造地形地物，力求做到以下几点。

（1）便于观察、射击和隐蔽身体。

（2）便于接近与离开。

（3）便于防敌地面和空中火力杀伤。

（4）不妨碍班（组）长指挥、邻兵的动作和火器射击。

（5）不要几个人拥挤在一起，以免增大伤亡。

（6）尽量避开独立、明显的物体和难以通行的地段。

2. 利用地形地物的方法

利用地形地物时，应根据遮蔽物的高低、大小、距敌远近，是否被敌发现及敌火力威胁程度等情况，采取适当的姿势，迅速隐蔽地接近，由下而上地占领，周密细致地观察，不失时机地出枪（筒）。对不便于射击的位置应加以改造，在一地不要停留过久，视情况灵活地变换位置。

（1）对堤坎、田埂的利用

堤坎、田埂有纵向、横向之分。横向的利用背敌斜面或残缺部位，火箭筒（机枪）手通常将脚架支在背敌斜面上，筒口距地面不得小于 20 厘米；纵向的通常利用弯曲部或顶端一侧，依其高度取适当姿势。堤坎高于人体时，应挖踏脚孔或阶梯。如利用堤坎对空射击时，通常利用其顶部，并根据其高度取不同姿势。

（2）对土（弹）坑的利用

通常利用其前沿，根据敌情、坑的大小、深度，以跳、滚、匍匐等方法进入，并取适当姿势；对空射击时，以坑沿作依托或背靠坑壁进行射击。火箭筒手应利用坑的右前沿作依托，以防射击时喷火自伤。

（3）对土堆（坟包）的利用

通常利用独立土堆（坟包）的右侧；如视界、射界受限制或右侧有敌火力威胁时，也可利用其左侧或顶端。双土堆（坟包）利用其鞍部。对空射击时，通常利用其后侧或顶端。

（4）对堑壕、交通壕（沟渠）的利用

对堑壕、交通壕的利用在防御战斗中较多。通常利用其掩体、壕壁或拐弯处隐蔽身体，依其上沿或拐角作射击依托。

（5）对树木（线杆）的利用

通常利用其右后侧，根据树木的大小取适当姿势。大树（直径 50 厘米以上）可取多种姿势，较小的树通常采取卧姿。机枪手通常采取卧姿，根据树的粗细和地形情况，脚架可超过树木。火箭筒手卧姿射击时，应将筒口前伸超过树木或离开树木 20 厘米，以便使火箭弹脱离筒口时尾翼能张开。

（6）对墙壁、墙角、门窗的利用

①墙壁：按其高度取适当姿势，矮墙可利用顶端或残缺部，墙高于人体时，可挖射孔或将脚垫高。机枪手利用墙壁射击时，可将脚架折回（土墙不宜折回，以免活塞进土发生故障）。

②墙角：通常利用右侧，左小臂紧靠墙角，取适当姿势。火箭筒手利用墙角射击时，筒口距墙角不小于 20 厘米。

③门窗：门通常利用左侧；窗可利用左（右）下角。

（二）敌火下运动

在敌火下运动时，应根据敌情、任务，善于利用地形，灵活地采取不同的运动姿势和方法，正确处置各种情况，隐蔽迅速地接近敌人或实施机动。

1. 运动的时机

战士在敌火下运动时，应按班（组）长的口令，充分利用我火力掩护和烟幕迷漫的效果，乘敌火力减弱、中断、转移和坦克炮塔转向等有利时机，迅速隐蔽地运动。有时可采取欺骗、迷惑手段，创造条件，突然前进。

2. 运动的要求

运动前，应根据敌情、任务和地形的不同形态、隐蔽程度，选择好前进路线和暂停位置；运动中，应不间断地观察敌情、地形和班（组）长的指挥，灵活地变换各种运动姿势和方法，保持前进方向和与邻兵的协同动作；发现目标时，应按班（组）长的口令或自行射击，将其消灭；要做到运动、火力、防护三者紧密结合；尽量避免横方向运动，必须横方向运动时，距离不应过长，以减少伤亡。

3. 运动的姿势与方法

（1）直身前进

在距敌较远，地形隐蔽，敌观察、射击不到时采用。其要领：目视前方，右手持枪（筒），大步或快步前进。

（2）屈身前进

在遮蔽物略低于人体时采用。其要领：目视前方，右手持枪（筒），上体前倾，头部不要高出遮蔽物，两腿弯曲（屈身程度视遮蔽物高低而定），大步或快步前进。

（3）跃进

在敌火下迅速通过开阔地时采用的运动方法。跃进时要做到跃起快、前进快、卧倒快。跃进前，应先观察前方地形，选择好前进路线和暂停位置，然后，迅速突然地前进。跃进的距离和速度应根据敌火和地形而定，敌火越猛烈，地形越开阔，跃进距离应越短，速度应越快。每次跃进的距离通常为 15～30 米。当进到暂停位置或遭敌猛烈射击时，应迅速隐蔽或卧倒。卧倒时，左脚向前一大步，身体下塌，左膝稍内合，以左膝、左手、左肘着地，迅速卧倒；也可右脚向前一大步，左手撑地迅速卧倒。机枪、火箭筒手需要架枪（筒）卧倒时，左手打开脚架，将枪（筒）对向目标，架在地上，两手在枪（筒）身左侧撑地，两脚同时后迅速卧倒。卧倒后，如无射击任务，则不据枪（筒），做好继续前进的准备。

（4）滚进

在卧姿时，为避开敌人观察、射击而左右移动或通过棱线时采用。其要领：将枪关上保险，左手握枪表尺上方，右手握枪颈或两手握上护木，枪面向右，顺置于胸、腹前抱紧，两臂尽量向里合，两脚腕交叉或紧紧并拢，全身用力向移动方向滚进。运动中，也可在卧倒的同时向移动方向滚进。其要领：左（右）脚向前一大步，左手在左（右）脚前着地，身体尽量下塌，右手将枪挽于小臂内，枪面向右，身体向右（左）侧，在右（左）肩、臂着地同时，向右（左）滚进。滚进时，右（左）腿伸直，左（右）腿微屈，滚进距离长时可两腿夹紧。

（5）匍匐前进

匍匐前进是在通过敌机枪、自动枪火力封锁较短地段，或利用较低的遮蔽物前进时采用。根据遮蔽物高低分为低姿、高姿、侧身匍匐和高姿侧身匍匐四种。

（三）准备冲击与冲击

在冲击时，必须具有一往无前的精神，以压倒一切敌人的英雄气概，根据不同的冲击目标、地形及任务，灵活地采取不同的冲击行动，勇猛冲入敌阵，坚决消灭敌人。

1. 冲击准备

占领冲击出发阵地后，应根据情况构筑（加修）工事，注意观察和伪装，看清冲击目标、冲击路线、通路位置，记住班（组）、自己的任务和信、记号。听到"准备冲击"的口令，应迅速做如下工作：装满子弹（火箭弹），准备好手榴弹和爆破器材；整理好装具，系好鞋带、扎好腰带和子弹袋，装具尽量靠后，以免妨碍冲击动作；做好跃起或跃出工事的准备。做好准备后，向班（组）长报告，报告方法："×××冲击准备完毕。"

2. 冲击

（1）通过通路时的动作

听到"冲击前进"的口令或看到冲击信号时，应迅速跃起或跃出工事，最大限度地利用我方火力效果，迅猛地向指定目标冲击前进。接近通路时，应按班（组）长规定的顺序，迅速进入通路。如通路纵深较小时，应利用我方炮火准备的效果，快跑通过；通路纵深较大时，应在我方炮火的掩护下，分段逐次跃进通过。在通路中遇有地雷等残存障碍物时，应根据班（组）长的指示和障碍物的性质，以爆破法和破坏法进行排除，或使用就便器材克服通过。发现目标时，应及时以火力将其消灭。机枪手在通路中，可采取行进间射击，或迅速抢占通路一侧的有利地形进行射击，但射弹不得横贯通路，以免影响邻兵动作。

（2）向敌步兵冲击时的动作

通过通路后，进至投弹距离时，应自行或按班（组）长的口令，向敌堑壕投弹，趁手榴弹爆炸的瞬间，勇猛冲入敌阵地，以抵近射击，拼刺消灭敌人，并不停地向指定目标冲击前进。

当几个敌人同时向自己逼近时，应首先消灭威胁大的敌人；当敌与友邻战士格斗时，应主动支援；如敌逃跑时，应以火力追歼。机枪手和火箭筒手应迅速抢占敌前沿的有利地形，以猛烈的火力压制、消灭敌人。

（3）沿壕搜索

①进壕前，应仔细观察潜听，判明壕内情况，选择进入位置，视情况灵活地采取直接跳入或支撑跳入等方法迅速进入。

堑壕较深时，通常采取支撑跳入，其要领：接近壕沿时，以一手一脚支撑壕沿，一手持枪（筒），身体下塌，面向前进方向，迅速转身跳入堑壕内。

堑壕较浅时，可直接跳入，其要领：接近壕沿时，可双手端枪或将枪顺置于胸前，以脚的弹力，迅速向搜索方向转体跳入，在脚掌着地的同时，迅速端枪或持枪搜索前进。机枪、火箭筒手也可将枪（筒）放在壕沿上，跳入后再取枪（筒）。

②进入壕内后，应先消灭附近之敌，然后迅速利用掩体或壕的拐弯处，逐段搜索前进，并与壕外战士密切协同，随时准备消灭突然出现之敌。

运动时，通常端枪，前面有邻兵时也可持枪，姿势要低，脚步要轻，身体靠近壕墙一侧，耳听目视。进到拐弯处后，应利用拐弯处的内侧隐蔽身体，仔细观察，查明前方情况；通过壕的直线段时，动作要快，应屈身快跑，迅速接近下一段壕的拐弯处，避免在直线段中停留。发现敌人时，应迅速果断、先机制敌，以射击、投弹和拼刺消灭敌人，然后继续搜索前进。

当沿壕内运动向敌坦克接近时，火箭筒手应不断观察壕内外及敌坦克射击情况，进到有利位置后，可利用壕沿一侧作射击依托，射击时注意筒尾高度，以防喷火烧伤；爆破手也要注意壕内搜索，待接近到有利位置，迅速取下爆破器材，准备好后，突然接近将其炸毁。

③跃出堑壕时，应尽量利用掩体、踏脚孔或残缺部，视情况采取支撑跃出和直接跃出的方法。堑壕较深时，可将枪（筒）放于壕沿，用两手的支撑力和两脚的蹬力跃出堑壕，再取枪（筒）前进；堑壕较浅时，左手扒壕沿，左脚踏踏脚孔或壕壁，以左手的扒力和两脚的蹬力跃出堑壕。

（四）消灭冲击之敌

在抗击敌人冲击时，应根据班（组）长的命令，利用工事、结合障碍，充分发挥手中武器和爆破器材的威力，坚决消灭冲击之敌。

1. 消灭开辟通路和通过通路之敌

当敌坦克利用火力掩护，在我前沿障碍物中开辟通路时，火箭筒手应根据班（组）长的命令，隐蔽迅速地占领发射阵地或利用地形适当前出，以突然准确的火力击毁敌坦克，并注意观察射击效果。在障碍区隐蔽待机的战士，可利用烟幕迷漫的效果，以突然勇猛的动作投送爆破器材，炸毁敌坦克，并视情况以防坦克地雷封闭通路。当敌工兵、步兵开辟通路时，冲锋（步）枪、机枪手应根据班（组）长的命令，隐蔽地占领射击位置，以突然准确的火力消灭敌步兵和工兵。

当敌坦克、步兵战车（装甲输送车）接近和通过通路时，火箭筒手应迅速机动至有利的射击位置，抓住敌坦克被我障碍所阻、停顿、减速、转向、上下坡等有利时机，瞄准先头装甲目标的薄弱部位，将其击毁，以堵塞通路；发射后应注意观察射击效果，视情况击毁其他跟进的目标；如敌火力威胁较大时，应灵活地变换射击位置。当敌坦克、步兵战车（装甲输送车）进到操纵雷区时，负责操纵地雷和抛射炸药包的战士，应适时起爆。如敌步兵跟随坦克通过通路时，冲锋（步）枪、机枪手应抓住敌收拢队形、进入通路、队形密集等有利时机，以突然猛烈的火力切断敌步兵、坦克联系，消灭敌步兵。

2. 消灭逼近前沿之敌

当敌坦克、步兵战车（装甲输送车）逼近前沿时，应沉着果断，将其击毁在前沿前。火箭筒手应以斜射、侧射火力首先击毁对我威胁最大的敌装甲目标，然后迅速转移火力击毁其他目标。冲锋（步）枪、机枪手应注意观察、准备好爆破器材，隐蔽迅速地沿壕向敌坦克、步兵战车（装甲输送车）可能越壕的地点机动，待敌坦克、步兵战车（装甲输送车）接近堑壕和越壕的瞬间，以爆破器材将其炸毁。

实施壕前布雷时，应注意观察，掌握时机，通常在敌坦克进至壕前 5～7 米处时，将防坦克地雷推送至壕前胸墙平面上的敌坦克履带方向，然后迅速撤离隐蔽，并做好爆破准备。使用炸药包、爆破筒时，战士应待敌坦克越壕时，迅速跃起，脚蹬壕壁，以投、送、插、挂等方法，炸其发动机、履带、炮塔和车体结合部。当敌坦克、步兵战车（装甲输送车）进至壕前被阻或被我击伤时，战士应根据班（组）长的命令，充分地利用地形，在烟幕掩护下，隐蔽前出，将其炸毁，然后迅速撤离，并以火力消灭逃跑的敌坦克乘员。

思考题

1. 简述半自动步枪主要部机件及其用途。

2. 简述弹道形状及其实用意义。

3. 如何选定表尺和瞄准点？怎样修正外界条件对射击的影响？

4. 武器设计的动作要领主要有哪些？

5. 设计的有关规定有哪些？

6. 战术的基本原则有哪些？

7. 如何进行单兵作战？

第八章　防卫技能与战时防护训练

从古到今，人类发明了各种各样的格斗技，如今世界上有着许许多多不同的格斗技。格斗有徒手格斗（没用武器）和器械格斗（使用武器）。迅速、准确的战场救护，对及时挽救伤员的生命，减少残废，恢复战斗力，巩固战斗意志和对伤员的进一步治疗、康复、都有十分重要的意义。核生化防护是为避免和减轻核武器、生物武器和化学武器的袭击造成的伤害所采取的防护措施。

【本章目标】

（1）了解格斗和防护的基本知识。

（2）了解战伤的特点和分类；掌握战伤的救治方法。

（3）了解核武器、生化武器和化学武器的防护。

第一节　格斗基础

一、格斗常识

格斗（搏击），格斗的意思即"打斗、战斗"。从古到今，人类发明了各种各样的格斗技，如今世界上有着许许多多不同的格斗技。格斗有徒手格斗（没用武器）和器械格斗（使用武器）。世界上的格斗技太多，常见的有以下几种。

（1）拳击。拳击是戴拳击手套进行格斗的运动项目。它既有业余的（也称奥运拳击），也有职业性质的比赛。比赛的目标是要比对方获得更多的分以战胜对方或者将对方打倒而结束比赛。与此同时比赛者要力图避开对方的打击。拳击被称为"勇敢者的运动"。早在古希腊和罗马时代就有许多有关拳击的记载。在古代奥运中，拳击运动就已经是比赛项目之一。到第三届在圣路易斯举行的现代夏季奥运会，男子拳击正式被列入比赛项目。

（2）摔跤，摔跤被公认为是世界上最早的竞技体育运动。两运动员徒手相搏，按一定的规则，以各种技术、技巧和方法摔倒对手。现在摔跤选手不但出现在奥运会，还出现在各类的大型搏击比赛，比如：UFC、K1、战极、Strike Force、Dream 等大型的搏击比赛。2013 年 2 月 12 日，国际奥委会执委会决定将历史悠久的摔跤剔除出 2020 年夏季奥运会。

（3）跆拳道。跆拳道是现代奥运会正式比赛项目之一，是一种主要使用手及脚进行格斗或对抗的运动。跆拳道起源于朝鲜半岛，早期是由朝鲜三国时代的跆跟、花郎道演化而来的，韩国民间流行的一项技击术。1955 年以前，韩国是没有跆拳道一词的，韩国的武术也以空手道、唐手道和民间少数的跆跟等为主，日治时期，大量韩国青年学生赴日留学，在日本接受了系统的松涛馆空手道训练，回国后他们开始创立道馆教授学生。日本战败后，韩国获得民族独立，大批空手道、唐手道道馆兴起。

跆拳道于 1988 年奥运会时为示范项目，于 1992 年的巴塞罗那奥运会开始为试验比赛项目；到 2000 年的悉尼奥运会成为正式比赛项目。跆拳道在全世界的组织主要分为两个体系，分别为：国际跆拳道联盟（ITF）和世界跆拳道联盟（WTF）。奥运会采用的是 WTF 体系。

（4）泰拳。泰拳即泰国拳术，杀伤力大。泰拳是一门传奇的格斗技艺，是一项以力量与敏捷著称的运动。主要运用人体的双拳、双腿、双肘、双膝这四肢八体作为八种武器进行攻击，出拳发腿、使膝用肘发力流畅顺达，力量展现极为充沛，攻击力猛锐，素有立技最强搏击术之称。泰拳是发源于泰国，弘扬于世界的搏击技术，被称为"八臂拳术""八条腿的运动""八肢的艺术""八体的科学""立技最强搏击术"。

（5）散打。又称散手，是两人按照一定的规则，并运用武术中的踢、打、摔等攻防技法制服对方的、徒手对抗的格斗项目，它是中国武术的重要竞赛形式。分为古传散手、现代散打。古传散手作为散打的最早发展要能对抗单人和兵器或多人的格斗，用头、指、掌、拳、肘、肩、膝、腿、胯、臂等部位攻击，主要的技法为打、踢、拿、跌、摔等其中还有肘膝等技法，在格斗中讲究出其不意，不讲究花法只讲究打赢实用。现代散打就是常见的以直拳、摆拳、抄拳、鞭拳、鞭腿、蹬腿、踹腿、摔法等技法组成的以踢、打、摔结合的攻防技术。散打没有套路，只有单招和组合，见招拆招。

二、格斗基本功

（一）力量训练

力量训练主要是上肢、下肢、腰力的训练。

（1）上肢的力量训练，用俯卧撑就可以了，有条件的可以用哑铃、杠铃训练，效果会更好，虽然上肢不是主要的格斗武器，但具备一定的格斗力量还是必须的，当然不用训练成举重运动员或大力士的水平。

（2）下肢的力量训练，用深蹲或蛙跳，都可以空手或负重来训练，非常简单的，不多说的，主要是训练股四头肌的力量，股四的力量决定你在格斗中能不能踢出致命的一腿。

（3）腰力的训练，可以用双手抓住一个固定的东西，然后一只手向前推，一只手向后拉，这样就可以训练到腰力了，但在格斗中你不一般不会感觉到腰力的，虽然你的每一个动作几乎都是在腰力的参与下完成的。

此外，还有腹肌力量的训练，膝法的运用离不开腹肌的参与，不过对于不是进行专业格斗训练的人来说腹肌力量的训练与否对膝法的运用没有太大的影响，因此可以结合自己的情况来训练。

（二）柔韧性训练

柔韧性训练主要是下肢和腰部的柔韧性。训练的方法很简单，常规的压腿和下腰就可以达到目的了，也可以自己研究适合自己的方式，出于格斗方面的实用的考虑，不要求非达到能够朝天蹬或是身体弯成拱桥状的地步，只要正踢的时候能够踢到和你一样高的人的头就可以了，毕竟不是去参加杂技和体操比赛。

另外，柔韧性的训练贵在坚持。中国武术有俗语："打拳不练腿，如同冒失鬼""练功不练腰，终究艺不高"。一般普通人两个月左右就可以达到上面的目标，包括那些所说"筋特别硬"的人，我曾经训练一个四十岁左右的人压腿，用的就是常规的方法，但他肯坚持，用两个月时间就可以踢到头部，而他原来只能踢到裆部以下，所以说必须刻苦练习才会有效果。

（三）稳定性训练

训练单腿站立及双腿站立的稳定性。单腿站立不负重应该可以坚持 15 分钟，如果达不到这个目标，就要好好的练习一下了。双腿站立可以通过和朋友角力或摔跤的方式一起练习，扎马步也是一个好方法，或是单腿下蹲。也可以自己研究方法来训练，训练方法没什么神秘的地方，都是人研究出来的，又不是造原子弹，哪来的那么多复杂神秘的东西。

（四）基本的拳法

基本的拳法主要分为前手直拳和后手勾拳。

（1）前手直拳的主要用处就是在格斗中控制对手，攻击的目标是对手的双眼中间的眉心处，而且是一直用手对着他，用腰力使直拳在很短的距离内向对手的双眼中间击打。

（2）后手勾拳是杀伤力比较大的拳法，也是用腰力的带动击打对手的胃部或下巴，攻击的力量是比较大的，因为是用腰力的带动向斜上方猛的击打，所以往往能够一击决定战斗的结果。

（五）基本的腿法

基本的腿法主要包括低位的侧踹、低位的边腿和中高位的侧踢。

（1）低位的侧踹的主要攻击目标是对手的膝关节，用脚底向膝关节部位猛力的蹬踹，我在实战中用过，效果不错，可以一下子让对手失去战斗力，这个腿法一般是在对手向前移动攻击你的上部的时机用，如果主动去踹对手，一般是很难得手的，对手都可以轻轻的抬腿就躲开你的攻击。

（2）低位的边腿攻击目标和用法都与低位侧踹差不多，只是动作不一样而已，是用自己的小腿与足弓中间的大概部位（具体击打中，到底是哪里碰到攻击对象不一定）击打对手的膝关节，主要是接触对手膝关节弯的外部。

（3）中高位的侧踢，这个"侧踢"和截拳道的侧踢不一样，截拳道中的侧踢其实就是"侧踹"，不过也很容易理解，今天格斗中的各种动作的的名称非常的混乱，同一个动作在不同的格斗术中有很多不同的名称。侧踢就是把腿从地上抬起来用小腿直接的向对手的头部、上臂、肋部"砸"去，用的主要是股四头肌的力量，着力点在小腿，而不是脚，而且击打的力量也和边腿有很大的差距，边腿的力量是像鞭子一样的"抽"，而侧踢的力量是用小腿像一个大铁棒子一样"砸"，谁更有杀伤力?并且边腿是向外展之后向里"抽"，而侧踢是直接从地上抬起来腿就踢，走的路线也不一样。

（六）基本的肘法

肘法和膝法是近身格斗非常有用的技术，而且动作比较简单，只是简单直接的砸、顶之类的用力方式，很容易学会，我在这里就不从技术角度去说了，只是要强调一点，当对手向你冲来的时候，别忘了你还有一个硕大的膝盖和一个坚硬的肘尖!

（七）打击技缠斗技

这两个说起来比较复杂，但只要比划一下，你一眼就看明白了，所以也不是非常复杂的东西，以后想办法通过视频或其他的和大家一起来研究吧。当你和对手缠斗在一起的时候，别忘了你还可以用打击类的技术，当你和对手在地面格斗的时候，也别忘了你还可以用很多站立时的技术。另外，反应和灵敏性的训练最好是和人一起训练，一个人攻击一个人防守，这样很自然的就训练出来了。

三、捕俘拳

特种兵的一种拳法，一共有 16 步，每一招约有两个动作组成。非常厉害，出拳动作干脆，没有装饰性。有多种步伐，以拳，步，挡，削进攻敌人要害，猛烈攻击以致敌人不会反击。

格斗准备在立正的基础上，两脚迅速并拢，同时两手握拳，两臂微弯，拳眼向里，距胯约十厘米，头向左甩，目视左方。

（一）上挡冲拳

起右脚原地猛力下踏，左脚向左侧跨出一步，在左转身的同时，左臂上挡，拳心向前，右拳从腰际旋转冲出，拳心向下，成左弓步。

要求：踏脚时要全脚掌着地，有爆发力。

（二）削臂绊腿

（1）左拳变掌向前击右拳背，右拳收回腰际，右脚前扫。

（2）左手挡抓、拧、拉于腰际，同时右脚后绊，右拳猛力旋转冲出。

要求：前扫、后绊要协调有力，重心要稳。

（三）上架弹踢

（1）上右脚步成右弓步，同时两拳变掌，沿小腹向上叉掌护头。

（2）两拳变钩猛力向后击，同时起左脚，大腿抬平、脚尖绷直、猛力向前弹踢，迅速收回。

要求：两大臂挟紧，猛力后钩击，猛踢快收，重心要稳。

（四）下砸上挑

（1）两手变拳，左拳由上猛力下砸，与膝同高，同时左脚向前跨步，成左弓步。

（2）右拳由前上挑护头，拳心向前，起右脚大腿抬平，脚绷直，头向左甩。

要求：起身要快，重心要稳。

（五）交叉侧踹

（1）上体正直下蹲，右脚猛力下踏，两小臂上下置于胸前，左臂在上拳心向下，右臂在下拳心向上。

（2）迅速起身，两拳交错外格，起左脚大腿抬平，脚尖里勾，向左猛踹，迅速收回。

要求：踏脚要有爆发力，下蹲起身要快。

（六）顺手牵羊

（1）左脚向前落地屈膝，两拳变掌起在左前方，成抓拉姿势。

（2）两手向右后猛拉，同时右脚前扫。

要求：后拉前扫要协调有力，重心要稳。

（七）上挡抱膝

（1）右脚向前落地同时，左手变拳，小臂上挡。

（2）左转身屈膝下蹲，两手合力后抱，两掌相对，掌心向内，略低于膝，右肩前顶成右弓步。

要求：转体合抱要协调一致。

（八）插裆扛摔

（1）左手向上挡抓，右手插前裆，掌心向上。

（2）左手向右下拧拉，大臂贴肋，小臂略平，拳心向上同时右臂上挑，右肩上扛，身体大部分落于右脚，成右弓步。

要求：下拉、上挑、转体要协调一致。

（九）下拨上勾

左拳下拨后摆，左转身同时，右拳由后向前猛力上击，拳心向内，与下颌同高，同时右脚向右自然移动，成左弓步。

要求：转身要快，勾拳要猛。

（十）卡脖掼耳

（1）向左踮步，在左脚落地同时，右脚上步，左拳变掌，置于胸前，右拳后摆。

（2）向左转体，左手下按，右拳向下猛力横击，成左弓步。

要求：踮步有力，转体、卡脖、拳击要协调一致。

（十一）内外绊腿

（1）在起身的同时，左脚向右踮步，右脚前扫，两手合掌于右肩前。

（2）两手猛力向左肩前拧拉，上体稍向左转，同时右脚后绊，成左弓步。

要求：踮步、合掌、前扫要协调一致，重心要稳。

（十二）踹腿锁喉

（1）右脚向右前方踮步，左脚向右跃步，然后起右脚，大腿抬平，脚尖里勾，两臂弯曲，置于胸前，掌心向下。

（2）右脚侧踹，在落地同时，右手前插，左手抓握右手腕，右手变拳，猛力后拉下压，成右弓步。

要求：踹、锁要协调一致，重心要稳。

（十三）里拨冲拳

（1）上左脚右转身成右弓步，左臂顺势内拨护于胸前，右拳收于腰际，拳心向上。

（2）左拳向左后，右拳向前以蹬腿、扭腰送胯之合力同时冲出，成左弓步。

要求：双拳冲出要有爆发力。

（十四）抓手缠腕

（1）两手变掌，左手抓握右手腕。

（2）右掌上挑外拨，身体稍向右转，两臂用力后拉，猛扣压于腰际，成右弓步。

要求：抓握要快而有力。

（十五）掐挡卡脖

左手抬起，臂弯曲，掌心向前，右手下插，后拉上提，置于肋前，屈指、掌心向上，同时左手猛力向前下推压与膝同高，掌心向下，成左弓步。

要求：上提、推压要协调一致。

（十六）别臂下压

（1）右转身成右弓步，同时两手变拳，右小臂上挡。

（2）上左脚成弓步，左手立掌插向前上方，臂稍屈，右手抓握左手腕。

（3）左手变拳，向右转体，两手下拉别压，成右弓步。

要求：拉、压、转体要协调一致。

结束姿势：左脚靠拢右脚，恢复立正姿势。

第二节 战场医疗救护

战场救护指战时参战人员在战场上负伤。对负伤者进行及时的止血、包抢救，使伤亡人数减少到最低程度，统称战场救护。迅速、准确的战场救护，对及时挽救伤员的生命，减少残废，恢复战斗力，巩固战斗意志和对伤员的进一步治疗、康复、都有十分重要的意义。现代战争武器的杀伤力强，造成的伤员多，危害也大。第一次世界大战期间，在战场死亡的人数约 1000 万人，受伤人员达 2000 万以上。第二次世界大战期间，各交战国因战争总共死亡约 5000 万人，伤亡的数量远远超过了第一次世界大战。这充分说明，在现代战争武器越来越先进，杀伤力越来越大的情况下，大力开展群性战地救护就显得更加重要。

战伤（war wound），战时武器及战争环境直接或间接所致损伤。"间接损伤"是指爆炸性武器使工事、壕沟及建筑物倒塌而致的创伤，如挤压伤等。

作战时敌人武器直接或间接所致的损伤以及战争环境所造成的某些损伤，如冷（冻）伤等。这里所指的"作战时"，包括战争期间的进攻、防守、值勤、放哨等各种军事行动；所谓"敌人武器"包括作战时敌人使用的各种武器：火药武器、燃烧武器、化学武器和核武器等；所谓"间接致伤"，指轰炸或炮弹爆炸使房屋、工事、壕沟倒塌而致的撕裂伤、挤压伤等。至于其他非战斗性损伤，即使是武器伤（自伤或他伤），也不应列为战伤，尽管它与战伤在处理方法上是相同或相似的。据此，下列损伤或损害不应列入战伤：战时发生的意外事故，如翻车引起的机械性创伤，枪支走火或自伤引起的火器伤，意外着火引起的烧伤，以及中毒等。

一、战伤特点

战伤（主要指火器伤）是特定条件下所产生的创伤，其临床病理过程和救治技术在许多方面与平时创伤是一致的，但也有其自身的特点，主要有以下几点。

（1）伤员成批发生。战时伤员多成批发生，战时环境又不稳定，部队流动性大，因此治疗方法不可能按平时那样进行。

（2）伤情复杂。战争中，特别是现代战争中，杀伤武器种类繁多，威力大，投射物速度快，火力密度和射击精度高，这使战伤变得更为复杂、严重、广泛、多发，而且复合伤也随之增多。

（3）伤道感染严重。高速投射物击穿人体后，不仅使伤道周围组织破坏，甚至可使远离伤道的组织发生损伤，而且可将衣服碎片、泥土等污物带入伤道，使伤道发生污染，加之战时难以及时施行外科处理，故较平时创伤更易发生严重感染。

二、战伤分类

根据对战伤救治工作的需要，常从不同角度对战伤进行分类。

（一）按致伤武器和致伤因素分类

按致伤武器和致伤因素可分为以下几个。

（1）冷武器伤，指利刃或锐利的尖端的武器（如刀、剑、戟等）所致的损伤。

（2）火器伤，指用火药作动力来发射的武器（如枪、炮等）所致的损伤。

（3）其他战伤，如燃烧性武器所致的烧伤，低温环境下所致的冷伤，冲击波所致的冲击伤，化学武器所致的化学伤，核武器所致的放射损伤等。

（二）按伤道形态分类

按伤道形态可分为以下几个。

（1）切线伤，指投射物沿体表切线方向通过，致使出入口连在一起，形成一沟槽状伤道的损伤。

（2）反跳伤，指动能较小或已近耗尽的投射物，击中人体后被弹回，形成出入口集中于一点的损伤。

（3）盲管伤，指投射物穿入体内后，因能量耗尽而存留于体内，形成只有入口而无出口的损伤。

（4）贯通伤，指动能大的投射物贯通身体，形成既有入口又有出口的损伤。

（三）按体表是否完整分类

按体表是否完整可分为以下几个。

（1）开放性损伤，指体表完整性遭到破坏的损伤。

（2）闭合性损伤，指体表完整的内脏或皮下损伤。开放性损伤中，依穿入体内程度又可分为穿入伤（指利器或投射物穿入体表所致的损伤）和穿透伤（指利器或投射物穿透体腔所致的损伤），其对应者称为非穿入伤和非穿透伤。

（四）按负伤部位分类

按负伤部位可分为头颈、胸部、腹部、骨盆、脊柱、上肢和下肢等部位损伤。

三、战伤的救治方法

（一）战伤的分级救治

由于战时伤员数量大，野战环境下安全、设备、供水、供电和交通等都难以得到保证，因此不可能将伤员留在作战区附近治疗，也不可能象平常那样，自始至终由一个救治机构完成，而必须把一个伤员的全部治疗过程，从时间上、距离上分开，由从前到后配置的许多救治机构分级进行，并且做到相互衔接和前后继承。分级救治是战时环境与伤员救治之间相互矛盾的产物，也是伤员后送与救治之间有机结合的统一过程。

（二）清创术

火器伤伤道内经常聚积有大量失活或坏死的组织、血块、异物和污染的细菌。这些物质是血液循环所不能达到的地方，也是细菌生存、生长和繁殖的适宜场所，因此不利于伤口的愈合。为此，需采取手术的方法充分消除坏死或失去生机的组织、血块和异物，控制伤口出血，尽可能将已被污染的伤口变为清洁的伤口，为伤口的尽早愈合创造良好的条件，这就是清创术。

由于清创需赶在感染发生以前进行，因此清创时间以伤后 6～8 小时为宜。可是，这时不易将失活组织与正常的健康组织区别开来。所以，除一些特殊部位（头皮、面部、手和会阴等）外，一般在清创后不作初期缝合，以免因坏死组织和细菌存留而发生感染。

对于已发生感染的伤口，通过切开排脓等措施尽早控制感染，以促使伤口早日愈合。

对于伤口较清洁、无内脏损伤的小块软组织伤以及无心脏大血管损伤、骨折或开放性气胸的胸部小贯通伤，可不作清创。

若在早期进行清创术有困难，可在有效抗生素控制下，将手术延至伤后 12～24 小时进行。发生休克的伤员，应在伤情稳定后再行清创。

术前应尽早控制出血，纠正水电解质或酸碱失衡，做好伤口及周围皮肤的准备。清毒范围要充分。对于严重污染的伤口,术前用无菌等渗盐水和纱布球擦洗,清除其中的污物。麻醉选择要适当。上腹伤可用臂丛神经阻滞麻醉;下肢伤采用氯胺酮静脉复合麻醉,条件允许时可采用腰麻或硬膜外麻醉;腹部伤和骨盆伤时多选用气管内插管全身麻醉。

手术时沿肢体长轴或皮肤张力线切开扩大伤口,以充分暴露伤道。尽可能彻底切除一切失去生机和坏死的组织,特别是肌肉。清除伤道中的血块、碎骨片、组织碎屑和异物。接着,用温热的无菌盐水冲洗创腔,除去细小异物和碎片,然后在创腔内用纱布疏松填充,以确保引流充分,外加厚层敷料包扎。如前所述,除面、手、外阴等少数部位外,一般不做初期缝合。四肢骨、关节伤口和大块软组织伤,清创后要用夹板或石膏固定,使伤部充分休息,以促进其愈合。

伤口清创后约过 3 天,毛细血管已有明显的再生,并开始形成肉芽创面。对于肉芽新鲜的创面,无大量渗液或脓液,周围无明显肿胀,对合时无明显张力或压缩者,在清创后4～7 天可作延期缝合。伤口有感染时,先切开排脓,用 3～5%高渗盐水纱布湿敷,每 4 小时更换一次。发现有坏死组织时,可在分界线处轻揉分离切除,再用高渗盐水纱布湿敷1～2 天,创面变得新鲜时即可作延期缝合。

若因感染或后送而延误了延期缝合的时机,则可在以后作二期缝合,伤后 8～14 天缝合者,称为早二期缝合,手术方法与延期缝合基本相同;伤后 15 天或更晚缝合者称为晚二期缝合,此时因纤维组织增生形成硬结,故缝合前先将硬结切除,修剪创缘,然后缝合新鲜的组织创面。

四、战伤救治的注意事项

除了分级救治和进行清创外,战伤救治中还应注意以下几点。

(1)火线抢救和自救互救。火线(杀伤区、染毒区)是战伤救治工作的开始,及时准确地进行火线抢救,不仅能直接抢救伤员的生命,而且为以后各级的救治打下良好的基础。在火线,除由连、营卫生人员搞好火线抢救外,更要广泛开展战斗人员间的自救互救工作,其主要内容有包扎、止血、固定、防窒息和搬运等急救技术。

(2)积极防治休克。休克是战伤常见的严重并发症之一,在整个救治过程中都要密切注意。对失血性休克的伤员,应及时补充血容量。在团和师救护所,若无条件输注足量的血液和血浆代用品,可快速输注大量的平衡液。

(3)处理多发伤。发生多部位伤或多脏器伤时,应先作紧急手术,接着做对后期疗效有重大影响的手术,然后再做一般手术。术后的重伤员,需留治一段时间,待伤情稳定后再后送。

(4)分类后送。伤员后送是指伤员在救治机构之间的流动,是为了实现分级救治所必需的手段。通常,一个伤员要通过救治-后送-救治的几次反复,才能得到较为完整的治疗。在一般情况下，要用主要力量抓伤员的救治，当伤员过多，伤情过重而本级不能施行救治，或战斗情况紧张时，则需迅速组织后送。后送前，先要做好分类工作，根据伤情确定急救、留治、后送及其次序。后送时，应注意选择适于伤情的工具，要以上级前接为主，与下级后转相结合，并需采取保证安全后送的措施。处理多发伤或多脏器伤时，应先进行挽救生命及对后期疗效有重大影响的手术，一般性的治疗手术可以待条件和伤情许可时再施行。

第三节　核生化防护

一、核武器防护

（一）核武器的杀伤破坏因素

核武器爆炸后，能产生五种杀伤破坏因素：光辐射、冲击波、早期核辐射、核电磁脉冲、放射污染。前四种杀伤破坏因素一般只出现在爆炸后几十秒钟时间内，因此统称为瞬时杀伤破坏因素。放射性污染持续的时间较长，可持续几天或更长时间，称缓效杀伤破坏因素。

五种杀伤破坏因素在能量中所占的比例分别为：冲击波约占 50%，光辐射约占 35%，放射性污染约占 10%，早期核辐射约占 5%，核电磁脉冲所占比例很小，可忽略不计。

（1）光辐射。光辐射（又称热辐射）是爆炸后 1 秒至 10 秒时间内的闪光及几千万摄氏度以上的高温火球辐射出来的强光和热，其杀伤破坏因素包括"烧""爆"。光辐射直接照射无隐蔽的人员会造成烧伤。如果用眼睛看核爆炸的火球，会产生闪光盲或造成眼底烧伤，在爆炸中附近人员吸入被光辐射加热的空气，会造成呼吸道烧伤。光辐射能引起大面积火灾，引燃、引爆其他易燃易爆物，同时造成人员的间接伤害。

（2）冲击波。冲击波是核爆炸时（几十秒种内），高温高压火球猛烈膨胀压缩周围空气而形成的高速高温高压气浪。它对人员、物体能够造成挤压、抛掷作用。挤压作用造成严重内伤，如肺、胃、肝、脾等出血；抛掷作用造成外伤，如皮肉撕裂和骨折。冲击波可造成建筑物倒塌，砖瓦抛掷造成人员间接伤害及堵塞交通。

（3）早期核辐射。早期核辐射（又称贯穿辐射），是核武器所特有的一种杀伤破坏因素。早期核辐射是核爆炸最初十几秒种内放射出来的人眼看不见的射线，作用于人体时无特殊感觉，能破坏人的组织细胞，使人得急性放射病。早期核辐射会使光学玻璃变暗、胶卷曝光、化学药品失效，并能影响电子仪器性能。

（4）核电磁脉冲。核电磁脉冲是核爆炸瞬间产生的一种强电磁波。其作用半径可达几千千米，对人员没有直接的杀伤力作用，但能消除计算机上存储的信息，使自动控制系统失灵，家用电器受到干扰和破坏。

（5）放射性沾染。放射性沾染是核爆炸后，从蘑菇状烟云中散落下来的放射性物质。它像尘埃一样，随风漂移，逐渐沉降，使爆心周围和下风方向地区的物体、空气和地面等受到沾染，并形成不同程度的放射性沾染区。

放射沾染的程度和分布情况与天气、地形、爆炸方式有关。

地面爆炸时，地面沾染严重，范围大，作用时间长，对人员行动影响大。空气爆炸时，地面沾染轻，范围小，作用时间短，对人员行动影响小，甚至可能没有影响。

风速大、风向不稳定，沾染范围就大。下雨下雪，放射性灰尘可随雨雪迅速沉降，加重地面沾染。

山谷、凹地、有植物的地面易滞留放射性灰尘，可加重地面沾染。

放射性沾染通过射线起杀伤破坏力作用，作用时间比早期核辐射要长，在沾染较严重的地区，通常在几个月以上。

放射性灰尘的沉降，会造成三种伤害：当放射沾染随空气、水、食物通过呼吸道、消化道和伤口进入人体时，可引起内照射损伤；人员处在被沾染的环境中，人体周围被沾染的物体向人体发出的射线会造成外照射损伤；皮肤落上放射性灰尘，或接触沾染严重的物体会引起皮肤灼伤。

（二）核武器的防护方法

一旦发现爆炸闪光、烟雾聚起，遭遇核武器袭击时，室内室外人员必须在杀伤破坏因素到达之前，迅速准确地做完防护动作，以求生存机会。那么，什么样的防护动作才是迅速、准确、有效的呢？

1. 室外人员防护原则和方法

室外人员应从防护较严重的瞬时杀伤因素着眼，防护的原则是减少暴露表面，争取重型屏障、重点保护头部、减少碎片杀伤。

正确的方法是：发现爆炸闪光，应忌看火球，迅速进入各种人防工程防护，并不要随意进出或走动，来不及进入人防工程时，迅速（2秒内）利用三五步内的地形物就地卧倒。遇到较大的地形物，横向卧倒；地形地物较小时，面向爆心卧倒；无地形地物可利用时，背向爆心卧倒。

核爆时，如果身边有江河、湖泊或池塘，应立即潜入水中防护。有条件的情况下，尽可能利用浅色衣物覆盖身体，尤其是皮肤暴露部位。利用地形地物进行防护时应注意：必须利用地形地物背向爆心的一侧，尽量利用坚固、稳定的地形地物，避开易倒塌、易燃烧、易爆炸的物体，以免间接伤害。

2．室内人员防护原则和方法

室内人员防户原则是：利用坚固的建筑部位和家具，减少暴露，设置屏障，保护重点部位，减少碎片杀伤。

正确的方法是：发现闪光后应立即利用墙角卧倒，最好在靠近墙角的桌下或床下卧倒。应避免开门窗和易燃易爆物，以免玻璃碎片使人员击伤或造成其他间接伤害。冲击波过后，应立即抖落身上的尘土，迅速进入人防工程进行防护。若没有人防工程，也可以进入冲击波袭击后未倒塌的建筑内，关闭门窗，防止放射性灰尘进入室内。

3．在放射性沾染区的人员防护方法

人员在沾染区行动时，应做好个人防护：戴口罩或面具、扎三口（领口、袖口、裤脚口）、穿雨衣或斗篷、戴手套、穿雨靴；不要随便接触沾染物品，不要坐卧和脱下防护器材；严禁在沾染区吃东西、吸烟和饮水。

行进时，应按照专业人员设置的标志，避开沾染程度较高的地域。应选择路面结实、街道较宽的背风墙侧行。人与人之间要保持适当距离，脚步要轻，尽量减少灰尘扬起，快速行进，尽量缩短在沾染区的时间。

乘车时，除应做好个人防护外，要关闭车窗，盖严棚布，加大车距，车上人员不要随便下车，上下车要尽量不接触车轮和挡泥板。

4．在安全区转移人员的防护方法

转移安全区的人员，要有计划，有组织地采取多种措施，消除身上的沾染。例如：人员应侧风站立，人与人之间保持一定的距离，将服装一件一件的脱下消除，消除后，有顺序地放在上风方向。对服装消除的方法通常有拍打法、扫除法、抖拂法、洗涤法。

人员皮肤受沾染用毛巾或纱布擦拭。擦拭时应从上到下，顺着一个方向进行。擦一次，将毛巾翻叠一次，防止已消除部位重新沾染。误食了沾染食物和水，可采取催吐、洗胃、多喝水、利尿法排出，有条件时，可按照医生要求服吸附剂、缓泻剂加快放射性物体排出。

二、生化武器的防护

生物武器有较强的致病性和传染性，前方和后方、军队和居民、人员和牲畜都可能受到袭击，发病后又可能互相传播。因此在组织防护时，要做到军队、地方结合，军民兼顾；军队卫生勤务与防化、工程等有关勤务部门密切配合。其主要防护措施如下。

（1）做好经常性的防疫工作，如进行防疫、防护的宣传教育，开展群众性卫生运动，贯彻各种防疫制度,有计划地接种各种疫苗等。

（2）组织观察、侦察和检验，及时发现敌生物武器袭击。各种观察哨均兼有观察生物武器袭击的任务，发现袭击征象，及时通知部队进行一般防护。专业防护人员进行现场

侦察，采集标本进行检验，确定生物战剂种类，通报部队采取针对性的防护措施，并从政治上揭露敌人。

（3）做好个人防护和集体防护。发现敌人进行袭击，接到防护指令后,立即戴上防毒面具或防菌口罩，扎紧裤脚、袖口，上衣塞入裤腰，颈部围上毛巾，战斗情况允许时,可进入工事，减少受染。

三、化学武器的防护

化学武器是通过爆炸的方式（比如炸弹、炮弹或导弹）释放有毒化学品或称化学战剂。化学武器通过包括窒息、神经损伤、血中毒和起水疱在内的令人恐怖的反应杀伤人类。

化学武器虽然杀伤力大，破坏力强，但由于使用时受气候、地形、战情等的影响使其具有很大的局限性，而且，同核武器和生物武器一样，化学武器也是可以防护的。其防护措施主要有：探测通报、破坏摧毁、防护、消毒、急救。探测通报　采用各种现代化的探测手段，弄清敌方化学袭击的情况，了解气象、地形等，并及时通报。

（一）防护

防护是阻止毒剂通过各种途径与人员接触所采取的措施。听到化学武器袭击的信号、发现敌人实施了化学武器袭击或进入染毒区时，都要进行防护。听到解除警报信号或得到人防部门允许后才能解除防护。

在遭受化学武器袭击时，进行个人防护、消毒和不防护、不消毒的结果大不相同。下面我们来看一个实验。防护方法有集体防护和个人防护两种。

一是集体防护。就是一定数量的人员利用有防护设施的人防工程进行防护。它是一种安全可靠的防护方法，也是防敌化学武器袭击的基本措施。因此，如果条件允许应充分利用。进入人防工程时，应听从指挥，有组织地迅速进入；进入后不得随意进出，防止带入毒剂；为了减少人防工程内氧气的消耗，人员要减少活动。

二是个人防护。就是个人利用防护器材进行的防护。个人防护时，应首先迅速穿戴好防毒面具，保护呼吸道和眼睛，而后视情况穿着防毒衣，带上防毒手套进行全身防护。如没有制式防护器材可利用时，应利用身边易得的浸碱口罩、风镜、雨衣、皮（棉）手套、塑料布、雨鞋等简易器材进行防护。

遭化学武器袭击后，需要通过染毒地域时，应在个人防护的基础上，携带必要的生活用品，选择上风处地质坚硬、干燥的道路，尽量避开弹坑和有明显液滴的地点，快速通过。

（二）消毒

使毒剂失去毒害作用所采取的措施叫消毒。在各类毒剂中，只有呈液滴状使用的毒剂，如芥子气、VX 等需要消毒，而对光气、氢氰酸、毕兹等毒剂，一般不需要消毒。根据消毒对象的不同，采取不同的消毒方法。

（1）对人员消毒。当毒剂液滴滴落到人体上时，应立即脱去染毒服装，或撕去染毒部分，用活性白土粉或棉球甚至可以用干净土块吸去皮肤上的毒剂液滴，然后用棉球蘸专门的消毒液擦拭，吸擦时要防止扩大染毒面积。当没有专门消毒液时，也可用 5%～10%小苏打水、肥皂水或大量清洁水冲洗，消毒越及时，效果越好。对眼、鼻消毒应用 2%的小苏打水溶液或大量清水冲洗，并多次漱口。

（2）对染毒服装消毒。对染毒服装消毒，应在远离居住区的下风方向进行。棉织品用 2%小苏打水煮沸 30～60 分钟即可消毒。其他服装可用热蒸汽消毒。暂时不用的衣物制品，也可用通风、日晒的方法消毒。

（3）对染毒食品消毒。对有包装的罐头类食品，只需对表面消毒后，就可食用。瓜果可以冲洗或去皮消毒。对没有包装的食品，一般应当销毁。战时，应把食品和饮用水存放在各类密封容器中。

（4）对染毒水消毒。当水源染毒时，可利用制式净水器或自制净化装置消毒。消毒时，在水里加入适量的漂白粉和混凝剂，搅拌均匀，待沉淀后过滤净化。

染毒的食物和饮用水，虽然经过处理，但不经专业人员化验和检验，坚决不许食用和饮用。只有专业人员化验确定无毒后，方可食用。

（三）急救

大部分毒剂毒性大，伤害作用快，中毒严重时如不及时救治，会很快导致死亡。因此，人员中毒后，应争取时间，积极进行抢救。各类毒剂中毒后的急救方法如下。

（1）神经性毒剂中毒时，人员应急时注射解磷急救针。也可用阿托品肌肉注射或滴眼、滴鼻。染上糜烂性毒剂时，应迅速用纱布、棉球等吸去毒液，再用 18%～25%的氯胺水溶液涂抹，或用肥皂水冲洗。眼睛可用 2%小苏打溶液冲洗。全身中毒应注射 25%的硫代硫酸钠。路易氏气中毒注射。

（2）窒息性毒剂中毒时，中毒人员保持安静，注意保温，多喝热茶，减少氧气消耗，有条件时可输氧，注射 50%葡萄糖、氨茶碱等。严重时送医院治疗，禁止做压胸人工呼吸。全身中毒性毒剂中毒时，吸入亚硝酸异戊酯，同时静脉注射 3%亚硝酸钠溶液 10 毫升。也可以静脉注射 40～50 毫升亚甲兰葡萄糖溶液或注射 50 毫升 25%硫代硫酸钠。对症治疗：可作口对口人工呼吸，失能性毒剂中毒后，一般不要用药，立即离开染毒区到上风处休息。严重时用胆碱能药物对抗，还可肌肉注射加兰他敏 10～20 毫升，或口服尤色林 1～3 毫克，也可以针灸。

（3）刺激性毒剂中毒时，应吸入抗烟混合剂解除刺激症状；对眼睛用 2%小苏打水和净水冲洗；对粘在皮肤上的粉末用布擦净后，再用 0.2%高锰酸钾和氨胺水冲洗。如误食应及时催吐。

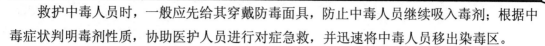

救护中毒人员时，一般应先给其穿戴防毒面具，防止中毒人员继续吸入毒剂；根据中毒症状判明毒剂性质，协助医护人员进行对症急救，并迅速将中毒人员移出染毒区。

思考题

1. 常见的格斗都有哪些？
2. 格斗的基本功包括哪些方面？
3. 战伤都有哪些分类？
4. 简述战伤的分级救治。
5. 核武器的杀伤破坏的因素有哪些？
6. 核武器的防护方法有哪些？

第九章 战备基础与应用训练

【本章概览】

战备是为应付可能发生的战争或军事突发事件而在平时进行的准备和戒备。应用训练是在各项基础知识教育和技能训练完成后进行，主要检验对前一阶段军事知识和技能的掌握程度，提高其综合运用所学知识和技能的能力。

【本章目标】

(1) 了解战备的基本规定。
(2) 掌握紧急集合的程序。
(3) 了解行军、宿营的基本程序、方法。
(2) 掌握野外生存能力的基本要求、方法和注意事项。

第一节 战备基础

一、战备

战备是为应付可能发生的战争或军事突发事件而在平时进行的准备和戒备。

(一) 战备等级

战备等级是部队战备程度的区分,全军战备等级分为四级战备、三级战备、二级战备、一级战备。

1. 四级战备

四级战备是指国外发生重大突发事件或者我国周边地区出现重大异常,有可能对我国安全和稳定带来较大影响时部队所处的战备状态。

部队的主要工作:进行战备教育和战备检查;调整值班、执勤力量;加强战备值班和情况研究,严密掌握情况;保持通信顺畅;严格边境管理;加强巡逻警戒。

2. 三级战备

三级战备即局势紧张。周边地区出现重大异常,有可能对我国构成直接军事威胁时,部队所处的战备状态。

部队的主要工作：进行战备动员；加强战备值班和通信保障，值班部队(分队)能随时执行作战任务；密切注视敌人动向，及时掌握情况；停止休假、疗养、探亲、转业和退伍。控制人员外出，做好收拢部队的准备，召回外出人员；启封、检修、补充武器装备器材和战备物资；必要时启封一线阵地工事；修订战备方案；进行临战训练，开展后勤、装备等各级保障工作。

3. 二级战备

二级战备即局势恶化，对我国已构成直接军事威胁时，部队所处的战备状态。

部队的主要工作：深入进行战备动员；战备值班人员严守岗位，指挥通信顺畅，严密掌握敌人动向，查明敌人企图；收拢部队；发放战备物资，抓紧落实后勤、装备等各种保障；抢修武器装备；完成应急扩编各项准备，重要方向的边防部队，按战时编制齐装满员；抢修工事、设置障碍；做好疏散部队人员、兵器、装备的准备；调整修订作战方案；抓紧临战训练；留守机构展开工作。

4. 一级战备

一级战备即局势崩溃，针对我国的战争征候十分明显时，部队所处的战备状态。

部队的主要工作：进入临战战备动员；战备值班人员昼夜坐班，无线电指挥网全时收听，保障不间断指挥；运用各种侦察手段，严密监视敌人动向，进行应急扩编，战备预备队和军区战备值班部队，按战时编制满员，所需装备补充能力优先保障；完成阵地配系；落实各项保障；部队人员、兵器、装备疏散隐蔽伪装；留守机构组织人员向预定地区疏散；完善行动方案，完成一切临战准备，部队处于待命状态。

（二）"三分四定"

"三分四定"是连队被装管理十条标准之一。

1. "三分"

"三分"包括携行、运行、后留。

（1）携行被装，是指按着装规定当季使用和需随身携带的被装。

（2）运行被装，是指部队发给的过使用季节的被装。

（3）后留物品，是指自购或从家里带来的物品。

2. "四定"

"四定"包括定人、定物、定车、定位。

（1）定人管理：携行被装由个人保管；运行被装和后留物品集中保管，由司务长和文书双锁联管。

（2）定物管理：确定士兵紧急出动时携带物资的数量、种类，主要规定是武器装备的携带方法。

（3）定车管理：确定士兵紧急出动所乘坐你的车辆。

（4）定位管理：确定士兵乘坐车辆的具体位置以及在进行中可能担负的任务。

二、紧急集合

紧急集合是在紧急情况下迅速进行的集合，是应对突然情况的一种紧急行动。指军队、警察或其他准军事化组织在非常规状态下或演习情形下突然实行集合。通常以警报，哨声等为信号，在急短的时间内对所属部队或一定范围内的人员按备勤要求进行集中(往往在五分钟以内)，一般要求集合人员按规定着装，配戴相关武器或装备。

紧急集合的程序如下。

（一）着装

着装通常着训练服，白天进行紧急集合时，一般就按当时的训练着装进行。如果上级重新规定了着装，应立即换装。夜间实施紧急集合时，应迅速起床，按照帽子（冬季戴皮、棉帽时，披装后再戴）、上衣、裤子、袜子、鞋子（双层床上层的士兵打完背包再穿鞋子）的顺序进行穿戴。

（二）打背包

背包宽 30~35 厘米，竖捆两道，横压三道。雨衣放在挎包内；大衣通常捆于背包上端，大衣袖子捆于背包两侧；鞋子横插在背包背面中央或竖插两侧。

（三）装具携带

着装通常按照"战斗装具左肩右肋，生活装具右肩左肋"的原则进行。

（1）全服武装紧急集合时，着制式服装，（佩执勤标致），戴头盔（钢盔），带挎包（右肩左胁，内装雨衣、洗漱用具和急救包）、水壶（右肩左胁），扎腰带（挎包和水壶前侧背带扎于腰带内），披子弹带、背背包，携带手中武器、警戒。

（2）混合着装、轻装紧急集合着装及装具携带顺序参照全副武装，只是不背背包。

（3）徒手着装紧急集合时，着制式服装，扎腰带，佩戴值勤臂章。任务需要时，部分人员可以便装。

（四）集合

通常应逐级集合，逐级报告。如士兵披装完毕后，迅速跑步到班集合地点，向班长报告。全班到齐后，班长带领全班迅速赶到排集合场，并向排长报告，依次进行。紧急情况下，也可以排、中队（连）为建制统一集合。

士兵在紧急集合时要做到：迅速、肃静、确实、完整、安全、便于行动，这就要求每名士兵在平时应按规定放置武器、弹药、装具和衣物，这样在紧急集合时就便于拿取和穿着，行动才不会慌乱。

第二节　综合应用训练

一、行军拉练

行军是军队徒步或乘车沿指定路线进行的有组织的行动，分为常行军、急行军和强行军。行军的速度应根据任务、敌情、时间、行军能力、道路状况和气候季节而定。常行军通常徒步每小时 4～5 千米，日行程 25～35 千米。急行军是以最快的速度实施的行军，执行紧急任务时采用。强行军是加快时速和加大每日行程的行军方法，通常徒步每小时 7 千米左右，日行程 50 千米以上。

行军时，应适时组织大、小休息。小休息通常在开始行军 30 分钟后进行，其时间约15 分钟，然后每行进 50 分钟休息一次，每次约 10 分钟。休息时，队伍应靠路边，面向路外侧，保持原来队形。督促战士整理鞋袜和装具。大休息通常是在走完当日行程的 1/2 以上时，进入指定地区休息 2～3 小时。走完一日行程后，按上级指示进行宿营。

（一）行军组织准备

（1）制定行军计划。指挥员在了解任务的基础上，应召集有关人员研究敌情、行军道路及其两侧的地形、本分队的任务，确定分队的行军序列以及观察、警戒的组织。

（2）作好思想动员。行军前，指挥员应根据本分队所担负的任务，结合分队的思想情况，进行深入的思想动员，保障分队顺利完成任务。

（3）下达行军命令。下达行军命令时应指出：敌情；本分队的任务，行军路线，里程，出发及到达指定地区的时间以及大休息的地点；分队集合地点，行军序列，乘车时还应区分车辆；着装规定；完成行军准备的时限，明确起床、开饭、集合的时间；行军口令及对口令传递的要求。

（4）组织战斗保障。组织战斗保障主要包括：指定 1～2 名战士为观察员，负责观察地面和天空；指定值班分队及火器，负责对空防御；规定遭敌原子、化学、细菌武器袭击时的各分队行动方法；规定在敌航空兵或炮火袭击时的行军方法；规定伪装方法以及伪装纪律。

（5）作好物资装具准备。为了顺利完成行军任务，保持分队战斗力，行军前指挥员须：检查携带的给养、饮水、武器、弹药等情况；检查着装情况，如鞋袜的整理、背包的捆绑、装具的佩戴等；妥善安置伤病员；根据季节，进行防暑、防冻的教育和物品的准备。

（二）行军的管理与指挥

（1）在有可能发生遭遇战的情况下行军时，各排长应随连长在先头行进，以便及时受领任务。分队在公路或乡村路行军时，应沿道路一侧或两侧行进；乘车时，沿道路的右侧行进。

（2）行军中，应注意保持行进速度和规定的距离，听从调整哨的指挥，未经上级允许，不得超越前面的分队。经过渡口、桥梁、隘路等难以通行的地点时，指挥分队有组织地通过，防止拥挤。通过后，先头分队应适当减低速度，避免后面的人跑步追赶。徒步行军的分队应主动给车辆、执行特殊任务的分队和人员让路。士兵在行军中听从指挥，不得擅自离队，不得丢失装具和食物等。

（3）分队按上级的指示组织休息。小休息应靠路边，并保持原队形。在第一次小休息时，应督促战士整理鞋袜、装具等。大休息时应离开道路，进入指定地区。休息时，应派出警戒，必要时，可占领附近有利地形，加强对地、空观察，并保持战斗准备，以防止地面和空中敌人的突然袭击。教育分队在规定地区休息，严格请销假制度。

（4）在山林地行军时，通过山垭口和上下坡时，应适当减速行进，以避免后面跑步追赶和掉队，火炮、车辆应适当加大距离。在严寒地带行军时，小休息时间不要过长，并禁止躺卧，以免发生冻伤。在炎热季节行军时，注意防暑。

（5）遇敌空袭时应指挥分队迅速向道路一侧或两侧疏散隐蔽，并指定火器射击低飞敌机。如空袭情况不严重或行军任务紧迫时，分队应疏开队形，增大距离，加快速度前进。

（6）行军中，连级应指定一名干部，带领卫生员和若干体壮战士为收容组，在连队的后尾跟进，负责收容伤病员，组织掉队的人员跟进。

二、宿营

宿营是军队在行军、输送或战斗后的住宿。其目的是为了使部队得到休息和整顿，以便继续行军或做好战斗准备。

（一）宿营地区的选择

宿营地区的选择应根据敌情、地形、任务和行军编成而定。平时组织野营训练以能够达到训练目的为标准，通常应符合下列条件。

（1）避开城镇、集市、车站、渡口、大的桥梁附近。

（2）避开疫区、传染病流行村落。

（3）有适当的地幅，通常师、团、营的宿营面积分别为 600 平方千米、60 平方千米、6 平方千米。

（4）有较好的进出道路，便于车辆、人员通行。

（5）露营地域，夏季要尽量选在高处，避开谷地、低地、洪水道和易于坍塌的地方。

冬季应选在避风向阳处，土质较黏便于搭设简易遮棚或挖掘的地方。选择露营地区时，通常还要考虑以下因素。

（1）要符合战术要求，从具体位置到配置方式，都应以预想的战术背景为基本前提。

（2）要着眼于训练课目需要，有利于达到训练目的。

（3）要方便生活，尽量靠近水源并有进出道路。

（4）要选择在群众基础较好或影响群众利益较小的地区。

露营配置地域通常以班为点，排为块，连为片，团（营）为区，根据地形特点，可成一字形、梯形、三角形、扇形配置，形成野训营地。首长机关通常设在便于观察、指挥的位置，分队与分队之间要按战术要求保持一定间隔。

（二）宿营方式

宿营方式分为舍营、露营和舍营与露营相结合三种。舍营是军队在房舍内宿营。露营是军队在房舍外宿营。通常在不具备舍营条件时采用，是平时部队训练的重点。野外露营的方式分为利用制式器材露营和利用就便器材露营。利用制式器材露营，通常是指利用帐篷、装配工事等制式器材进行的露营。利用就便器材露营，通常是指利用车辆、坦克、篷布、雨衣、草木等进行的露营。

（三）宿营准备

组织部队宿营前要与当地政府、武装部门取得联系，了解社情，并能得到他们的支持和帮助；应向当地群众了解自然情况、社会情况等为部队进驻提供资料；应向部队简要介绍宿营地区的敌情、社情和疫情及风俗习惯。组织部（分）队宿营训练时，准备工作通常有：宿营常识教育、现地勘察和物资器材准备等。

（1）宿营常识教育。宿营实施前，应进行群众纪律、民情风俗教育；在少数民族地区或少数民族集居地进行宿营训练时，还应进行国家的少数民族政策和尊重少数民族生活习惯教育；组织部（分）队学习宿营常识，学会搭设制式、简易帐篷，了解防蚊虫叮咬、防洪、防中暑、防冻伤、防塌方、防煤气中毒、防火灾、预防流行性疾病等基本常识。可以指定连队先试点，组织观摩示范。也可以先在驻地附近进行昼间的露营尝试训练，掌握露营方法。

（2）现地勘察。野外宿营前，通常以团（营）为单位组织现地勘察，视情况也可以连为单位进行。重点明确宿营地点；各分队的宿营区域；各级指挥所的位置；进出道路；通信联络的方法；各种信（记）号；完成宿营准备的时限；组织检查的时间、内容等。

（3）物资器材准备。宿营前，应认真检查个人的着装（衣服、被褥）。冬季宿营时要重点检查棉（皮）帽、棉（皮）手套、棉（皮）大衣、棉（皮）鞋的携带情况；夏季宿营时应重点检查雨衣（布）、蚊帐的携带情况。每人都应准备 1～2 套干净的内衣，以备更换。除携带装备的锹、镐外，还应准备必要的大镐、大锹、钢钎、麻袋等工具和物资。为弥补制式露营器材的不足，部（分）队应视情况购买或租借部分露营所需要的材料，如搭设简易帐篷的塑料薄膜、稻草、支撑木、斧、锯、线绳等。

（四）宿营地工作

部队到达宿营地后，应立即组织所属指挥员勘察地形，选定紧急集合场，组织部队构筑必要的工事，组织各种保障，以保证部队安全宿营。

（1）组织侦察。为了继续行军同时防止敌人突然袭击，部队到达宿营地域后，应立即向有敌情顾虑和尔后行动的方向上派出侦察，查明敌情和尔后行军路线情况。同时，迅速搜集部（分）队的行军情况和到达宿营地域后的住宿情况，了解有关敌情和社情。

（2）组织警戒。为保障部队安全休息，要周密地组织宿营警戒。宿营警戒的组织应根据敌情、地形和宿营部署确定。通常团（营）向受敌威胁较大的方向上派出连（排）哨，向次要方向派出排（班）哨，连派出班哨、步哨、潜伏哨、游动哨。警戒派出的距离以保障主力不受突然袭击和有时间组织部队投入战斗为宜。

一般连哨为 4～6 千米，警戒地带的宽度连哨为 2～3 千米，排哨为 1～1.5 千米，必要时，应组织有重点的环形警戒。除派出战斗警戒外，各部（分）队还应指定值班分队或火器，并派出直接警戒。

（3）组织对空防御和对核、化学武器的防护。为防止敌人航空兵和核、化学武器的袭击，应周密地组织观察警报配系，确定对空值班分队，组织防空火力体系，划分防空疏散地域，规定隐蔽伪装、灯火管制措施，明确遭敌空袭及核、化学武器袭击时各部（分）队的行动与遭敌袭击后的处置方法。如敌可能在附近地区空降，还应制定反空降作战方案，组织部（分）队构筑必要的防空工事等。

（4）建立通信联络。宿营地域的通信联络，通常以有线电通信和运动通信为主，同时应充分利用地方既设线路。驻地较远的部（分）队可在短时间使用无线电联络。

（5）严密封锁消息。战时部队到达宿营地域后，要对部队和当地群众进行防奸保密教育，控制人员流动，严密封锁消息。

（6）密切军民关系。平时组织部队训练，部队应与当地党政机关取得联系，得到他们对野营训练的支持。部队可在训练间隙做好群众工作或组织军民共建活动。部队宿营结束，要认真清理文件和武器装备，避免丢失，消除宿营时所留痕迹，进行群众纪律检查和做好善后工作。

（五）生存工事的构筑

生存工事是指用于部队隐蔽、宿营的地下或半地下工事。平时组织部队训练也可构筑营地式生存工事。野训营地构筑包括露营区、训练区、生活保障区、文体娱乐区等。

三、野外生存

野外生存，即人在食宿无着的山野丛林中求生，主要包括：判定方位、迷途的处置；猎捕动物和采食野生植物充饥；就地取材，构筑简易的露营遮棚；识别利用草药救治伤病等。概括起来说，野外生存就是走、吃、住、自救四项。

（一）野外求救

在作战和野外训练中，因迷失方向可能会出现与部队失去联系的现象，为摆脱困境必须掌握求救和联络的方法。夜间可在高处点火堆；白天可燃烟。在火上放青草，就会发出白烟，每隔6分钟放一次青草，这是世界通用的救难信号；在易被空中、地面发现的地方用石块摆放成"SOS"的救援标记；在草原可用刀割或手拔出相应的求救标记；适时脱去与周围地物颜色相近的军装，露出白色或其他色彩鲜艳的衬衣；当发现我方救援飞机，可用小镜子或指北针的反光镜照射救援飞机；在森林中，也可通过击打树木发出宏大的声音与救援人员联络。

（二）野外生存的基本需要及其获取

1. 水

水是野战生存的重要条件，在某种程度上说比食物更重要。

（1）寻找水源的方法。寻找水源通常可采取观察草木的生长位置和动物的活动范围的方法来判定。

①在许多干旱的沙漠、戈壁地区生长着怪柳、铃铛刺等灌木丛的地表下 6～7 米深就有地下水；有胡杨生长的地方地下水位距地表面不过 5～10 米；芨芨草指示地下水位只有 2 米左右；生长茂盛的芦苇，地下水只有 1 米左右；如果发现金戴戴、马兰花等植物，便可判定下挖1米左右就能找到地下水。

②在南方，叶茂的竹丛不仅生长在河流岸边，也常生长在与地下河有关的岩溶大裂隙、落水洞口的地方。在广西许多岩溶谷地、洼地，成串的或独立的竹丛地，常常就是有大落水洞的标志。这些落水洞有的在洞口能直接看到水，有的在洞口看不到水，但只要深入下去往往就能找到地下水。

③从特殊植物的生长地点来判定地下水的水质情况，如见到马兰花、拂子茅等植物群，就可断定那里不太深的地方有淡水。

④在地下水埋藏浅的地方，泥土潮湿，蚂蚁、蜗牛、螃蟹等喜欢在此做窝聚居；冬天青蛙、蛇类动物喜欢在此冬眠；夏天傍晚，因潮湿凉爽，蚊虫通常在此成柱状盘旋飞绕。

（2）鉴定水质的方法。由于水在自然界的广泛分布和流动，特别是地面水流经地域很广，一般情况下难以保证水源不受污染。在野外没有检验设备时，可以根据水的色、味、湿度、水迹概略地鉴别水质的好坏。

①通过水的颜色鉴定。纯净的水在水层浅时无色透明，深时呈浅蓝色。可以用玻璃杯或白瓷碗盛水观察，通常水越清水质越好，水越浑则所含杂质越多。水色随含污情况不同而变化，如含有腐殖质呈黄色，含低价铁化合物呈淡绿蓝色，含高价铁或锰呈黄棕色，含硫化氢呈浅蓝色。

②通过水的味道鉴定。一般清洁的水是无味的，而被污染的水带有一些异味。如含硫化氢的水有臭鸡蛋味，含盐的水则带咸味，含铁较高的水带金属锈味，含硫酸镁的水有苦味，含有机物质的水有腐败、臭、霉、腥、药味。为了准确地辨别水的气味，可以用一只干净的瓶装半瓶水，摇荡数下打开瓶塞后，立即用鼻子闻；也可以把盛水的瓶子放在约60摄氏度的热水中，若闻到水里有怪味就不能饮用。

③通过水温鉴定。地面水（江河、湖泊）的水温，因气温变化而变化，浅层地下水受气温影响较小，深层地下水，水温低而恒定。如果水温突然升高多是有机物污染所致。工业废水污染水源后也会使水温升高。

④通过水点斑痕鉴定。用一张白纸，将水滴在上面，晾干后观察水迹。清洁的水是无斑迹的，若有斑迹则说明水中杂质多、水质差。

（3）净化饮用水。野外生存最重要的是要保持良好的身体状态，而净化饮用水对安全卫生是个保证。

①饮用水的消毒。水的消毒主要是杀灭有害人体的致病微生物，主要方法有两种：物理法（主要是将水煮沸消毒，这是一种既容易又简单而且比较可靠的消毒方法）；化学法（利用化学药品氯、碘、高锰酸钾、漂白粉、明矾、"69-1"型饮水消毒片等）。

②饮用水的洁治。常用方法有沉淀、过滤、混凝三种。在野外，因条件限制，也可以用含有黏液质的野生植物净化浑浊的饮用水。饮用水最好再加少许漂白粉或煮沸消毒。

2. 食物

食物是为人体提供热能和营养，以维持生命的基本物质。野外生存时寻觅的食物种类主要有：野生植物、动物、昆虫、鱼类、藻类等。大部分野生植物、动物、昆虫、鱼类都可食用，只有少量有毒不可食用。

（1）植物类食物。当找到某种具有潜在食用价值的植物时，如果是自己所不认识、未曾尝试过的植物，在食用之前必须先尝试其性味，鉴别是否有毒、可否食用。尝试时，一人一次只能尝试一种。在尝试过程中，如果出现疑惑，就不要试下去，应尽快设法把它呕吐出来。木炭灰是可用的催吐剂。少量木炭灰吞下肚就会诱使呕吐，此外它还能吸附毒素。植物被挤破弄烂后会很快变质，不再适于食用。因此，采集时应注意排放有序，避免挤压和混合，以保持所采植物的鲜度。

①叶与茎：主要采摘柔嫩的幼枝。

②球根与块茎：可食用植物的球根和块茎富含淀粉，最好煮熟再食用。

③野果：野果除了生吃之外，还可以做成热浆汁或是甜味饮料。采摘时，最好挑选已经熟透或接近成熟的，因为成熟的野果比较没有苦涩味。

④坚果：坚果蛋白质含量高，甚至还可熬出食用油。落在树下的坚果表明已经熟透，成熟的坚果会自动掉下来，也可用长棍把它们敲打下来。

⑤种子和谷类：采摘植物种子时，要特别注意尝试，严格鉴别其是否含有致命的毒素，取食那些经过检验可以食用的种子和谷类。

⑥菌类：菌类指的是各种蘑菇类植物。蘑菇虽然味美，但有少数种类的毒蘑菇，一旦误食，即可能致人死命。因此，采摘前，必须先学会鉴别的方法。不要采食长有白色菌褶，茎干基部有菌托以及带菌环茎干的菌类；不要采食腐败的菌类。

⑦树皮：很多树的树皮是可以食用的，尤其是北方地区的桦树、柳树、白杨和三角叶杨树的树皮。树皮的纤维比较粗，应煮烂再食用。

⑧花朵：可食植物的花朵也是可以吃的，但由于花朵容易受到昆虫的污染，所以最好采摘尚未开放的，并且必须煮熟后食用。

（2）动物类食物。捕捉一切能够食用的小动物，是野外求生时解决食物来源的有效方法。比较容易捕捉的小动物主要有蛇、蛙、龟、蜥蜴、鱼、虾等。

①蛇类。捕蛇首先必须保证自身安全。捕蛇的工具最好选取带有叉子的长木棍。打蛇要打七寸（即蛇的心脏所在位置），下手要快、要准。可先用叉子叉住蛇的颈部，用另一木棍或重物猛击其头部。对付树上栖息的蛇可先用棍棒将其击落到地上。总之，捕蛇既要胆大，又要心细，要谨防被毒蛇咬伤。蛇的宰杀，可以剥皮，也可以不剥皮。其烹饪方法，可以红烧、清炖，也可以烧烤。

②鱼类。在江、河、湖、海、池塘等各类水系，垂钓或捕捉鱼、虾，也是获取食物的重要手段。对捕捉到的鱼，食用前必须辨别是否有毒。通常在热带浅海中，没有鱼鳞而有刺、尖棘或硬毛，形状比较怪异的，可能是毒鱼，不可食用。在我国，含有毒素的鱼类约有20种，如河豚、刺鱼、鳞豚、六斑刺豚、角箱豚等，其中最常见的有河豚。如果不慎误食毒鱼，应马上用高锰酸钾液洗胃，或服用催吐药、泻药将已食进的鱼毒排出。

③两栖动物。所有青蛙类的肉都可食用，但有些种类（如蟾酥）皮下有毒腺，烹煮之前必须剥皮。青蛙肉可煮成清汤，或红烧、爆炒，无论采用哪种烹饪方法，都必须煮熟煮透，以杀死寄生虫。

④鳖鱼类。龟、鳖类爬行动物肉味鲜美、营养丰富，是求生者难得的美食。捕捉方法：在水中的，可用渔网或钓钩捕捉；对爬上岸的、个头不大的按住背部即可捕获，个头大的也只需把它掀翻，使之背部朝下，但要随时阻止它们翻身，也要防止被它们的利齿咬伤。宰杀时，可先重击其头部，将其杀死，然后沿腹部剖开，去除内脏，切除头部，即可根据需要切块下锅烹煮。鳖肉必须煮熟方可食用。

⑤昆虫类。昆虫也是野外求生者能获取的动物性食物资源。最有利用价值的是白蚁、蚱蜢、蝗虫、蟋蟀、蜜蜂等。特别是蜜蜂，不但蛹、幼虫和成年蜂都可以吃，而且在蜂房里还可以找到蜂蜜。蜂蜜富有营养且易为人体所吸收，是求生者理想的食物。昆虫最好经过烹、烧之后食用，这样既美味又安全。食用前，对诸如蝗虫、蚱蜢、蟋蟀之类的大型昆虫，要先去掉小腿及翅膀。因为腿毛会刺激消化道，某些种类幼虫的纤毛会引起皮疹。

⑥蜥蜴。蜥蜴各地均有，所有的蜥蜴肉都可以食用。大多数蜥蜴生性胆怯，但有些大蜥蜴和巨蜥受到攻击时会咬人。捕捉时要谨防被咬伤或被其利爪抓伤。捕捉到这类动物后，先砍头剁脚，然后剥皮、剖腹去除内脏，即可下锅烹饪或烧烤食用。

3. 火

野外求生者，不但要懂得如何生火和用火，而且要懂得控制火焰燃烧和安全用火。

（1）选择生火点。根据所处环境的地形特点，确定生火的地点。最好选择在靠近宿营处，既能保证用火安全又便于火焰燃烧和散烟的地点。

①身处林区时：生火、用火必须优先考虑的首要问题是严防引发森林火灾。所以，生火点最好选在林中空地、林缘边、通过林区河流的岸上、小溪旁最高水位线上背风的地方。尽量避开易燃的针叶树林。

②身处草原时：生火点最好选在靠近水源的地方，如河流、水塘的旁边，也可选在背风的坡地上，但四周一定要开出 2 米以上的防火隔离带。用火过程必须全程有人值守，做到人走火灭。

③身处山地、丘陵地时，可寻找山洞、背风石崖旁、向阳背风的山坡上，或河床边、溪流旁的最高水位线以上的地方，但雨季要谨防山洪暴发。在山地生火时要依据植被情况，做好安全防火工作。

（2）构筑火炉。为了保证用火安全，提高热效能，求生者应当在选定的生火点上，根据用途、地形特点和可能获取的材料，采用垒、挖、架等办法，构造合适的火炉。有条件时，也可以利用就便取材改造成火炉。

（3）搜集燃料

①主燃料。最好选燃烧持续时间长、热效能好、不发烟或发烟少的燃烧物。野外生存，可选择的燃烧物主要有：枯木、干燥的动物粪便等。

②引火物。引火物最好是易燃物质。枯草、枯死的细小树枝、针叶松的落叶等是最好

的引火材料。

（4）点火方法

①火柴点火。

②凸镜生火。在阳光直射的情况下，可利用随身携带的放大镜、望远镜和照相机的凸镜将太阳光聚焦于引火物之上，将其点燃。

③火刀击打火石。操作方法：左手食指和拇指捏住火石，食指和中指之间夹住引火物（通常是带有余灰的引火纸卷），并使火石靠近引火物，右手握住打火刀（没有火刀用其他刀具的背郎也行），按照划火柴的动作，用力击打火石，使之迸出火花，点燃引火物。

④钻木取火。操作方法：用一根干燥坚硬的纺锤状木棒在一块干燥的软木底座上摩擦钻孔，靠钻孔摩擦发热点燃引火物。

⑤电池生火。电池放电产生的电火花可用来点火。一小块沾了点汽油的布就是最好的引火物，只要在这块布上方爆出火花，就能燃起火苗。

（5）用火

①合理安排工作，注意节省燃料。火焰燃烧起来后，求生者应当根据自己的需要，要分清轻重缓急，统筹安排工作顺序，合理利用燃料燃烧产生的热能。

②掌握燃烧技巧，保证持续用火。野外生火非常不容易，所以，必须注意保存火种。为了使火焰持续燃烧，必须备有较多的燃料，并学会控制燃烧的技巧。

③注意用火安全，防止引发火灾。在选择生火地点时，要尽量避开易燃的植被；生火前，生火点四周要有足够的防火隔离带，如果没有自然形成的隔离带，应人工开辟2米以上的防火隔离带；要有灭火应急措施，在生火点的旁边，必须备有沙土堆或水，或备有灭火工具，一旦火势失控，马上扑灭；从点火到撤离的整个用火过程，火堆、火炉边都必须有人值守，发现燃烧有可能失控时，立即进行处理；撤离生火地点时，必须把火彻底扑灭，并用沙土覆盖，以防死灰复燃，引发火灾。

思考题

1. 简述战备等级的分类。
2. 简述紧急结合的一般程序。
3. 如何组织行军？如何处置行军过程中遇到的各种情况？
4. 选择野外营地时应注意哪些问题？
5. 简述野外生存的基本需要及其获取方法。

参考文献

[1] 毛泽东选集[M].北京：人民出版社，1991.

[2] 毛泽东军事文选[M].北京：中国人民解放军战士出版社，1981.

[3] 刘庭华.毛泽东军事思想史纵论[M].北京：军事科学出版社，2007.12.

[4] 廖国良.毛泽东军事思想发展史[M].北京：中国人民解放军出版社，1991.

[5] 袁德金.毛泽东军事思想教程[M].2版.北京：军事科学出版社，2012.10.

[6] 寿晓松.邓小平军事思想新论[M].北京：军事科学出版社，2007.06.

[7] 邓小平军事文集（第二册）[M].北京：军事科学出版社，2004.08.

[8] 江泽民文选[M].北京：人民出版社，2006.

[9] 本书编写组.十八大报告学习辅导百问[M].北京：学习出版社/党建读物出版社，2012.

[10] 胡锦涛.在庆祝中国共产党成立九十周年大会上的讲话[M].北京：人民出版社，2011.07.

[11] 王英梅，王晋京."中国梦"学习读本[M].北京：国家行政学院出版社，2013.

[12] 中国共产党第十八届中央委员会第三次全体会议文件汇编[M].北京：人民出版社，2013.

[13] 何毅亭.学习习近平总书记重要讲话（增订本 含习总书记最新讲话内容）[M].北京：人民出版社，2014.02

[14] 张蕴岭，邵滨鸿.中国发展战略机遇期的国际环境 [M].北京：社会科学文献出版社，2014.05.

[15] 焦洪磊，徐彦博.大学生军事理论[M].北京：中国计量出版社，2013.10.

[16] 李景龙，祁静，陈玄令.大学生军事理论教程[M].北京：化学工业出版社，2013.10.

[17] 苗志良，卢海英.大学军事理论新编教程[M].北京：经济科学出版社，2013.07.

[18] 李明浩，封春玲.大学生军事训练教程[M].北京：中央广播电视大学出版社，2014.1.

[19] 李有祥.军事高技术与信息化战争[M].南京：东南大学出版社，2010.05.

[20] 于培娟，王仓.形势与政策[M].北京：兵器工业出版社，2014.06.